Mosaik
bei GOLDMANN

Buch

Yoga dient der Entspannung, der körperlichen und seelischen Reinigung, der Konzentrationssteigerung und der Vorbeugung von Zivilisationskrankheiten.
Dieses in Jahrzehnten bewährte Übungsbuch bietet genaue, schrittweise Anleitungen zu den verschiedenen Yoga-Stellungen. Es ist daher sowohl für Anfänger zum Erlernen des Yoga als auch für Fortgeschrittene zur Verfeinerung ihrer Techniken ideal geeignet.

Autor

André van Lysebeth übt seit über 50 Jahren Yoga und hat Hunderte von Yoga-Lehrern ausgebildet. Er gilt als Pionier des Yoga im Westen.

ANDRÉ VAN LYSEBETH

Yoga
für Menschen von heute

Übersetzt von
Dr. Gabriel Plattner

Mosaik
bei GOLDMANN

Umwelthinweis:
Alle bedruckten Materialien dieses Taschenbuches
sind chlorfrei und umweltschonend.

Vollständige Taschenbuchausgabe April 1999
Wilhelm Goldmann Verlag, München,
in der Verlagsgruppe Bertelsmann GmbH
© 1982, 1990 Mosaik Verlag, München
in der Verlagsgruppe Bertelsmann GmbH
Umschlaggestaltung: Design Team München
unter Verwendung folgender Fotos:
Umschlag: Gerald Klepka
Umschlaginnenseiten: Design Team München
Druck: Elsnerdruck, Berlin
Verlagsnummer: 16164
Kö · Herstellung: Max Widmaier
Made in Germany
ISBN 3-442-16164-9

1 3 5 7 9 10 8 6 4 2

Inhaltsverzeichnis

6

Vorwort

Allzuoft vergißt man, daß Hatha-Yoga vor allem eine Form des Yoga ist. Etymologisch weist das Wort Yoga auf »Yoch, Joch« hin, etwa im Sinne, wie man zu sagen pflegt »unter demselben Joch«. Es hat zwei miteinander eng verwandte Bedeutungen. Der Zustand, in welchem sich der Mensch im Yoga befindet, meint »unter demselben Joch wie das Göttliche«, also »dem Göttlichen verbunden«. Dieselbe Idee ist mit dem Wort Re-ligio ausgedrückt. Das Wort Yoga meint auch den Zustand, in welchem sich »der Mensch als Erscheinung« dem »wirklichen Menschen« verbindet und damit sich selber in seiner wahren Existenz gefunden hat, ihr gemäß lebt. Die Technik des Yoga ist eine Disziplin, durch welche der Mensch sich bemüht, den *Zustand* des Yoga zu erlangen.

Jede mit Hingabe und Konzentration verfolgte Technik kann nach indischer Auffassung zu einer höheren Bewußtseinsstufe führen, die Yoga ist. Daher kann man von Yoga in der Kunst, in der Wissenschaft, in der Grammatik, in der Liebe, in der Medizin usw. sprechen. Im engeren Sinne umfaßt jedoch jeder Yoga eine streng umschriebene Disziplin.

Traditionsgemäß unterscheidet man vier Hauptarten des Yoga:

1. Yoga der intellektuellen Forschung, welche die gewohnten geistigen Grenzen überschreitet (Jnana Yoga). Siehe dazu Swami Vivekananda: Jnana-Yoga, Der Pfad der Erkenntnis (Rascher-Verlag, Zürich).
2. Yoga der Menschenliebe, gerichtet auf das Göttliche, verkörpert durch ein Bild des Göttlichen oder auch ein Objekt oder eine Person, die das Göttliche beinhaltet (Bhakti-Yoga).
3. Yoga verinnerlichter Konzentration (Raja-Yoga).
4. Yoga des selbstlosen, mehr oder weniger dem Göttlichen darge-

brachten Handelns (Karma-Yoga). Siehe dazu Swami Vivekananda: Karma-Yoga und Bhakti-Yoga (Rascher-Verlag, Zürich).

So unterschiedlich diese vier Arten des Yoga auch sein mögen, so sind sie doch nicht voneinander zu trennen. Die großen Weisen haben immer betont, daß es gefährlich wäre, von den fundamentalen Regeln der einen oder anderen Form des Yoga abzuweichen, während man sich einem bestimmten Yoga hingibt. Alle Formen vereinigen sich schließlich wieder an einem bestimmten Punkt. Ohne ihn direkt zu suchen, erreicht der reine Bhakti-Yogi die erhabenen Kenntnisse des Jnana-Yoga. Der Jnana-Yogi seinerseits erreicht die allumfassende Liebe (Para-Bhakti), die der Bhakti-Yogi erstrebt. Ein intensives Praktizieren des Raja-Yoga ist in allen anderen Yoga-Arten mehr oder weniger unumgänglich.
Karma-Yoga kann eine derart umfassende Wirkung erlangen, daß der größte Meister des heutigen Indien, Shri Aurobindo, in ihm den integralen Yoga sieht, der sämtliche anderen Formen des Yoga umfaßt.
Spricht man von der Anwendung eines bestimmten Yoga, so meint man damit nicht zwangsläufig den völligen Ausschluß der anderen Formen, sondern vielmehr, daß der in Frage stehende Yoga für den Praktizierenden eine Art zentraler Direktive darstellt, um welche sich die anderen Arten des Yoga gliedern.
Was die Abgrenzungen noch weniger deutlich macht, ist die Tatsache, daß jeder Yoga eine Unzahl von Varianten aufweist. Ferner lehrt jeder Meister eine Technik eigener Komposition, in der Regel jene, die er selber verwendet und in der er die aus jedem Yoga geschöpften Elemente weise dosiert.
Zusätzlich zu diesen vier großen Gruppen des Yoga, ihren Varianten und Kombinationen gibt es weitere klassische Arten des Yoga, von welchen der Mantra-Yoga, der Japa-Yoga, der Laya-Yoga und die übrigen tantrischen Formen, ferner der Agni-Yoga und der Hatha-Yoga genannt werden müssen.

Spricht man im Westen von Yoga, so meint man damit meist Hatha-Yoga. Sämtliche Formen können mehr oder weniger voneinander getrennt praktiziert werden, eine mehr oder weniger wichtige Rolle spielen. Jeder wahre Meister (Guru) nimmt als Schüler nur Kandidaten auf, für die er seinen eigenen Yoga am besten geeignet findet. Auch die größten Meister, die selber die höchste Stufe geistiger Entwicklung erlangt haben, lassen jeden Schüler in jedem Augenblick der Ausbildung eine Disziplin verfolgen, die ihm entspricht.

Dieses Buch behandelt den Hatha-Yoga. Er wurde anfänglich als Ergänzung des Raja-Yoga betrachtet, hat also mit diesem eine sehr weit zurückliegende gemeinsame Wurzel. Die großen Klassiker, von denen die ältesten ins 13. Jahrhundert zurückreichen, Hatha-dipika, Siva Samhita, Goraksha Samhita betrachten Hatha-Yoga noch mehr oder weniger als Hilfsmittel zur Ausübung anderer Formen des Yoga. So nahm der körperliche Yoga (Ghatastha-Yoga) rasch starken Aufschwung. Obwohl er offensichtlich seine Wurzeln im Hinduismus hat, wird er seit langem in Indien von Adepten anderer Religionen (Sikks, Jains, Parsen, Moslems) oft unter anderem Namen praktiziert. Sein Ziel wird in der Regel mit dem Begriff »nadi suddhi« bezeichnet, worunter die Yogis im wesentlichen die Belebung des Körpers und die Reinigung des para-nervösen Systems verstehen, welches durch die »nadis« gebildet wird.

Wie jeder andere Yoga kann Hatha-Yoga verschiedene Anwendungen finden. In sich selber zeigt er eine beträchtliche Zahl von Variationsmöglichkeiten. Er hat eine geistige und eine körperliche Komponente.

Der Hatha-Yoga, der auf den Körper wirkt, umfaßt zwei wesentliche Komponenten: Stellungen (Âsanas) und gelenkte Atmung (Pranayama). Die geistige Komponente spielt eine bedeutende Rolle, denn die durch körperliche Praktiken erreichten Ergebnisse hängen weitgehend davon ab. Viele Menschen des Westens begehen den schweren Fehler, der geistigen Komponente nicht jene Bedeutung zuzumessen, die ihr im Yoga zukommt.

Indische Spezialisten betonen, daß Hatha-Yoga, für sich ausgeübt oder als Element innerhalb eines individuell zusammengesetzten Yoga praktiziert, den Yogi auf die höchste geistige Entwicklungsstufe bringen kann. In Indien gab es immer große Weise, die sich nie einer anderen Disziplin gewidmet hatten. Solche Weisen gibt es heute noch. In der Regel leben sie sehr zurückgezogen, oft im Dschungel oder in den Bergen, die dem gewöhnlichen Sterblichen sozusagen unerreichbar sind. Sie nehmen nur sehr selten Schüler auf und dann nur solche, bei denen sie die Fähigkeiten festgestellt haben, sich schwierigen und gefahrvollen Praktiken zu unterziehen. Dies ist nur unter täglicher, ja stündlicher Kontrolle eines Meisters möglich. Dieser integrale Hatha-Yoga eignet sich nicht für den westlichen Menschen. Fähige Lehrer würden übrigens niemals die verhängnisvolle Unklugheit begehen, irgendwelche schriftlichen Anweisungen darüber niederzulegen, es sei denn in streng verschlossenen, für den Uneingeweihten unbrauchbaren Texten. Dieser integrale Hatha-Yoga wird oft innerhalb der indischen Religion praktiziert. Damit setzt er die Vereinigung oder die Fusion mit einer der Gottheiten des indischen Pantheon, oft mit Shiva oder einer seiner Shaktis, zum Ziel.

Die ersten Elemente des Hatha-Yoga werden in Indien oft als zusätzliche Disziplin verwendet, und zwar nicht nur von Menschen, die einen anderen Yoga als Schwerpunkt praktizieren, sondern auch von solchen, die ganz einfach seine körperlichen und geistigen Vorteile erlangen wollen, ohne sich einer anderen religiösen oder geistigen Entwicklung zu widmen. Diese ersten Elemente sind es denn auch, welche heute von westlichen Menschen unter Leitung mehr oder weniger erfahrener Lehrer oder mit Hilfe von Büchern, teilweise mit Zeichnungen und Fotografien versehen, praktiziert werden.

Die Ergebnisse, welche durch eine regelmäßige Ausübung der einfachen Techniken des Hatha-Yoga erreicht werden, sind dermaßen verblüffend, daß sich dieser Yoga im Westen konstant verbreitet. Es gibt zahlreiche Publikationen darüber, und die »Schulen«, die für sich in Anspruch nehmen, Hatha-Yoga zu lehren, sind nicht mehr zu übersehen. Viele von ihnen verdienen größtes Mißtrauen, und der Mann der Straße, der sich ihnen anvertraut, kann Pech haben. Selbst einfache und anscheinend harmlose Übungen sind nicht ohne Gefahr. Noch schwerwiegender ist die Tatsache, daß ermutigende Ergebnisse, in kurzer Zeit mit wenig Aufwand erreicht, den Anfänger dazu verführen, Ratschläge zur Vorsicht und Bescheidung zu mißachten und sich vorzeitig in gefährlichen Techniken zu üben, welche schwere Störungen im Atmungsapparat, in der Zirkulation oder im Nervensystem erzeugen können.

Dreißig Jahre lang habe ich versucht, große indische Meister des Hatha-Yoga zu finden, die bereit gewesen wären, für den Westen Übungen zu beschreiben, die unter Angabe der nötigen Vorsichtsmaßregeln mit Vorteil und ohne Gefahr ausgeführt werden könnten. Keiner dieser Meister hatte genügend Vertrauen in den Westen, um meinem Wunsch Folge zu leisten.

Das Buch von André van Lysebeth scheint mir das beste, was ein westlicher Mensch bisher geschrieben hat, um diese Lücke zu füllen. Er war weise genug, sich ein fest umschriebenes Ziel zu stecken. So hat er sich darauf beschränkt, einige wenige wichtige Stellungen herauszugreifen und sie sehr genau zu beschreiben, anzugeben, wie sie auszuführen sind, was von größter Wichtigkeit ist und was meines Wissens bis dahin kein Westlicher in dieser Art getan hat.

Er hat eine sehr eingehende Beschreibung physiologischer und anderer Wirkungen gegeben, die aus der Anwendung der Stellungen hervorgehen, die Vorteile aufgezählt, die man daraus ziehen kann, Gefahren aufgezählt, die vermieden werden müssen, und Gegenindikationen bei den Übungen erwähnt. Ich glaube, daß man in dieses Buch Vertrauen haben kann.

Professor Jean Herbert

Einführung

Bücher über Yoga beschränken sich in der Regel darauf, Bilder über statische Endphasen von Âsanas (Stellungen) im Yoga wiederzugeben. Ungenügend sind dagegen meistens Angaben über die so entscheidend wichtigen dynamischen Abläufe, Zwischenphasen, Varianten und besonders auch Dauer und Reihenfolge. Ähnliches gilt von der Atemtechnik, den Konzentrationsübungen und der geistigen Begleitarbeit sowie von den Auswirkungen auf die Persönlichkeit des Übenden.

Man kann sich nun darüber streiten, ob durch die Veröffentlichung eines umfassenden Yoga-Buches nicht der Wunsch der Yoga-Meister mißachtet wird, Yoga nur auserlesenen Schülern vorzubehalten. Jahrhundertelang wurde nämlich Yoga unter dem Siegel strengster Verschwiegenheit nur mündlich vom Meister zum Schüler überliefert. Müßte diese Tradition der Übermittlung einer Geheimlehre auf diesem Gebiet nicht respektiert werden?

Wir sind anderer Meinung. Die Zahl der für den geistigen Yoga und andere seiner Formen reifen Schüler ist größer, als man gemeinhin annimmt. Warum sollte man ihnen nicht die wertvollen Techniken übermitteln, welche durch die Rishis vervollkommnet wurden? Mehr denn anderswo wirken sich Halbwahrheiten im Yoga verderblich aus, wenn wir überhaupt auf diesem Gebiet von »verderblich« sprechen können. Diese Erkenntnis reicht weit in die Vergangenheit zurück.

Übernimmt man also die Verantwortung, Yoga zu verbreiten, dann muß man vollständige Instruktionen geben und nicht nur Brosamen. Vermittelt man nicht *sämtliche* erforderlichen Einzelheiten für korrektes Üben, dann sollte man besser völlig schweigen.

Eine Âsana des Yoga ist ein technischer Ablauf von höchster Präzision. Ein Irrtum oder ein Fehler in einer Einzelheit, mag er noch so unbedeutend erscheinen, kann die Übung eines wichtigen Teiles ihrer Wirkungen berauben, unter Umständen das Gegenteil zur Folge haben.

Das vorliegende Buch ist sowohl für jene bestimmt, die bereits Yoga praktizieren und mit seiner Hilfe die Technik kontrollieren können, als auch für Anfänger oder Interessierte, denen es nicht vergönnt ist, einen Kursus zu besuchen.

Ich möchte zusammen mit dem Leser wichtige Yoga-Stellungen (Âsanas) durcharbeiten. In kurzer Zeit werden Sie die genaue Technik der großen Klassiker des Yoga kennen und aus deren Anwendung Wohltaten und Freuden schöpfen, welche Yoga, richtig verstanden und richtig ausgeführt, zu bieten vermag. Die tägliche Yoga-Stunde wird Ihnen weder Last noch Routine, sondern der beste Augenblick des Tages sein, den Sie mit Ungeduld erwarten, sofern es einem zukünftigen Yogi überhaupt erlaubt ist, ungeduldig zu sein! Jede Âsana umfaßt zunehmende Schwierigkeitsgrade. Wir stellen unsere Arbeit auf den großen Durchschnitt, auf das ab, was den meisten westlichen Menschen in einigen Wochen erreichbar ist. Dank genauer Informationen werden auch Anfänger ohne größere Schwierigkeiten die ersten Hindernisse überwinden. Für Fortgeschrittene sind jeweils schwierigere Varianten beschrieben. So findet jeder, was er braucht.

An Ort und Stelle vom Autor während seines Aufenthaltes in Indien zusammengetragen, bildet diese Arbeit eine Synthese der Ausbildungspraxis im Ashram von Swami Sivananda in Rishikesh, von Vishwayatan Yogaschram in Delhi, geleitet durch Dhirendra Brahmacari, des Hatha-Yogi Srikantarao, des Astanga-Yogi Nilayam von Mysore, und des Kaivalyadhama Samhiti von Lonavla.

Die Früchte persönlicher Erfahrung des Autors, gesammelt in mehr als 20jähriger ununterbrochener Praxis und Lehrtätigkeit auf dem Gebiet des Yoga im Westen, kommen hinzu. So entstand ein System, welches es möglich macht, sich den Schwierigkeiten und Bedürfnissen westlicher Schüler genau anzupassen und sie in angemessener

Weise mit Yoga vertraut zu machen. Großer Wert wurde auch darauf gelegt, Fehler und Irrtümer lernender Schüler rasch zu erkennen, sie darauf hinzuweisen und zu zeigen, wie ihnen begegnet werden kann. Es ist daher empfehlenswert, die Beschreibungen der Übungen und der Bewegungen immer wieder zu lesen, die Abbildungen ständig zu Rate zu ziehen und dabei zu erkennen, welche Einzelheiten unter Umständen bis dahin nicht entsprechende Berücksichtigung fanden.

Im Yoga gibt es keine »unbedeutenden« Einzelheiten!

A. v. Lysebeth

Yoga
und der moderne
Mensch

Die Menschheit hat niemals eine dermaßen explosive Entwicklung gekannt wie in unserer gegenwärtigen Epoche. Was wir verwirklicht haben, übersteigt die kühnsten Träume unserer Vorfahren. Ikarus wird durch unsere Kosmonauten überstrahlt. Unsere Wissenschaftler dringen zum Kern des Atoms vor und entreißen ihm die tiefsten Geheimnisse der Natur. Sie zähmen die Kernenergie. Unser Dasein, verglichen mit jenem verflossener Jahrhunderte, scheint ein Märchen zu sein.

Wie schade, daß wir so abgestumpft sind!

Es ist alltäglich, sich in die bequemen Sessel einer Boeing zu setzen und den Pol zu überfliegen, während unter einer Eisbank ein atombetriebenes Unterseeboot kreuzt und wir im Flugzeug ... schlafen ...

Stellen wir uns doch nur die Verzückung von Ludwig XIV. vor, wenn er ein Fernsehprogramm oder auch nur ein einfaches Bandaufnahmegerät hätte betrachten können! Als verwöhnte Kinder des Jahrhunderts beklagen wir uns, wenn die Bilder, die uns »Telstar« vermittelt, etwas verschwommen sind.

Der Gebrauch eines Automobils ist dermaßen geläufig geworden, daß wir es natürlich finden, uns auf den Autostraßen mit 140 Kilometer pro Stunde zu bewegen.

Wir wählen auf der Telefonscheibe eine Nummer, und schon antwortet, Hunderte, ja Tausende von Kilometern entfernt, eine geliebte Stimme. Es wäre denn die Stimme des Finanzbeamten! Wir leben mit so vielen täglichen Wundern zusammen, daß wir sie normal und gewöhnlich finden und uns nichts mehr bewegt. Dank unseren Wissenschaftlern, Ingenieuren und Technikern herrscht in unseren automatisch beheizten Häusern eine ständig gleichmäßige Temperatur. Gut gekleidet und gut genährt leben wir im Luxus. Die Industrie achtet auf unsere kleinsten Wünsche und schafft zu unserem Komfort und zu unserer Freude eine Unzahl von Bequemlichkeiten, dazu bestimmt, uns das Leben leicht und angenehm zu machen. Sie erfindet uns sogar neue Wünsche ... kurz gesagt:

Wir leben, im Vergleich zur Vorgeschichte, in einem irdischen Paradies, in einem goldenen Zeitalter!

Aber ...

Betrachten wir die anonyme Masse, die sich durch die Straßen bewegt. Schauen wir in diese düsteren Gesichter voller Sorgen, in diese müden Züge, die von keinem Lächeln erhellt werden. Beobachten wir diese gekrümmten Rücken, die verengten Brustkörbe, diese fetten Leiber. Sind sie glücklich, diese zivilisierten Menschen? Sie haben keinen Hunger, sie frieren nicht, wenigstens die meisten nicht. Aber sie brauchen Medikamente, um zu schlafen, Tabletten, um den trägen Darm zu entleeren, Pillen, um die Migräne zu beseitigen, und Beruhigungsmittel, um das Leben auszuhalten. Der Natur entfremdet, ist es uns mit Gewalt gelungen, die Luft unserer Städte zu verpesten. Wir haben uns in Büros eingeschlossen, die Nahrungsmittel denaturiert. Der harte Kampf ums Geld hat unsere Herzen verhärtet, unser Gewissen zum Schweigen gebracht und unser moralisches Gefühl verdorben. Nervöse Leiden greifen täglich mehr um sich, während Degenerationserscheinungen, Krebs, Zuckerkrankheit, Herzinfarkt zunehmen und verheerende Breschen in unsere Eliten schlagen. Die biologische Degeneration beschleunigt sich in einem erschreckenden Rhythmus, der jedoch niemanden zu erschrecken scheint, den wir sogar kaum bemerken. Überzeugende Statistiken sagen uns, daß das Durchschnittsalter um x Jahre zugenommen hat. Wir sind uns aber nicht bewußt, daß wir ein in wenigen Generationen angesammeltes Erbgut vergeuden. Da die Zivilisation eine natürliche Selektion unterbindet, erlaubt sie die Vermehrung geschädigter Individuen, während als Folge des Komforts der Mensch im Hinblick auf seine Schwächen nicht mehr zu den Mechanismen der Adaptation und zu natürlichen Abwehrmitteln Zuflucht nimmt.
Wie kann dieser Degeneration Einhalt geboten werden?
Selbst die Medizin, die doch in ständigem Fortschritt begriffen ist,

bleibt hilflos. Trotzdem hat sie ein Kapital an Kenntnissen erworben, das unsere uneingeschränkte Bewunderung und unseren Stolz wekken kann. Sie hat Geißeln überwunden wie zum Beispiel die Pest, die Pocken, die Diphtherie, um nur einige zu erwähnen. Sie stellt uns Antibiotika und andere wirkungsvolle Heilmittel zur Verfügung und entdeckt dauernd neue. Unsere Chirurgen vollbringen täglich Wunder, denken wir nur an die Operationen am offenen Herzen! Aber all dies genügt nicht. Im Gegenteil, die Fortschritte der Medizin geben dem zivilisierten Menschen den trügerischen Eindruck von Sicherheit. So glaubt er, sich alles erlauben zu können, schreckt vor keinem Exzeß zurück, nichts kann ihn aufhalten. Wird er krank, genügt es ja, zum Spezialisten zu gehen. Er soll in Kürze sämtliche Schäden in Ordnung bringen; dies ist sein Beruf, er wird dafür bezahlt. Der Mensch will sich nicht Rechenschaft darüber ablegen, daß seine falsche Lebensweise die Großzahl seiner Krankheiten erzeugt und daß, solange er nicht bereit ist, sie zu ändern, auch die Ärzte trotz Wissenschaft und Hingabe ihm höchstens eine fragwürdige Periode der Gesundheit zwischen zwei Krankheitsphasen verschaffen können. Eine »Zivilisation«, welche in der Degeneration der Art und des Individuums endet, ohne ihm auch nur ein vermeintliches Glück zu verschaffen, muß als bankrott betrachtet werden.

Wir Gefangenen der Zivilisation, was können wir gegen diese Walze tun, die uns zu erdrücken droht? Sollen wir auf unsere Wissenschaft, auf unsere Technik, auf unser zivilisiertes Leben verzichten? Sollen wir unsere Fabriken in die Luft sprengen, die Bücher verbrennen, Wissenschaftler und Techniker entlassen, in die Höhlen und Wälder der Vorgeschichte zurückkehren? Unmöglich! Nutzlos! Wir haben das Recht, auf unsere Wissenschaft und unsere Errungenschaften stolz zu sein. Wir müssen nicht auf unsere Zivilisation verzichten, sondern im Gegenteil auf die bestmögliche Art von ihren Vorzügen Gebrauch machen und gleichzeitig versuchen, ihre Nachteile auszuschließen.

Ein Ausweg: Yoga

Die Lösung des Problems kann nur eine individuelle sein. Sie muß durch das Individuum hindurchgehen.

Sie werden sich fragen: »Was ist schon das einzelne Individuum, was bedeutet es gegenüber der Masse?« Scheinbar sehr wenig. Die Situation an sich kann sich nicht bessern, das Problem kann nicht gelöst werden, wenn nicht jeder sich zu persönlicher Disziplin zwingt. Yoga stellt zur Erlangung dieser Disziplin zweifellos die prägnanteste, die wirksamste und am besten den Anforderungen unseres modernen Lebens angepaßte Form dar. »Wenn du die Welt ändern willst, dann beginne damit, dich selber zu ändern.« Dank Yoga kann der zivilisierte Mensch das Glück zu leben wiederfinden. Yoga verschafft Gesundheit und Langlebigkeit durch Âsanas, die der Wirbelsäule, jener vitalen Achse, Beweglichkeit und Flexibilität verleihen. Âsanas beruhigen die Nerven, entspannen die Muskulatur, beleben Organe und Nervenzentren. Pranayama (bewußte und gelenkte Atmung) bringt Sauerstoff und damit Energie in jede Zelle des Körpers, entschlackt den Organismus, indem Ausscheidungsstoffe abgeführt, Gifte entfernt werden. Die Entspannung erlaubt, das Nervensystem intakt zu halten, den Menschen vor Krankheiten zu bewahren und von Schlaflosigkeit zu befreien.

Für den Yoga-Anhänger ist es eine heilige Pflicht, sich gesund zu halten.

Yoga bestätigt, daß es leicht ist, gesund zu bleiben, daß es genügt, schlechte Gewohnheiten zu ändern, die für eine unübersehbare Zahl von Übeln, Nöten und frühzeitiges Ableben verantwortlich sind. Die Gesundheit ist ein Recht, das uns mit der Geburt geschenkt wird. Es ist ebenso natürlich, gesund zu sein, wie geboren zu werden. Die Krankheit hat ihren Ursprung in Nachlässigkeit, Unkenntnis oder in der Mißachtung natürlicher Gesetze.

Im Sinne des Yoga ist Krankheit eine Folge körperlicher Sünden. Der

Kranke wird für seine schlechte Gesundheit ebenso mitverantwort-
lich betrachtet wie für seine schlechten Handlungen. Auch Pyle sagt:
»Menschen, die ihren Körper nach Lust und Laune behandeln und
die Regeln eines gesunden Lebens übertreten, die sie eigentlich
gründlich kennen müßten, versündigen sich am eigenen Leibe. Die
Gesetze der Gesundheit sind weder eng noch einschränkend. Im Gegenteil, sie sind einfach, wenig zahlreich und bieten große Freiheit,
indem sie uns von einer großen Zahl von Hindernissen befreien. Von
Hindernissen, die unseren eigenen Kräften keinen Spielraum lassen,
damit sie sich in ihrer Vollständigkeit manifestieren können. Dies
hindert uns daran, das Leben voll zu genießen.«

Dieses Buch bringt Methoden, welche im Laufe von Jahrtausenden
ihre Bewährung bestanden haben. Der Autor übermittelt die Yoga-
Tradition, wie er das Glück gehabt hat, sie von Meistern zu lernen,
und er bereichert sie mit seinen persönlichen Erfahrungen.

Dieses Buch ist didaktisch aufgebaut. Es verliert sich nicht in der
Theorie und bleibt auf dem Boden der Praxis.

Wir wiederholen mit Swami Sivânanda:

»Eine Unze Praxis ist besser als eine Tonne Theorie.«

Hatha-Yoga

Hatha-Yoga kann mit Erfolg von jedermann praktiziert werden, sei er gläubig oder ungläubig. Er ist keine Religion und verlangt weder die Hingabe an irgendeine Philosophie noch die Zugehörigkeit zu einer Kirche oder einem Glauben. Man könnte ihn als eine »psychosomatische Disziplin« bezeichnen, einzigartig in seiner Konzeption, von einer unvergleichlichen Wirksamkeit, nicht mehr und nicht weniger.

Hatha-Yoga als eine Gesamtheit von Techniken ist in seiner Begriffsbestimmung neutral. Es wäre aber ein bedauerlicher Fehler, nur diesen technischen Aspekt zu betrachten und das Geistige zu mißachten, wie es die großen Weisen und Rishis des alten Indien verstanden und konzipiert haben. Diese geistige Konzeption verschafft ihm eine erhabene Größe. Niemand hat dies besser definiert, als Swami Sivânanda es ausgesprochen hat: Wenn man annimmt, daß der Mensch eine der Materie eingegebene geistige Realität darstellt, dann verlangt eine dermaßen vollständige Verschmelzung eine Einheitlichkeit der beiden Aspekte Geist und Materie. Die Lehre, wonach der Mensch aus den beiden Welten das Beste entnehmen soll, enthält viel Wahres. Es besteht keinerlei Unvereinbarkeit zwischen den beiden Welten, vorausgesetzt, daß jede Handlung unter dem Gesichtspunkt allgemeiner, universeller Gesetze der Manifestation steht. Die Lehre, die behauptet, daß das Glück im Jenseits nur durch den Verzicht auf irdische Freuden oder durch vorsätzliches Aufsichnehmen des Leidens, durch Kasteiungen, erreicht werden kann, muß als falsch bezeichnet werden. Das Glück auf dieser Erde und der Segen der Befreiung, sowohl im Diesseits wie im Jenseits, können erreicht werden, indem jede menschliche Handlung und Funktion zu einem Akt bewundernder Hinwendung gemacht wird. So handelt der Schüler (sadhak) nicht im Bewußtsein eines trennenden Prinzips. Er betrachtet sein Leben und das Zusammenspiel seines Tuns nicht als isoliert und nicht unter dem Gesichtspunkt, daß es nach egoistischen Motiven und als Selbstzweck zu leben sei. Genausowenig kann der Lebensgenuß sich aus eigener Kraft heraus etwa vom »Leben an sich«

abheben und zum Selbstzweck werden. Bedürfnisse des Körpers zu vernachlässigen oder zu mißachten, ihn nicht als göttlich zu betrachten, hieße einen Teil des »Großen Lebens« verleugnen und damit die Lehre der Einheit und der letzten Übereinstimmung von Körper und Geist zu fälschen. Unter solchen Gesichtspunkten erhalten selbst die einfachen körperlichen Bedürfnisse kosmische Bedeutung.

Körper ist Natur, seine Bedürfnisse sind auch die Bedürfnisse der Natur. Freut sich der Mensch, ist er auch von Shaktis Freude durchdrungen.

Unsere Mutter, die Natur, schaut und handelt in allem, was wir sehen und tun. Der ganze Körper und all seine Funktionen sind ihre Manifestationen. Sie voll verwirklichen bedeutet: diese Manifestationen perfektionieren, und eben darin findet sich der Mensch selbst. Wer sich meistern will, muß dies auf allen Ebenen, der körperlichen, der seelischen und der geistigen, tun. Sie alle stehen miteinander in Verbindung, sie sind nur verschiedene Aspekte derselben »universellen Bewußtheit«, welche sie durchdringt.

Wer von beiden hat recht: jener, der seinen Körper vernachlässigt und kasteit, um dadurch eine vermeintliche geistige Überlegenheit zu erlangen, oder jener, der beide Aspekte seiner Persönlichkeit in dem Bewußtsein pflegt, daß sie verschiedene Formen seiner Existenz sind? Mit Hilfe der Techniken des Hatha-Yoga sucht der Schüler einen gesunden Körper zu erlangen, der dann ein adäquates Instrument zur Harmonisierung geistiger Aktivität wird.

Der Hatha-Yogi erstrebt einen Körper, hart wie Stahl, gesund und frei von Leiden, ein langes Leben. Als Meister über seinen Körper will er den Tod überwinden. In seinem perfekten Körper genießt er Vitalität und Jugendlichkeit. Er will selbst den Tod seinem Willen unterwerfen, indem er sein irdisches Dasein erfüllt und zur gewählten Stunde diese Welt in einer großen Geste der Auflösung verläßt.

Hatha-Yoga praktizieren bedeutet in keiner Weise, diese Lehre uneingeschränkt annehmen. Immerhin legt sie die geistigen Konzepte der Hatha-Yogis dar. Sie zerstreut gewisse im Westen verbreitete Vorurteile, so etwa, daß die Âsanas eine unsinnige, unnütze oder gar gefährliche Akrobatik darstellten oder daß sie von den Yogis zum Zweck der Kasteiung durchgeführt werden. Wohl mögen gewisse Stellungen für den Nichteingeweihten schmerzhaft aussehen. Dem geübten Schüler jedoch bereiten sie niemals schmerzhafte Empfindungen, im Gegenteil!

Atmung

Selten habe ich ein dermaßen ratloses menschliches Wesen gesehen:
Es saß vor mir, bleich, mit schlaffen Gesichtszügen, der magere Hals
schwamm im Kragen eines zu weit gewordenen Hemdes. Ohne
große innere Überzeugung kam er auf Rat eines Freundes, um mir
sein Problem zu unterbreiten. Wenn ich sage »unterbreiten«, dann
glauben Sie nicht, daß er mir einfach seine Beschwerden erzählte. Sein
Zustand der Erschöpfung und der Nervosität war derart, daß er unfähig war, eine zusammenhängende Darstellung desselben zu geben.
Er las mir einige für diese Unterhaltung vorbereitete Notizen vor.
Deren Einzelheiten darzutun, möchte ich Ihnen ersparen. Er war
verheiratet und hatte vor einigen Jahren einen Schock im Gefühlsleben erfahren, dessen nähere Umstände er mir nicht bekanntgab.
Seither zerfiel seine Gesundheit zunehmend.
Er litt an Verdauungsstörungen, Herzklopfen, Reizbarkeit und an
Konzentrationsmangel. Er magerte zusehends ab, verlor jegliche Le-
benslust und war am Ende seines Mutes. Kürzlich hatte er seine Stelle
gewechselt, war jetzt wohl besser bezahlt, fühlte sich aber durch die
neuen Verantwortlichkeiten überfordert. Am nächsten Tag erwar-
tete ihn eine wichtige Arbeit, für die er sich unfähig fühlte. Er wollte
dies seinem neuen Chef gestehen und die Stellung kündigen.
Was tun? Gymnastik war ihm untersagt, denn die mindeste Anstrengung erschöpfte ihn. Ich war sehr in Verlegenheit. Gerne hätte ich
ihm geholfen, aber es schien ausgeschlossen, ihn auch nur die einfachsten Yoga-Übungen ausführen zu lassen.
Immerhin hieß ich ihn seine Weste auszuziehen, sich auf den Teppich
zu legen und ruhig zu atmen. Als ich auf seinem Unterleib und Brustkorb keinerlei Atmungsbewegungen feststellte, sagte ich zu ihm:
»Halten Sie den Atem nicht an!«
»Aber ich halte ihn gar nicht an, ich atme normal . . .«, war die erstaunliche Antwort.
»Dann atmen Sie, so tief Sie können.« Er machte eine Anstrengung,
und seine Brust hob sich . . . um einen Zentimeter! Ich legte meine
Hand auf seinen Bauch. Er war hart und die Muskulatur verspannt.

Dieser Mann war dermaßen verkrampft, daß er praktisch nicht atmete; nur gerade soviel, um nicht an Erstickung zu sterben. Das erklärte einiges! Er betrachtete mich erstaunt, als ich ihm sagte, daß er sozusagen nicht atme. Er hatte sich niemals darüber Rechenschaft abgelegt, auch andere Personen seiner Umgebung nicht! Nach einem halbstündigen Training gelang es ihm, sich etwas zu entspannen und mit dem Bauch zu atmen. Es war nicht sehr viel, aber verglichen mit seinem vorigen Zustand atmete er mindestens fünfmal mehr Luft ein. Dreiviertel Stunden später zeigte sich auf seinen Wangen wohl zögernd, aber doch immerhin ein rosiger Schimmer. Ein flüchtiges Lächeln erhellte sein Gesicht . . . Er war fähig, ohne Notizen zu sprechen!

Glauben Sie nicht, daß in der Folge alles einfach war. Durch den Zauber der Atmung jedoch kam dieser menschliche Körper zum Leben zurück, so wie wenn man eine verkümmerte Pflanze begießt.

Mit Hilfe seines Arztes ist er auf dem Wege, wieder ein normales Leben aufzunehmen.

Dies ist ein extremer, aber eindrucksvoller Fall. Seit diesem Tage räume ich der Atmung, mehr denn je, eine überragende Rolle ein. Ich beobachte immer wieder, daß solche Menschen, die einen gut entwickelten Brustkorb besitzen und ihn auch benutzen, fast ausnahmslos ohne Probleme leben; das heißt, sie bringen es fertig, diese fortlaufend zu lösen.

Jene, die schlecht atmen, schlagen sich mit unzähligen Schwierigkeiten herum, sei es mit der Gesundheit, mit dem Beruf oder dem Gefühlsleben. Leider sind sie in der Mehrzahl, denn tatsächlich atmen wir alle mehr oder weniger schlecht! Wie viele dieser armen Lungen zivilisierter Menschen werden niemals gründlich durchlüftet!

Atmen heißt leben

Die Atmung ist das große Lenkrad des Lebens. Es ist möglich, wochenlang auf feste Nahrung und tagelang auf Trinken zu verzichten. – Des Atems beraubt jedoch, würden wir in wenigen Minuten vom Leben zum Tod übergehen.

Alle Erscheinungen des Lebens sind mit Prozessen der Oxydation und der Reduktion verbunden. Ohne Sauerstoff kein Leben! Hinsichtlich ihrer Versorgung mit Sauerstoff hängen unsere Körperzellen vom Blut ab. In dem Moment, wo ein sauerstoffarmes Blut in unseren Arterien zirkuliert, vermindert sich die Lebenskraft jeder einzelnen Zelle. Verhalten wir uns also dieser Grundwahrheit gemäß und durchdringen wir uns damit. Legen wir uns darüber Rechenschaft ab, daß Milliarden von Zellen, bereit, uns getreulich bis zum Ende unserer Kräfte zu dienen, von der Sauerstoffzufuhr abhängig sind. Dieser Sauerstoff wird uns durch das Blut zugeführt. Es ist unsere unumgängliche Pflicht, jeder einzelnen Körperzelle die Versorgung mit Sauerstoff, auf die sie ein Anrecht hat, sicherzustellen.

Wir atmen nicht nur sehr schlecht, oft ist die Qualität der eingeatmeten Luft auch mehr als zweifelhaft. Daher der Mangel an Widerstandskraft gegen Krankheiten und Müdigkeit, unsere Abneigung gegen jede körperliche Anstrengung, die Nervosität und die Reizbarkeit.

Die Atmung umfaßt sowohl diesen Aspekt der Sauerstoffzufuhr als auch der Abfuhr von Kohlensäure. Die Körperzellen haben kein anderes Mittel zur Verfügung, um die Abfallprodukte, die sie produzieren, abzuführen, außer sie ins Blut auszuschütten. Die Reinigung des Blutes findet namentlich in der Lunge statt. In schlecht durchlüfteten Lungen entwickeln sich unzählige Keime, wo sie in der dunklen und feuchten Wärme einen besonders günstigen Nährboden finden. Der Tuberkelbazillus vermag der Einwirkung von Sauerstoff nicht zu widerstehen. Eine korrekte Atmung gewährleistet eine vollständige Durchlüftung der Lungen und erzeugt Immunität gegen Tuberkulose. Wenn wir die Yogi-Atmung anwenden, erfahren wir, wie schlecht wir vorher geatmet haben. Der Unterschied zwischen der Art der Atmung eines Yoga-Schülers und eines Menschen, der kein Yoga praktiziert, ist ungefähr so groß wie zwischen einem Kind, das in einem Teich herumplätschert, und einem Meister im Schwimmen. Das Kind wehrt sich im Wasser, verbraucht viel Energie, vermag sich kaum über Wasser zu halten und vorwärtszubewegen, während der letztere rasch und ohne Mühe vorankommt. Der große Unterschied liegt in der Technik und in der Übung.

Lernen wir korrekt atmen. Die Belohnung wird köstlich sein! Swami Sivânanda schreibt über die Yoga-Atmung: »Der Körper wird stark und gesund, überflüssiges Fett verschwindet, das Gesicht beginnt zu strahlen, die Augen leuchten, und ein unbeschreiblicher Charme geht von der ganzen Persönlichkeit aus. Die Stimme wird weich und melodisch. Der Schüler ist Krankheiten nicht mehr unterworfen. Die Verdauung funktioniert leicht (erinnern wir uns an den Appetit, den wir nach einem langen Marsch in der freien Natur verspüren). Der ganze Körper reinigt sich von selber, der Geist konzentriert sich leicht. Die dauernde Übung erweckt latente geistige Kräfte, führt Glück und Frieden herbei.«

Vor unserer Geburt atmete die Mutter für uns. Seit unserem Erscheinen auf dieser Welt, wo der Kohlensäuregehalt des Blutes zunahm, setzte das Atmungszentrum die erste tiefe Einatmung in Gang. Im Brustkasten falteten sich die Lungenflügel auseinander, und wir setzten mit unserem ersten selbständigen Atmungsakt ein. Seither rhythmisieren Ein- und Ausatmung unser Leben bis zum letzten Atemzug. Um einen Ausdruck von C. L. Schleich zu benutzen: »Seit die Hebamme den Nabelstrang durchschnitten hat, werden die Lungen zur Placenta, welche den Menschen an die kosmische Mutter bindet.« Leben heißt atmen – atmen heißt leben, und die Yogis bemessen die Dauer des menschlichen Lebens nach der Anzahl der Atemzüge. Bevor wir komplizierte Atmungsübungen durchführen, sollten wir vorerst gut atmen lernen, am besten fangen wir von vorne an! . . . Wir alle konnten so gut atmen . . . als wir noch Kleinkinder waren! Seither ist unsere Atmung unvollständig, oberflächlich, ruckartig und hastig geworden, weil wir, unter dem Einfluß negativer Gemütsbewegungen wie Angst und Zorn, verkrampft und gespannt sind. Vor jeder Reform der Atemtechnik müssen wir uns daran erinnern, daß der Atem vor uns da war und daß wir ihn nichts lehren können. Wir müssen uns daher seiner belebenden Kraft öffnen, indem wir jedes seinem Einfluß entgegenstehende Hindernis aus dem Wege räumen. Der Atem erwartet unsererseits die Beseitigung der Spannungen, die Korrektur schlechter Gewohnheiten, irriger körperlicher und geistiger Haltungen. In dem Moment, wo wir die Hindernisse aus dem Weg geschafft haben, wird uns der Atem in vollem Umfange als Vitalität und Gesundheit offenbar werden.

Die Mode der Korsetts des 19. Jahrhunderts ist vorbei! Mehr als ein Kleidungsstück beschränkt jedoch immer noch die Atmung. Ihre Ledergürtel, meine Herren! Ihre Hüft- und Büstenhalter, meine Damen! Wählen wir diese wenigstens elastisch, um die Atmung nicht zu stören.

Es gibt physische Hindernisse, die noch bedenklicher sind: diese harten, verkrampften Unterleibe, welche die gesamte Atmung blockieren und die ganze Persönlichkeit in Spannung versetzen. Diese Brustkästen, hart wie Panzer, Zwerchfelle, welche durch Ansammlung von Gas im Magen-Darm-Traktus, auch sie durch Krämpfe entstanden, unbeweglich wurden! Vorerst müssen alle diese dauernd angespannten Muskeln, welche schlimmer als ein Korsett jede normale Atmung verhindern, entspannt werden.

Dies ist der Grund, warum die Entspannung die Eingangspforte zum Yoga darstellt. Entspannung aber läßt sich vor allem durch eine richtige Atemtechnik erreichen. Die Yogis wissen das, und von ihnen können wir eine ganze Menge lernen. Hören wir also, was die Yogis über Vor- und Endstufen richtiger Atmung sagen!

Über das Ausatmen

Beim Atmen räumt der westliche Mensch der *Ein*atmung den Vorrang ein. Yoga dagegen behauptet, daß jede richtige Einatmung mit einer vollständigen und langsamen Ausatmung beginnt und daß darüber hinaus diese *Aus*atmung eine »conditio sine qua non« einer korrekten und kompletten Einatmung sei. Der Grund ist einfach: Man kann einen Behälter nur dann füllen, wenn er vorerst . . . entleert wurde.

Eine normale Atmung beginnt also mit einer langsamen und ruhigen Ausatmung, welche durch die Entspannung jener Muskeln herbeigeführt wird, welche die Einatmung steuern. Die Brust senkt sich durch ihr Eigengewicht, wodurch die Luft aus der Lunge gepreßt wird. Die Ausatmung soll, wie übrigens der ganze Atmungsvorgang, leise sein. Man soll sich selber nie atmen hören. Dies setzt voraus, daß die Atmung *langsam* vor sich geht. Zum Ende der Ausatmung kann die Bauchmuskulatur mithelfen, die Lunge so vollständig als möglich zu entleeren, was durch eine Kontraktion geschieht, welche die letzten Reste verbrauchter Luft auspreßt. Die schwammartige Struktur der Lunge erlaubt es nicht, diese zu hundert Prozent zu entleeren. Immer wird ein Rest unreiner Luft, die Restluft, in den Lungen verbleiben. Man muß sich dazu zwingen, diese auf ein Minimum zu reduzieren, denn die eingeatmete frische Luft mischt sich mit dieser Restluft und bildet die eigentliche Atmungsluft. Je gründlicher wir ausgeatmet haben, um so umfassender wird der Anteil an Frischluft sein.

Bevor wir uns damit beschäftigen, die Atemkapazität zu erhöhen, wollen wir jene voll ausnützen, die uns bei einer sorgfältigen Ausatmung zur Verfügung steht!

Normale Atmung

Die Yogis unterscheiden drei Arten der Atmung: Bauchatmung, Brustkorbatmung und Schlüsselbeinatmung. Die vollständige Yogi-Atmung kombiniert alle drei zu einer idealen Atmung.

Bauchatmung (Untere Atmung) wird von der Mehrzahl der Menschen angewandt. Das Zwerchfell senkt sich im Augenblick der Einatmung, der Bauch wölbt sich nach außen. Die Lungenbasis füllt sich mit Luft, das rhythmische Absinken des Zwerchfelles erzeugt eine sanfte und konstante Massage des Bauchinhaltes, wodurch das Funktionieren der Organe gefördert wird. Es ist dies im Verhältnis die beste Atmungsart.

Bei der *Brustkorbatmung* (Mittlere Atmung) wird der Brustkasten mit den Rippen gedehnt, wie dies bei einem Blasebalg geschieht. Sie füllt die Lunge in ihrem mittleren Bereich, wobei eine kleinere Luftmenge zugeführt wird als bei der Bauchatmung. Der dazu erforderliche Kraftaufwand ist jedoch größer. Es handelt sich um die Atmung des »Athleten«! Mit der Bauchatmung kombiniert, ergibt sich so eine zufriedenstellende Durchlüftung der Lunge.

Bei der *Schlüsselbein-* oder *oberen Atmung* wird durch das Anheben der Schlüsselbeinpartie Luft eingezogen, dadurch erhält besonders die obere Lungenpartie frische Luft.

Es handelt sich hierbei um eine wenig günstige Atmungsart. Besonders Frauen verfallen ihr leicht.

Die vollständige normale Atmung

Sie umfaßt alle drei Atmungsarten, die sie zu einer einzigen, umfassenden und rhythmischen Wellenbewegung verbindet.

Die vollständige Atmung wird am besten in liegender Stellung auf dem Rücken erlernt, was auch im Bett geschehen kann. Zusammengefaßt verläuft die vollständige Atmung folgendermaßen:

1. Leeren Sie die Lunge gründlich!
2. Drücken Sie langsam das Zwerchfell herunter und lassen Sie Luft in die Lunge einströmen. In dem Augenblick, wo der Bauch sich nach außen wölbt und die Lungenbasis sich mit Luft gefüllt hat . . .
3. . . . .dehnen Sie Rippen und Brustkorb, ohne zu forcieren, dann . . .
4. . . . füllen Sie die Lunge nicht mehr weiter mit Luft, und heben Sie die Schlüsselbeinregion an.

Während dieser ganzen Einatmungsphase muß die Luft laufend in einem Zug und ohne Unterbrechung in die Lungenflügel einströmen, ohne dabei ein Geräusch zu verursachen. Es ist wesentlich, leise zu atmen.

Sehr wichtig! Sie müssen sich ganz auf den Atmungsvorgang konzentrieren, Ihre volle Aufmerksamkeit darauf richten. Wenn Sie die Lungenflügel vollständig gefüllt haben, atmen Sie in der Reihenfolge der Einatmung aus: langsam, ohne Unterbrechung und Anstrengung. Am Schluß der Ausatmung wird der Bauch stark eingezogen. Dann beginnen Sie in derselben Art und Weise wieder einzuatmen. Diese Übung können Sie nach Gutdünken fortsetzen, denn sie darf weder Beschwerden noch Müdigkeit erzeugen. Atmungsübungen können jederzeit nach Belieben durchgeführt werden, sei es bei der Arbeit, beim Gehen oder bei anderen Anlässen. Immer wenn Sie daran denken, atmen Sie bewußt und so vollständig als möglich. So erwerben Sie sich allmählich die Gewohnheit einer vollständigen Atmung, und entsprechend wird sie sich verbessern. Es ist unerläßlich, sich täglich feste Zeiten vorzunehmen, um einige Minuten die gelenkte Atmung zu betreiben. Morgens beim Erwachen und abends vor dem Einschlafen sind günstige Zeitpunkte.

Wenn Sie sich müde, deprimiert oder entmutigt fühlen, machen Sie bewußt einige vollständige Atmungen. Die Müdigkeit wird wie durch Zauberei verschwinden, Ihr Gemüt wird die Wohltat verspüren, und Sie werden sich mit neuer Hingabe der Arbeit widmen.

Wie die Ausatmung, so soll auch die Einatmung leise, kontinuierlich und leicht sein. Blasen Sie sich nicht auf wie ein Ball oder wie ein Reifen. Atmen Sie leicht und forcieren Sie niemals. Denken Sie immer daran: die ideale Atmung ist *tief, langsam, leise, leicht*!

Die sitzende Lebensweise erzeugt Ansammlungen oder Stauungen des Blutes in dem einen oder anderen Organ. Die verlangsamte Blutzirkulation hat einen beschleunigten Verbrauch und ein vorzeitiges Altern des Organismus zur Folge. Die vollständige Atmung verhindert eine Verlangsamung der Blutzirkulation bis zur Stagnation des Blutes in unseren Organen.

Bei der Einatmung wird nicht nur Luft in die Lunge eingesogen, sondern auch Blut in die Gewebe des Körpers gepumpt. In dem Moment, wo die Lunge ein Maximum an Luft enthält, umfaßt sie am meisten Blut. Wenn sich in der ersten Phase der Atmung das Zwerchfell senkt und flach wird, treibt die untere Hohlvene das Blut zum Herzen, denn ihre Wände sind gespannt. Auch die Milz zieht von den wohltuenden Wirkungen der Tiefatmung Nutzen.

Die tiefe und langsame Atmung ist ein kräftiger Motor für die Zirkulation. Das Herz ist die Druckpumpe, welche das Blut in das Arteriensystem treibt, während die Lunge gewissermaßen die Saugpumpe für die Zirkulation des venösen Blutes darstellt. Die Blutzirkulation hängt somit von einer genauen, komplementären Funktion dieser beiden Pumpsysteme ab. Die Atmung wirkt in vorzüglicher Weise auf den Tonus (Spannkraft) des Herzens.

Der Gasaustausch in der Lunge, die Zufuhr von Sauerstoff und die Abfuhr von Kohlensäure verlaufen besser bei tiefer, vollständiger und *langsamer* Atmung. Walter Michel sagt: »Wenn die Durchlüftung der Lungen nicht vollständig, umfassend und langsam ist, verliert die Oxydationsoberfläche an Wirksamkeit, und die Bindung von Sauerstoff verläuft schlecht, obschon die dazu erforderlichen Fermente vorhanden wären.

Für einen optimalen Gasaustausch ›muß‹ das venöse Blut seine Spannungswerte langsam jenen der Alveolen anpassen . . . Indem man tief einatmet und die eingeatmete Luft zurückhält, vergrößert man die Austauschoberfläche. Dadurch werden sämtliche Alveolen, wovon bei gewöhnlicher Atmung ein Teil passiv bleibt, in Aktion gesetzt. Eine vollständige Ausnützung der Alveolen durch die Einatmungsluft ist für eine gute Versorgung mit Sauerstoff erforderlich. Möglichst viele Alveolen sollen daran beteiligt sein. Nach Auffassung der Physiologen ist es erforderlich, daß die eingeatmete Luft 10 bis 20 Sekunden in den Lungenalveolen verbleibt, um einen möglichst vollständigen Gasaustausch zu gewährleisten . . .«

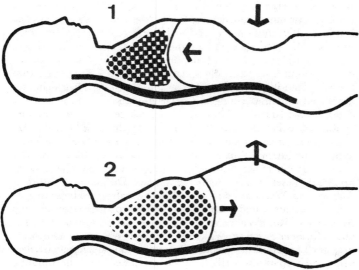

Bewußte Atmung

Alle organischen oder funktionellen Störungen, die einen krankhaften Zustand herbeiführen können, sind weitgehend durch die bewußte Atmung beeinflußbar.

Ungenügende Atmung ist nach medizinischen Forschungen oft für die Anfälligkeit auf Bronchitis, Asthma und Emphyseme verantwortlich.

Bewußte Atmung ist das wichtigste Mittel, über das wir verfügen, um die organische Widerstandskraft zu steigern. Wird durch irgendein Mittel diese organische Widerstandskraft vermindert, erleben wir, daß auch harmlose Mikroben Infektionen erzeugen können. Die Serumbehandlung kennt Fehlschläge, ebenso die Behandlung mit Sulfonamiden oder Penicillin.

Es gibt aber eine natürliche Immunität im Zusammenhang mit dem ionischen Gleichgewicht im Blut. Sie hängt von der Atmung ab, indem sie auf den pH-Wert der Säfte und auch auf die pH-Werte der Mikroben einwirkt. Sie reguliert das Säure-Basen-Gleichgewicht, das bei jeder Atmung wiederhergestellt wird und es dem Organismus erlaubt, den vitalen pH-Wert wiederzufinden. Wenn auch die bewußte Atmung nicht immer genügt, um Infektionskrankheiten zu bekämpfen, so trägt sie doch dazu bei, sie fernzuhalten.

Man ist überrascht von der Hellsichtigkeit der Yogis, welche vor vielen tausend Jahren Regeln und Techniken der idealen Atmung aufgestellt haben. Sie empfehlen, so zu atmen, als wenn wir bei unserer Geburt einen Kredit über eine bestimmte Zahl von Atemzügen mitbekommen hätten und unser Leben genau bis zur Erschöpfung dieses Kapitals »Anzahl Atemzüge« dauern würde. Wären wir von diesem Glauben durchdrungen, wie würden wir dann aufpassen, langsam zu atmen! Tatsächlich: Atmen ist leben! Langsam atmen heißt lange und gesund leben.

Für die Ausführung der Âsanas muß man nüchtern, passend angezogen und an einem entsprechenden Ort sein. Die bewußte Atmung dagegen kann irgendwo, irgendwann und ohne daß es die Umgebung bemerkt, durchgeführt werden.

Beginnen Sie Ihren Tag mit tiefen, langsamen, unhörbaren Atemzügen einige Minuten im Bett zwischen Erwachen und Aufstehen. Wenden Sie die Yogi-Atmung während der Âsanas an. Haben Sie Gelegenheit, sich zu Fuß zur Arbeit zu begeben, dann atmen Sie wieder! Wenn Sie gehen, atmen Sie 6 Schritte lang ein, halten den Atem für 3 Schritte an und lassen die Ausatmung sich auf 12 Schritte erstrecken. In der Regel soll die Ausatmung die doppelte Zeit der Einatmung umfassen, ob zwischendurch die Luft angehalten wird oder nicht. Sie können auch 8 Schritte lang einatmen, 4 Schritte lang die Luft anhalten und 16 Schritte lang ausatmen. Im Verlauf des Tages bei der Arbeit oder ganz einfach immer dann, wenn Sie daran denken – hoffentlich wird dies oft der Fall sein –, gestehen Sie sich einige tiefe, vollständige und langsame Atemzüge zu. Abends widmen Sie sich kurz der Atmung, und im Bett möge Ihnen die Atmung das Wiegenlied singen. Sie können immer im selben Rhythmus atmen wie beim Gehen, und dabei können Sie beispielsweise die Sekunden zählen.

Indem Sie solchermaßen kurze Atemübungen während des Tages aneinanderreihen, werden Sie den unschätzbaren Wert der Yogi-Atmung kennenlernen.

Die vollständige Yogi-Atmung

Wir werden in diesem Kapitel die Technik der vollständigen Yogi-Atmung darstellen. Sie umfaßt in einem einzigen Atmungsprozeß verschiedene Teilaspekte anderer Formen der Atmung. Wiederholen wir vorerst, was wir bereits wissen.

Die Einatmung umfaßt drei Phasen:

a) Bauchatmung oder untere Atmung (Zwerchfellatmung), erzeugt durch Hinunterdrücken und Flachwerden des Zwerchfelles;
b) Brustkorbatmung oder mittlere Atmung (Rippenatmung), erzeugt durch Auseinanderrücken der Rippen und Anheben des Brustkorbes;
c) Schlüsselbeinatmung oder obere Atmung (Lungenspitzenatmung), erzeugt durch Heben der oberen Partie des Thorax.

Jede dieser Atmungsarten hat ihre eigenen Vorzüge, jedoch ergibt allein eine Einatmung, welche *alle* diese Phasen umfaßt, die vollständige Yogi-Atmung. Sie zu beherrschen, muß unser Ziel sein.

Drei Phasen der Yogi-Atmung

Vorerst lernen wir, die drei Phasen deutlich voneinander zu trennen. Dann wird man deren Synthese anstreben. Das bedeutet, die drei Phasen harmonisch aneinanderfügen und sich folgen lassen, dabei in einem einzigen rhythmischen Zuge die Lungen mit ihren 70 Millionen Alveolen mit Luft anfüllen.

Bauchatmung (Zwerchfell-, Untere Atmung)

Wir werden auch mit dem Zwerchfell korrekt, leicht, voll und natürlich atmen lernen. Vorzugsweise übt man in liegender Stellung auf dem Rücken, weil es so leichter ist, die Muskulatur des Unterleibes·zu entspannen. Sie ist in erster Linie dafür verantwortlich, daß wir beim Sitzen oder Gehen aufrecht bleiben. Später werden Sie mit dem Zwerchfell auch während des Laufens und Gehens bewußt atmen können.

Um wirklich entspannt zu liegen, ist es oft nötig, ein Kissen unter die Knie zu legen, wodurch die Krümmung der Wirbelsäule in der Lendengegend vermindert wird. Legen Sie sich nicht auf eine zu weiche Unterlage. Obschon es möglich ist, auch auf einem Bett liegend mit dem Zwerchfell zu atmen, ist es vorzuziehen, die Übung auf einer festen Unterlage durchzuführen, am besten auf einer Matte direkt auf dem Boden.

Um sich besser konzentrieren zu können, schließt man die Augen. Vor der Übung atmen Sie einige Male tief aus. Dies geschieht durch Ausstoßen einiger Seufzer und anschließendes leichtes Einziehen des Bauches sowie durch Kontraktion der Bauchmuskulatur. Dadurch wird der letzte Rest Luft aus der Lunge gepreßt. Es ist auch möglich, dies zu erreichen, indem der Laut *om* (siehe Seite 53 f.) ausgestoßen wird, was verlangt, daß man langsam und gründlich ausatmet, weil der Ton konstant und gleichmäßig sein muß. So können Sie den Fluß der ausströmenden Luft nach Belieben regulieren. Während Sie das *oooòmmmm* lang und tief ertönen lassen und dabei das *mmmm* . . . im Schädel vibrieren machen, konzentrieren Sie Ihre Aufmerksamkeit auf die Bauchmuskulatur und stellen sich bewußt auf deren Bewegungen ein. Nach einigen langsamen und tiefen Atemzügen wird sich automatisch das Bedürfnis einstellen, die Bauchatmung noch zu vertiefen. Sie werden dann dieser Tendenz nachgeben und sie auf das Maximum bringen.

Die Abbildung S. 37 oben zeigt die Stellung des Zwerchfelles bei leerer Lunge. Man sieht, daß das Zwerchfell wie ein Kolben in einem Zylinder hoch in den Brustkorb reicht und daß gleichzeitig die Lunge einen kleinen Teil des Raumes einnimmt. Es ist wichtig, die Lunge gründlich zu entleeren und soviel verbrauchte Luft als möglich auszustoßen. Der Boden des »Kolbens« ist nicht flach wie etwa jener eines Motors. Er ist gewölbt (siehe Abb. S. 37) wie der Deckel einer Pfanne, aber nicht fest, sondern von einer knorpeligen Platte gebildet, die von einem Ring von Muskeln umgeben ist, dessen Kontraktion die Bewegungen des Zwerchfelles zur Folge hat. Tatsächlich verfügt das Zwerchfell über eine Muskulatur, welche zu den kräftigsten des Körpers zählt oder es wenigstens sein sollte. Leider lassen ihre Besitzer sie nur zu oft verkümmern! Die Abbildungen auf S. 37 erlauben es uns, zu verstehen, warum wir uns nur bei entleerter Lunge völlig entspannen können, wenn wir dabei die Ausatmung nicht forcieren. In der Ausatmung sind die Muskeln des Zwerchfelles in Ruhestellung.

Völlige Entspannung kann sich nur während der kurzen Frist einstellen, wo der Atem mit leerer Lunge angehalten wird.

Nachdem Sie die Lunge gründlich geleert und den Atem einige Sekunden angehalten haben, werden Sie gewahr, daß die Atmung sich *von selbst* wieder einschalten will. Entspannen Sie in diesem Augenblick die Bauchmuskulatur und lassen Sie die Einatmung sich selber vollziehen. Während die Luft in die Lunge einströmt, bläht sich der Bauch, und es hebt sich, infolge des Flachwerdens, das Gewölbe des Zwerchfelles, niemals aber durch eine Kontraktion der Muskulatur der Bauchhöhle! Es kommt oft vor, daß Schüler die Bauchatmung praktizieren, indem sie den Bauch durch die zugehörige Muskulatur blähen. Tatsächlich muß diese während der ganzen Phase der Einatmung entspannt bleiben. Allmählich füllt sich die Lunge von unten her mit Luft. Die Einatmung soll langsam und leicht sein, worüber Sie sich Rechenschaft geben können, wenn sie *leise* vor sich geht. Hören Sie sich nicht atmen, dann weist Ihre Einatmung das gewünschte langsame Tempo auf. Ist sie dagegen hörbar, atmen Sie zu rasch ein. Es wird durch die Nase ein- *und* ausgeatmet. Dies ist äußerst wichtig. Der Bauch muß sich langsam heben wie ein Ballon, der aufgeblasen wird. Die Muskulatur der Bauchhöhle muß weich und entspannt bleiben. Wenn Sie den Vorgang kontrollieren wollen, dann legen Sie eine Hand auf den Bauch, ungefähr auf den Nabel, wobei der Ellbogen auf dem Boden ruht. So können Sie leicht der Dehnbewegung des Bauches folgen. Während dieser Zeit muß der Rücken entspannt bleiben, und die Rippen dürfen sich keinesfalls bewegen. Um sich darüber zu vergewissern, können Sie die Hände auf die Flanken legen und kontrollieren, daß die Rippen sich nicht bewegen und die Bauchatmung von der Brustkorbatmung getrennt durchgeführt wird.

Und wenn die Rippen sich gleichzeitig mit der Aufblähung des Bauches trotzdem bewegen sollten? In diesem Fall muß der Brustkorb mit Hilfe eines Gürtels, den Sie auf der Höhe des Brustbeines über der Magengrube um den Brustkorb legen, fixiert werden. Ziehen Sie den Gürtel in dem Moment, wo die Lunge sich entleert hat, nach Bedarf an. Bei der Einatmung wird nun der Brustkorb durch den Gürtel an der Ausdehnung gehindert, die Rippen können sich nicht mehr voneinander entfernen und damit auch nicht an der Atmung teilnehmen. Man wird automatisch dazu gezwungen, das Zwerchfell flachzumachen und den Bauch vorzuwölben.

Während Sie einatmen, müssen Sie bewußt miterleben, was sich in den warmen Tiefen des Brustkorbes abspielt. Bald werden Sie auch das Zwerchfell und seine Bewegungen bewußt empfinden und dann die beiden Phasen der Atmung voneinander unterscheiden. In dem Moment können Sie auf den Gürtel verzichten.

Wirkungen der Bauchatmung. Diese Atmung entspannt, stellt aber auch einen kräftigen Motor der Blutzirkulation dar. Das Zwerchfell ist gewissermaßen ein zweites Herz, weil seine Kolbenbewegungen die Lungenbasis dehnen und der Lunge damit helfen, reichlich venöses Blut anzusaugen. Indem sich die Zirkulation im venösen System beschleunigt, wird das Herz gut mit Blut versorgt. Eine bemerkenswerte Verbesserung der allgemeinen Blutzirkulation ist die Folge. Die pumpenden Bewegungen des Zwerchfelles ergeben eine sehr wirksame, gleichermaßen sanfte und kräftige Massage der Bauchorgane.

Die Funktionen der Leber werden normalisiert, Galle wird im günstigen Moment ausgeschüttet. Die beschleunigte Zirkulation in der Leber sowie die Anregung der Gallenblase verhüten die Entstehung von Gallensteinen. Die Milz, der Magen, die Bauchspeicheldrüse und der ganze Verdauungstrakt werden massiert und gestärkt. Blutstockungen werden vermieden. Es kommt oft vor, daß man während der Zwerchfellatmung ein »Glucksen« vernimmt, das die Arbeit der Peristaltik des Verdauungstraktes anzeigt.

Mit zunehmender Übung wird die Bauchatmung umfangreicher, weich, locker und rhythmisch. Anfänglich ist sie oft abgehackt und schwierig, besonders bei gespannten Personen.

Es soll hier noch kurz die entspannende Wirkung der Bauchatmung auf den Plexus solaris (Sonnengeflecht), dieses »vegetative Gehirn« im Bereiche des Unterleibs, erwähnt werden. Dessen Bedeutung entgeht den meisten unserer Zeitgenossen, die oft nicht einmal sein Vorhandensein kennen. Im Plexus solaris »sitzt« auch die Angst, was die beruhigende Wirkung der Bauchatmung erklären mag.

In der Regel erlernen Männer diese Art der Atmung viel leichter als Frauen, was jedoch letztere nicht dazu veranlassen möge, sie zu unterlassen, im Gegenteil!

Brustkorbatmung (Rippen-, Mittlere Atmung)

Wie der Name besagt, ist es die Spreizung der Rippen, welche das Aufblähen der Lunge bewirkt und ihr damit Luft zuführt. Diese Atmung lernen wir in sitzender Stellung, gleichgültig, ob auf einem Stuhl oder auf dem Boden. Leeren Sie die Lunge gründlich und behalten Sie die Bauchmuskulatur angespannt. So ist es unmöglich, mit dem Bauch zu atmen. Während der ganzen Einatmung müssen Sie die Bauchmuskulatur unter Kontraktion halten, um jede Atmung mit dem Zwerchfell zu vermeiden.

Es muß wohl nicht besonders betont werden, daß jene Personen, welche einen Gürtel verwendeten, um den Brustkorb ruhigzustellen (s. S. 43), diesen entfernen, um die Brustkorbatmung zu erlernen.

Legen Sie die Hände in der Weise auf die Körperseiten, daß die Handballen einige Zentimeter unter der Achselhöhle die Rippen berühren. Die Finger weisen gegeneinander. Atmen Sie ein und versuchen Sie, die Hände mit den Rippen möglichst weit voneinanderzustoßen. Nach einigen Versuchen werden Sie deutlich verspüren, wie weit Ihnen das gelingt. Sie bemerken deutlich einen Widerstand beim Eintreten der Luft, der größer ist als bei der Bauchatmung, welche mit kleinerem Kraftaufwand ein größeres Volumen an Luft einfließen läßt. Trotzdem führt auch die Brustkorbatmung eine beträchtliche Luftmenge ein. Führen Sie 20 Atemzüge aus, die sich nur auf die Rippengegend beschränken.

Schlüsselbeinatmung (Lungenspitzen-, Obere Atmung)

Bei dieser Art der Atmung muß man versuchen, die Schlüsselbeine anzuheben und dadurch Luft in die Lunge eintreten zu lassen.

Blockieren Sie die Bauchmuskulatur wie beim Erlernen der Brustkorbatmung und halten Sie die Hände an die Brustseiten angelehnt wie oben beschrieben. Versuchen Sie nun Luft eintreten zu lassen, indem Sie die Schlüsselbeine nach oben ziehen, ohne dabei allerdings die Schultern zu heben, was zwar kaum möglich ist, wenn man die Hände an den Seiten behält.

Sie werden das Eintreten von Luft feststellen, dabei aber auch bemerken, daß trotz der im Verhältnis zur Brustkorbatmung größeren Anstrengung die zugeführte Luftmenge geringer ist.

Lungenspitzenatmung bei Frauen. Diese am wenigsten wirkungsvolle Atmungsart machen sich Frauen sehr oft zur Gewohnheit. Betrachten Sie 10 Frauen bei der Atmung, und bei 8 werden Sie keine andere Bewegung während der Einatmung feststellen als ein deutliches Anheben der Schlüsselbeine. Bei den Frauen heben sich beim Einatmen vor allem die Brosche oder die Halskette (!). Es ist dies auch die Atmung der Nervösen, Deprimierten und Ängstlichen. Sie kommt nur in Frage und ist nützlich als Bestandteil der vollständigen Yogi-Atmung. Sie hat auch nur dann einen Sinn, wenn sie den zwei bereits beschriebenen Phasen der Atmung folgt.

Warum atmen die Frauen mit dem oberen Teil der Lunge? Lange Zeit hat man angenommen, daß dafür Kleidungsstücke wie Korsetts, Schlüpfer, Büstenhalter allein verantwortlich zu machen sind. Dagegen zeigen auch Frauen, die keine Korsetts tragen, diese Atmungsart, wobei ihre Kleidung nicht beengender ist als jene der Männer (Korsetts verschwinden glücklicherweise, und die modernen Schlüpfer sind elastisch). Der Grund muß anderswo gesucht werden.

Wenn man Säuglinge beiderlei Geschlechtes beobachtet, stellt man fest, daß die weiblichen in der Regel wohl ebenso mit dem Bauch atmen wie die männlichen, trotzdem aber deutliche Perioden einer ausgesprochenen oberen Atmung aufweisen. In diesem Falle ist wohl die Kleidungsfrage nicht im Spiel!

Um des Rätsels Lösung zu finden, muß man sich der fundamentalen Rolle der Frau zuwenden, die sie vom Mann unterscheidet: der Mutterschaft.

Was spielt sich während der Schwangerschaft ab? Die Gebärmutter wird während der Schwangerschaft größer, und in dem Maße beginnt sie die Bauchhöhle auszufüllen. Während der letzten Monate der Schwangerschaft kann die Frau praktisch nicht mehr mit dem Zwerchfell atmen, weil dieses sich infolge der Gegenwart des Embryos und der Placenta nicht mehr absenken läßt. In diesem Moment nimmt die Frau Zuflucht zu einer dafür geeigneten Atmungsweise, der Schlüsselbeinatmung. Beobachten Sie eine schwangere Frau beim Atmen, und Sie werden feststellen, daß sie hauptsächlich während der Endphase der Schwangerschaft gezwungen ist, so zu atmen. Eine tiefe Atmung ist ihr begreiflicherweise nicht möglich. Das Kleinkind von weiblichem Geschlecht übt instinktiv von der Wiege an diese Atmungsart. Sobald ein Kleidungsstück den Unterleib nur leicht einengt, stellt sich ein Abwehrmechanismus ein, und die Frau beginnt mit der oberen Atmung, während unter denselben Umständen der Mann anders reagiert. Er lockert die Kleidung oder zwingt das Zwerchfell in eine flache Lage. Der Mann kämpft gegen das Hindernis, während die Frau es umgeht.

Trotzdem ist diese Atmungsart von geringerem Wert als die Bauchatmung. Die Frau muß es daher vermeiden, sich eine Atmungsart zur Gewohnheit zu machen, die nur für bestimmte Umstände vorgesehen ist. Die Frau muß also wachsam sein und diesen Mechanismus außerhalb der Schwangerschaft nicht einsetzen lassen.

Einüben der vollständigen Yogi-Atmung

Wie wir bereits wissen, umfaßt die vollständige Yogi-Atmung alle drei Arten der Atmung. Wir erlernen sie vorzugsweise in liegender Stellung. Beginnen Sie mit einer vollständigen Ausatmung. Dann atmen Sie sehr langsam mit dem Bauch ein. Sobald dieser vollständig nach außen gewölbt ist und nicht weiter gebläht werden kann, weiten Sie die Lendenpartie mit den Rippen und lassen Sie noch mehr Luft in die Lunge strömen. Sind die Rippen maximal gespreizt, heben Sie die Schlüsselbeinpartie an, um nochmals etwas Luft einströmen zu lassen. Nun ist Ihre Lunge maximal mit Luft angefüllt. Sie sollen sich nicht wie ein Reifen aufblasen; alles muß leicht und bequem verlaufen.

Vermeiden Sie es, die Muskulatur der Hände zu betätigen, den Hals oder das Gesicht zu verspannen, besonders während der oberen

Schlüsselbeinatmung. Wie wir es bereits gelernt haben, müssen die drei Atmungsphasen in einer wellenförmigen, einheitlichen Bewegung folgen, sich ablösen und dennoch sich deutlich voneinander unterscheiden (s. Fotos S. 49 und 51).

Besondere Hinweise

Fehler. Es kommt vor, daß Schüler, nachdem sie den Bauch nach außen gewölbt und das Zwerchfell flachgelegt haben, aufhören Luft einströmen zu lassen und in diesem Augenblick den Bauch wieder einziehen, um die Luft in den oberen Teil der Lunge aufsteigen zu lassen, oder wenigstens vermeinen sie, dies zu bewirken.

Zu den Fotos auf S. 49
Diese Übung, die keinerlei Schwierigkeiten bereitet, erlaubt eine genaue Kontrolle der Bauchmuskulatur während der Atmung. Sie vermag das Zwerchfell, das seine Beweglichkeit eingebüßt hat, wieder flexibel zu machen. Die erste Phase, die oben gezeigt ist, entspricht der Ausatmung. Die Lunge wird entleert, die Wirbelsäule durchgebogen, Blick auf den Bauchnabel. Der Bauch wird eingezogen, um die letzten Reste von Luft aus der Lunge zu pressen. Diese Ausatmung ist aktiv.

Die darauffolgende Einatmung ist *passiv*. Gebildet wird sie durch ein Loslassen der Muskulatur des Abdomens. Daraufhin tritt Luft ohne Anstrengung und Kraftaufwand in die Lunge ein. Verstärken Sie die Einatmung dadurch, daß Sie die Lenden anziehen und gleichzeitig den Kopf heben.
Die beiden Phasen sind zehnmal auszuführen, wie sie auf den Bildern zu sehen sind. Dieselben Übungen auf dem Rücken liegend (S. 51).

Foto rechts:
Der Schüler nimmt leicht die verschiedenen Vorgänge der Atmung wahr, wenn er eine Hand in die Magengrube und die andere auf die Brustseite legt. Die Fotografie zeigt die Endphase der Ausatmung. Der Bauch ist eingezogen, um die letzten Reste der Luft auszupressen, während die Lenden sich gegenseitig nähern.
Die Hände haben während der ganzen Einatmungsphase die Bewegungen des Bauches verfolgt, dann die Rippen- und schließlich die Schlüsselbeinatmung, also die vollständige Yogi-Atmung, wahrgenommen.

Schwindelgefühl. Bei Personen, welche in der Regel mit dem oberen Lungenteil atmen, mag es geschehen, daß die vollständige Yogi-Atmung ein Schwindelgefühl erweckt, das an sich unschädlich, aber doch unangenehm ist. Wie läßt sich diese Erscheinung erklären? Es handelt sich ganz einfach um den Saugeffekt, welcher dem Gehirn kräftig das venöse Blut entzieht, was an sich sehr erwünscht ist. Bei Personen mit allgemein niedrigem Blutdruck erzeugt dieser leichte intra-cerebrale Spannungsabfall ein Schwindelgefühl. Die Gegenmaßnahme ist einfach: Man hebe die Beine in liegender Stellung bis zur Vertikalen hoch. Die normale Spannung stellt sich augenblicklich wieder ein, und das Schwindelgefühl verschwindet. Ist es angezeigt, die Übung fortzusetzen? Selbstverständlich, denn in wenigen Tagen wird sich der Organismus angepaßt haben, und die an sich unschädliche Erscheinung wird ausbleiben.

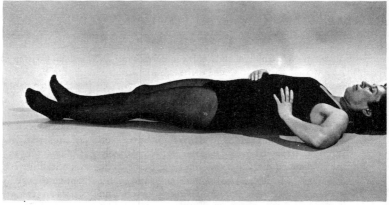

Zum Schluß der Einatmung ist der Thorax mit Luft gefüllt, so wie es die Abbildung oben zeigt. Der Bauch ist aber nicht einem Ball gleich aufgepumpt, besonders nicht in der Gegend des Nabels.

»Om« im Zusammenhang mit der Atmung

Der Swami von Chidambaram sagte zu dem Schriftsteller Yeats-Brown: »Wiederholen Sie immer wieder diesen Urton *om*, den ich Ihnen jetzt gebe. Er wird Ihnen ein Wort der Kraft sein. Konzentrieren Sie sich auf dieses Wort, das seit dem Anfang besteht.«

»Wie soll ich mich konzentrieren«, fragte Yeats-Brown, »*om* hat für mich keinerlei Sinn, es ist ein angenehmer Ton, aber nicht mehr!«

»Vorläufig soll es auch nichts anderes ausdrücken. Konzentrieren Sie Ihren Geist auf diesen angenehmen Ton, und betrachten Sie ihn als das Verbum, durch welches die Welten geschaffen wurden, als die Wurzel jeder Sprache, das Ende einer Vision. *Om* wird auf Ihr Unbewußtes einwirken, ob Sie es gerne mögen oder nicht. Es soll nicht intellektualisiert werden, und man soll sich nicht an seinem symbolischen Gehalt aufhalten.«

Diese Worte des Swami von Chidambaram bezeichnen die überragende Bedeutung, welche die Yogis dem geheimnisvollen *om* zuschreiben.

Unter den Yoga-Praktiken, die sich im Westen finden, wird es wenig angewandt. In Asien jedoch vernimmt der Reisende diese Silbe überall. *Om* und der Wohlgeruch des Dhoop, Essenz des Sandelholzes, sind in den Ashrams, Tempeln und Höhlen allgegenwärtig. In Indien ist *om* heilig. Zweifellos ist dies der Grund, daß wir im Westen davor zurückscheuen, ihm jenen Platz einzuräumen, den es in unserer Yoga-Praxis verdienen würde.

Der Katholik hütet sich davor, da er befürchtet, einen heidnischen Ritus zu gebrauchen. Der Ungläubige sieht darin einen Aberglauben, von dem er sich achselzuckend abwendet.

Om ist jedoch ein einzigartig dastehender Laut. Diesen Laut regelmäßig auszustoßen, bringt körperlich und geistig Gewinn.

Einübung des »om«

Vergeblich habe ich in der sehr umfangreichen Yoga-Literatur Erklärungen über seine Wirkungsweisen gesucht. Um eine solche Erklärung zu finden, mußte ich zu bewährten Verbündeten Zuflucht nehmen: einer praktischen Anwendung ohne Vorurteile, einem gesunden Menschenverstand und den Erkenntnissen unserer westlichen Wissenschaft. Zunächst jedoch wollen wir lernen, das *om* auszustoßen. In liegender oder sitzender Stellung öffnen wir die Lippen. Nach einer tiefen Einatmung fließt gebremste Luft aus und bringt die Stimmbänder durch das *om* zum Schwingen, bis die Lunge vollständig geleert ist. Der Ton soll so tief und gleichmäßig wie möglich sein. Wird korrekt praktiziert, verspürt die Hand, flach auf den Thorax im Bereich des Brustbeins aufgelegt, eine Vibration. Im letzten Drittel der Ausatmung wird der Mund geschlossen, die Bauchmuskulatur kontrahiert, um die letzten Reste der Luft mit einem »m . . .« auszustoßen. Dieses »m . . .« muß im Schädel summen. Die andere Hand, auf die Schädeldecke gelegt, muß ebenfalls die Vibration verspüren. Wenn Sie die Handballen auf die Ohren legen, werden Sie das *om* noch besser vernehmen.

Wirkungen des »om«

Vibration

Das »o . . .« versetzt sämtliche Knochen des Brustkastens in Schwingung. Dadurch teilt sich die Vibration auch der in der Lunge eingeschlossenen Luft mit. Die feinen Membranen der Alveolen, die mit der Luft in Verbindung sind, schwingen ihrerseits mit, was die Zellen der Lungen anregt und den Gasaustausch erleichtert.
Neuere Arbeiten von Physiologen besagen, daß diese Vibrationen

sich sehr nachdrücklich auf die innersekretorischen Drüsen auswirken. Dr. Leser-Lasario hat 25 Jahre seines Lebens wissenschaftlicher Forschung den Wirkungen gewidmet, welche die Vibrationen
der Stimme auf den menschlichen Organismus ausüben. Seine Arbeiten haben mit wissenschaftlicher Genauigkeit gezeigt, daß das
Ausstoßen von Vokalen während der Ausatmung eine Selbstmassage
der Organe durch die Vibration erzeugt.

Diese Vibrationen erreichen auch die tiefsten Gewebe und die Nervenzellen. In den betroffenen Organen und Geweben verstärkt sich
die Blutzirkulation. Die Drüsen der inneren Sekretion, welche ihre
Hormone direkt in das Blut und das Lymphsystem ergießen, werden
stimuliert (Hypophyse, Zirbeldrüse, Schilddrüse, Thymus, Nebenniere, Gonaden). Der Sympathikus und der Vagus entgehen nicht
der wohltuenden Wirkung der Vibrationen durch die Vokale.

Die Muskulatur des Atmungsapparates wird gleichzeitig entspannt
und gestärkt. Die Atmung wird voller, und damit verstärkt sich die
Zufuhr von Sauerstoff zum ganzen Körper. Die Vibrationsmassage,
wie sie durch den Ton »o . . .« erzeugt wird, erfaßt vor allem die Organe des Brustkorbes und des Bauches. Diese Vibration erzeugt elek-
tromagnetische Wellen, die sich im ganzen Körper verbreiten, Dynamik und Lebensfreude steigernd. Die Konzentrationsfähigkeit
wird erhöht.

Atmungsapparat

Langsame Ausatmung. Der Fluß des Tones »o . . .« verlangsamt
das Ausströmen der Atmungsluft. Die Vorzüge langsamen Atmens
sind uns bekannt; auf Seite 34–37 haben wir über ihre Ausübung und
ihre Wirkung ausführlich gesprochen.

Regelmäßige Ausatmung. Fließt der Ton während der ganzen Ausatmung gleichförmig, so ist diese nicht nur langsam, sondern auch
regelmäßig und ohne Unterbrechungen.

Vollständige Ausatmung. Das Kapitel über die Atmung hat die Bedeutung einer langsamen und vollständigen Ausatmung nachgewiesen. Es wird ein Maximum an verbrauchter Luft aus den Lungen ausgestoßen und das Volumen an Restluft möglichst reduziert. Diese vollständige Entleerung beeinflußt unmittelbar die darauffolgende umfassende, tiefe Einatmung.

Kontrolle und Entspannung. Die Ausatmung geschieht durch Lockerung der Muskulatur des Atmungsapparates. Damit das *om* regelmäßig fließt, muß diese Lockerung unter Kontrolle vor sich gehen. Sind im Bereiche des Rachens oder des Brustkorbes Muskeln unter Spannung, wird der Ton unbeständig. Ein kontinuierlicher, ununterbrochener Ton zeigt an, daß die Muskulatur des Atmungsapparates in perfekter Meisterung und unter dauernder Kontrolle gelöst wird. Es werden unbewußte Spannungen vermieden, und die darauffolgende Einatmung wird gut und leicht vonstatten gehen.

Psychische Wirkungen

Beim zerebral betonten zivilisierten Menschen ist vor allem der Intellekt Träger des Wortes. Selbst außerhalb von Gespräch und Lektüre sprechen wir zu uns selber, formen in unserer Vorstellung Sätze, welche Bilder ersetzen. Beobachten Sie sich selber, und Sie werden feststellen, wie weit das gedachte Wort das geistig vorgestellte Bild verdrängt. Die Fähigkeit bildlichen Vorstellens ist eine Vorbedingung zur Kontrolle des Psychischen, zur Kunst des Denkens, zum Erwerben bestimmter Kräfte der Selbstbeherrschung. Mentale Bilder sind dynamisch.

Zwischen den zerebralen Mechanismen, welche für die Bildung von Sätzen verantwortlich sind, und dem Apparat, der die Töne formt, besteht enge Verbindung. Sprechen erfordert enormen nervlichen Energieaufwand.

Das Wort ist mächtig. Viele große Männer waren große Redner. Vermeiden wir *unnütze* Worte und Geschwätz! Damit erreichen wir augenblicklich eine große Einsparung an Nervenenergie, was unsere verfügbare Kraft für andere Aufgaben steigert.

Während die Luft langsam aus der Lunge ausströmt und die Stimmbänder in Schwingung versetzt, hören Sie aufmerksam auf das lange *om*. Sie werden feststellen, daß es das Bewußtseinsfeld vollständig ausfüllt, und daß der Prozeß mentaler Wortbildungen verhindert wird.

Was für eine Wonne, nach einem bewegten Tag dieses herrliche Mittel anzuwenden, die Erregungen zu glätten und Ruhe herbeizuführen!

Das *om* kann auf hörbare Art nur während der Ausatmung ausgestoßen werden. Bei der Einatmung können Sie es innerlich für sich vernehmen.

Erlauben es die äußeren Umstände nicht, Übungen mit dem Ton durchzuführen, können sie diese mit denselben günstigen Wirkungen auf die Psyche lautlos, mit einer *innerlichen* Hinwendung auf das *om*, praktizieren. Wiederholen Sie das *om* während des Tages still für sich und in sich. Sie werden Ruhe und Frieden verspüren.

Reinigung
der Nase und
des Mundes

Die Yogis sehen verschiedene Reinigungsverfahren vor, um den Organismus zu reinigen und sauberzuhalten. Bis zu einem gewissen Grade scheidet der Körper selber Rückstände und Gifte aus. Die Niere reinigt das Blut, und mit dem Urin eliminieren wir Harnstoff und Harnsäure. Der Darm befreit den Körper von den Abfällen der Verdauung. Die Haut scheidet Gifte aus, während die Lunge den Überschuß an Kohlensäure abführt. Yoga unterstützt diese Organe in ihrer Arbeit, hilft der Natur bei ihrem Reinigungswerk, besonders hinsichtlich der Abfallprodukte, die der Körper nicht ohne weiteres allein auszuscheiden vermag. So sind wir genötigt, täglich die Haut zu waschen, die Zähne zu putzen.
Yoga geht weiter, viel weiter sogar.

Bekämpfung des Schnupfens

Atmen ist leben, aber um gut zu atmen, muß die Nase sauber sein. Der Atmungsapparat scheidet ein Sekret ab, um Staubteile der Luft beim Passieren der Nase zu binden, damit sie nicht in die Lunge gelangen. Kleine Härchen, die sich entgegen dem Sinne des Lufteintrittes bewegen, führen diese Staubpartikel wieder nach außen. Indem wir uns die Nase putzen, entledigen wir uns weitgehend dieser Unreinlichkeiten, was jedoch von den Yogis als ungenügend betrachtet wird. Die Nasendusche Neti reinigt die empfindliche Nasenschleimhaut gründlich. Über den Weg des Reflexes ist es möglich, Organfunktionen zu beeinflussen, die oft sehr weit vom Reiz an sich entfernt sind. Es gibt eine medizinische Technik, »endonasale Reflextherapie«, die darauf abzielt, therapeutische Effekte zu erzielen, indem bestimmte Nervenenden der Nasenschleimhaut gereizt werden. Wie dem auch sei, Neti reinigt die Nase gründlich. Auch der

Riechnerv profitiert von dieser Dusche, weil die Aktivität der Blutzirkulation in den Nasenhöhlen verstärkt wird, genauso die Augen. Ferner wappnet uns Neti gegen Stirnhöhlenkatarrh.

Durchführung der Nasendusche Neti

Die Technik ist einfach: Eine Schale lauwarmes, gesalzenes Wasser ist das ganze erforderliche Material. Ungesalzenes Wasser würde aufgrund von Osmoseerscheinungen ein Prickeln erzeugen. Durch Hinzutun eines gestrichenen Kaffeelöffels Salz stellt sich das osmotische Gleichgewicht mit nächstliegenden Geweben ein. Abgekochtes Wasser ist besser!
Halten Sie die Schale waagerecht und tauchen Sie die Nüstern ins Wasser. Ziehen Sie nicht das Wasser ein, als wenn Sie Luft einatmen, es würde sonst zu heftig eindringen. Führen Sie mit der Stimmritze eine kleine pumpende Bewegung hinten im Schlund aus. Das Wasser wird unmerklich in die Nase eintreten, so daß Sie nach einigen Pumpbewegungen in der Kehle den salzigen Geschmack verspüren werden. Vermeiden Sie, daß gleichzeitig mit dem Wasser Luft eintritt. Hören Sie auf einzuatmen, halten Sie einige Sekunden inne, indem die Nüstern im Wasser bleiben. Dann lassen Sie das Wasser von selber aus der Nase ausfließen und beginnen von vorn.
Haben Sie dies dreimal ausgeführt (wenn Sie es wünschen, auch mehr), atmen Sie mit hängendem Kopf einige Male stark aus, indem Sie abwechselnd ein Nasenloch zuhalten, so daß sämtliches Wasser aus der Nase abfließt. Das ist alles. Versuchen und beobachten Sie die Ergebnisse.

Dhauti zur Reinigung der Zunge

Für den Hatha-Yogi ist absolute körperliche Reinlichkeit wesentlich und stellt einen Pfeiler der Gesundheit dar. Unsere Körperhygiene ist derselben Meinung, beschränkt sich aber auf die äußerliche Sauberkeit. Yoga treibt die innere Sauberkeit bis zu den äußersten Grenzen. Es werden Methoden der Reinigung verwandt, wovon einige – wir geben es zu – den westlichen Menschen abstoßen, in ihm Angst oder Abneigung erwecken. Ich werde hier weder die Magenwaschung noch jene des Dickdarms beschreiben, obwohl sie in der Vorstellung abschreckender aussehen, als sie es in Wirklichkeit sind. Wir beschränken uns auf die Reinigung der Zunge, da diese Art der Reinigung in unseren Landen wenig üblich ist.
Unsere geläufige Hygiene vernachlässigt die Reinigung dieses Organs, welches doch so aktiv ist!
Es gibt allerdings Leute, die sich die Zunge mit der Zahnbürste putzen. Diese Absicht ist gut, die Methode dagegen nicht, weil die Borsten die Zunge reizen, eine unwirksame Reinigung zur Folge haben und Gefahr besteht, daß mit dem Stiel der Bürste das empfindliche Gaumensegel verletzt wird.

Durchführung des Dhauti

Im Verfahren der Yogis findet ein Zungenschaber aus Holz Verwendung (»tongue-scraper«). Selbstverständlich kann man statt dessen auch einen Löffel nehmen. Drehen Sie die gewölbte Seite nach oben und schaben Sie mit der Kante die Zunge. Nach einigen Schabebewegungen von hinten nach vorn gegen die Zungenspitze betrachten Sie den Löffel. Sie werden von der Notwendigkeit dieser Reinigung überzeugt sein. Dann schaben Sie die Zunge von links nach rechts und umgekehrt. Bleibt der Zungenschaber sauber, können Sie aufhören. Dann stellen Sie sich vor einen Spiegel und strecken Sie mit einer sehr ausdrucksvollen, wenn auch nicht gerade feinen Geste die Zunge kräftig heraus. Schauen Sie, wie sauber und rosafarbig sie ist!

Wie oft muß die Zunge geschabt werden?

Ein- oder zweimal am Tag, das reicht! Beispielsweise, wenn Sie Zähne putzen.

Es handelt sich um eine Gewohnheit, die man sich aneignet, nicht mehr!

Wirkungen des Dhauti

Warum bestehen die Yogis derart auf Sauberkeit dieses Organes? Vorerst aus Prinzip: der Sauberkeit wegen. Dann betrachten sie die Zunge als Organ zur Absorption des Prana (Energie in subtiler Form) aus der Nahrung. Solange eine Speise noch einen Geschmack entwickelt, enthält sie Prana, das ihr entzogen werden kann. Die Geschmackswarzen (Papillen) erfüllen wichtige Funktionen.

Betrachten wir die Geschmackswarzen daher etwas näher. Sie arbeiten auf dem Wege von Reflexen in enger Zusammenarbeit mit den Speicheldrüsen. Je schmackhafter ein Gericht, um so reichlicher ist die Speichelabsonderung.

Eine gute Einspeichelung der Nahrung ist von größter Bedeutung, besonders wegen der Gegenwart von Ptyalin, einem sehr aktiven Ferment im Speichel, welches unter anderem für die Umwandlung der Stärke sorgt und sie einer Vor-Verdauung unterzieht. Die Rückwirkungen von der Reizung der Geschmackswarzen beschränken sich nicht auf die Speicheldrüsen des Mundes. Der Magen, auf die baldige Ankunft von Nahrung aufmerksam gemacht, bereitet sich auf seine Arbeit vor. Immer auf dem Wege von Reflexen beeinflussen die Papillen Schritt für Schritt den ganzen Verdauungstrakt.

Ist die Zunge »belegt« – wir alle kennen diese unangenehme Erscheinung –, so sind die Geschmackswarzen »abgeschirmt«, mit einer Schicht von Schleim überzogen, so daß der Geschmack der Speisen nicht in vollem Umfange wahrgenommen werden kann. Die Speisen vermögen dann nicht jene intensive Reizung zu erzeugen, und der Reflex ist im Verhältnis reduziert.

Ferner ist eine belegte Zunge oft Ursache schlechten Atems.

Entspannung

Gespannt, verkrampft, nervös und voller Angst wird der moderne Mensch von einem teuflischen Räderwerk erfaßt, das ihn unfehlbar zur Erschöpfung führt. Die dauernde Nervosität erlaubt es kaum noch, die Anforderungen des unerbittlichen modernen Lebens zu erfüllen, die hinter dem Schleier des Komforts und des Wohllebens einen unmenschlichen Mechanismus und einen unendlich schweren Lebenskampf verbergen.

Ist es erstaunlich, daß Millionen von zivilisierten Menschen unter dem deprimierenden Eindruck leben, die »Pedale verloren zu haben«, und daß sie sich unerfüllbaren Pflichten gegenüber wähnen, denen gerecht zu werden sie sich unfähig fühlen. Und doch wissen sie sich ihnen nicht zu entziehen. Die moderne Chemie mit ihren Beruhigungsmitteln, ihren Glückspillen räumt ihnen eine trügerische Frist der Entspannung ein. Auf lange Zeit gesehen, ist jedoch das Heilmittel schlimmer als die Krankheit selber. Es tilgt nicht die Ursache, nicht die Nervosität, nicht die Angst, sondern begnügt sich damit, deren Erscheinung zu beseitigen. Es gibt aber zwei Mittel, die einerseits vorbeugend und andererseits heilend wirken: die gesteuerte Atmung und die Entspannung. Letztere ist das unmittelbarste Gegenmittel bei Nervosität und Spannungen.

Grundsätzliches zur Entspannung

Ohne Entspannung gibt es keinen wahren Yoga, keinen Frieden, kein Glück und auch keine Gesundheit. Ein gespannter Mensch, selbst wenn er alles hat, um glücklich zu sein, versperrt sich den Zutritt zum Glück. Schließlich ist die Entspannung – und dies ist nicht ihre kleinste Tugend – die Quelle schöpferischen Denkens. Erinnern wir an Cicero: »Nur der entspannte Mensch ist wirklich schöpfe-

risch, und Ideen fallen ihm blitzartig zu.« Entspannung, selbst in der
Aktion, soll nicht bloß das Vorrecht der Kinder und der Tiere bleiben
(die Katze ist dafür ein typisches Beispiel)! Wir müssen die Entspannung wieder erlernen, sie bewußt täglich einige Minuten üben, so
daß wir fähig werden, jeder Situation entspannt zu begegnen.

Bevor man die Techniken studiert, welche zu diesem erquickenden
Zustand der Ruhe führen, der sogar den Schlaf übertrifft, muß man
den tieferen Mechanismus verstehen. Die Kunst der Entspannung
muß man sich aneignen. Für Menschen, die zum erstenmal diesen
euphorischen Zustand empfinden, ist er eine Offenbarung. Der Körper wird zunächst unbeweglich und schwer, verlassen, schlaff und
entspannt, während der Geist, von materiellen Fixierungen gelöst,
außerhalb der körperlichen Hülle zu schweifen scheint.

Über die Muskulatur
und ihre Spannungszustände

Es gibt zwei Typen der Muskulatur: Muskeln, die unserem Willen
unterworfen sind, dem Knochengerüst verbunden. Sie erlauben uns
willentliches Handeln und Bewegen. Es handelt sich um die *gestreifte
Muskulatur*, das rote Fleisch. Ihre besondere Fähigkeit besteht darin,
daß sie sich zusammenziehen, auf Befehl blitzschnell verkürzen
kann. Dies geschieht unter dem Einfluß eines Nervenreizes. Ferner
gibt es die *glatte Muskulatur*, welche die Gefäße des Körpers umgibt,
die einen großen Teil der Eingeweide darstellt und auch die Muskulatur des Verdauungstraktes und des Schließmuskels bildet. Diese
kräftigen Muskeln mit langsamer Bewegung entziehen sich unserer
direkten willentlichen Einwirkung. Dennoch vermögen die Yogis sie
unter Kontrolle zu bringen.

Vom Gesichtspunkt der Entspannung her gesehen, ist es die erste
Gruppe von Muskeln, die erfaßt wird, und es ist darauf zu achten,
den Muskeleffekt von jenen des Nervs zu trennen, der ihn erzeugt.

Wir vergleichen den Muskel mit einem Elektromagneten und den Nerv mit einem Leitungsdraht, der mit einer elektrischen Zentrale verbunden ist. Diese Zentrale wird vom Gehirn dargestellt. Betrachten wir jetzt die verschiedenen Zustände, in denen sich der Muskel befinden kann.

Tonus. Tonus bedeutet einen nicht aktiven, jedoch einsatzbereiten Zustand der Muskulatur. Der Zustand kann verglichen werden mit jenem eines Soldaten, der aus der Ruhe heraus in die Kaserne beordert wird, um für den Einsatz bereit zu sein. Wenn wir an das oben erwähnte Beispiel anknüpfen, kann gesagt werden, daß in dieser Zentrale die Leitungsfäden unter schwachem Strom stehen und den Elektromagneten leicht aktivieren.

Konzentration. Auf Weisung des Zentrums, des Gehirns, zirkuliert ein stärkerer Strom durch den Leitungsdraht und setzt je nach Bedarf den Elektromagneten in Funktion, der eine normale Arbeitsleistung entwickelt: Der Muskel wird verkürzt, der Arm biegt sich, die Faust wird geballt. Je größer der Kraftaufwand, um so bedeutender ist die Anzahl kleiner Motoren, die in Betrieb gesetzt werden.

Entspannung. Während des Schlafes kehrt sich der Mensch von der äußeren Welt ab. Die Bedürfnisse sind befriedigt. Das Außen- und das Verteidigungsministerium befehlen auf allen Fronten Ruhe, die Soldaten legen ihre Uniformen ab und gehen in Urlaub. Die Stromintensität auf dem Netz sinkt ab, der Elektromagnet ist fast völlig entmagnetisiert und außer Aktion. Die Muskeln sind weich und schlaff. Aus Sicherheitsgründen wird jedoch nicht die ganze Truppe beurlaubt; es bleiben einige Kompanien einsatzbereit.

Tiefen-Entspannung. Die drei genannten Zustände sind normal und stellen sich während des Tages öfter, ja Tausende von Malen ein, sowohl beim Menschen als auch bei den Tieren. Dennoch ist es möglich, durch bewußtes, willensmäßiges Handeln, mehr noch als im Schlaf, den Leitungsdraht zu den verschiedenen Elektromagneten zu unterbrechen, die Stromspannungen sozusagen auf Null zu reduzieren und damit den Verbrauch an Nervenkraft auf ein Minimum herabzusetzen. Diese »Über-Ruhe« wie man sie bezeichnen könnte, ist die Yoga-Entspannung, welche innerhalb weniger Minuten Müdigkeit besser beseitigt als Stunden schlechten Schlafes.

Verspannung. Ein anomaler, wenn auch häufiger Zustand ergibt sich aus dem Gegenteil des Gesagten. Es ist dies der Zustand der Verspannung. Die Zentrale sendet zuviel Strom in das Leitungsnetz und setzt unnötigerweise zu viele Elektromagneten in Funktion. Dies hat einen Verschleiß an Nervenenergie und Muskelkraft zur Folge. Verschiedene Muskelgruppen bleiben ohne Notwendigkeit dauernd in einem Zustand der Verspannung. Beim Tier stellt sich dieser Zustand in der Regel nicht ein, während er leider bei den Einwohnern unserer modernen Städte allzuoft anzutreffen ist.

Der verspannte Mensch

Wie viele Menschen leben ständig mit zusammengepreßten Kiefern, gespannten Halsmuskeln, die Augenbrauen zusammengezogen, die Muskulatur des Schultergürtels verhärtet! Dies bedeutet einen ständigen Verlust an Strom, einen dauernden Verschleiß an Energie und Nervenkraft. Solche Menschen entladen ihre Batterie ins Leere; denn der Verschleiß an Nervenenergie hängt mehr von der *Anzahl* der Motoren ab, welche die Muskeln in Bewegung setzen, als von der aufgewendeten Kraft des einzelnen unter ihnen. Es braucht fast soviel Nervenkraft, um beispielsweise einen kleinen Gesichtsmuskel in Bewegung zu setzen, wie etwa einen großen Muskel des Beines. Daher wird der Kraftverbrauch nicht nur proportional der Anzahl der in Bewegung gesetzten Motoren sein, sondern auch der Stromintensität, die auf jedem Leitungsdraht zirkuliert. Der Waldarbeiter zum Beispiel verbraucht verhältnismäßig wenig Nervenenergie, um eine große Muskelarbeit zu verrichten. Ein Lehrer oder ein Redner dagegen wenden wesentlich mehr Nervenenergie auf, weil sie eine große Zahl von Muskeln in Bewegung setzen müssen. Eine Stenotypistin verbraucht mehr Nervenkraft als ein Schmied.

Stellen Sie sich vor, was beim Sprechen geschieht. In Ihrem Bewußtsein steigt eine Idee auf. Sie entspringt der Tiefe des Unbewußten und muß vorerst in Worte übersetzt werden, die Ihnen das Bewußtsein augenblicklich in der gewünschten, durch Grammatik und Syntax geforderten Ordnung liefert. Denken Sie an die unzähligen, sehr genauen Befehle, welche an die Muskeln gegeben werden, um die Stimmbänder zu spannen und zu entspannen, um dauernd die Luftabgabe zu regulieren. Stellen Sie sich die unzähligen Muskelkontraktionen der Zunge, der Kiefer, der Lippen, des Gesichtes und selbst der Hände vor, welche mit Gesten am Ausdruck teilhaben. Bei jedem Satz sind Tausende von kleinen Motoren in Bewegung, und jeder von ihnen bedarf eines Impulses. Ist es somit erstaunlich, daß ein Vortrag von zwei Stunden einen Menschen »entleeren« kann? Es gibt wenig Redner, die am Ende eines solchen Vortrages nicht erschöpft sind, es sei denn, sie praktizieren die Techniken des Yoga und der Nervenaufladung. In einem solchen Falle fesseln sie die Zuhörer ohne Schwierigkeiten oft viele Stunden. Die Praxis, wie sie Swami Sivânanda empfiehlt, wird dadurch bestätigt.

Auch das »Sprechen im Geiste« sollte sparsam geschehen. Zu sich selber sprechen ermüdet fast ebenso wie das laute Sprechen. Denkt man in Worten, so ist außer den Stimmbändern der ganze Sprechapparat in Funktion, indem er die Bewegungen skizziert, die er ausführen müßte, wenn laut gesprochen würde. Es ist nicht nur das äußerliche Schweigen, das rein mechanische, das bedeutsam ist für eine wirkliche Entspannung, sondern auch das innere Zur-Ruhe-Kommen.

Schabâsana (Totenstellung)

Entspannung ist das Grundprinzip des Yoga, weil das Geistige den Körper vollständig überwacht, indem es die Leitungen eine nach der anderen unterbricht und die Induktion von Stromstößen zu den »Elektromagneten« der Muskeln im ganzen Organismus fast auf Null reduziert. Dies ist eine ideale Übung für den Willen, wie sie die Yogis konzipieren. Es handelt sich nicht um einen harten, diktatorischen Willensakt, der Gehorsam verlangt und dem mit der Peitsche Nachdruck verschafft wird, sondern um ein sanftes und geduldiges Wollen. Wir dürfen in der Entspannung nichts forcieren, und die Meisterung des Körpers durch den Geist ist am wirkungsvollsten, wenn sie ohne Zwang oder Härte geübt wird.

Bevor wir im einzelnen den Entspannungsvorgang studieren, wollen wir eine Stellung der Entspannung betrachten, die sich Schabâsana nennt, was wörtlich »Totenstellung« heißt.

Ist diese makabre Bezeichnung gerechtfertigt?

Hörten Sie anläßlich der letzten Ehrung eines Toten nicht schon die nächsten Verwandten sagen: »Wie ist der Tote doch viel schöner, als er es im Leben war!« Er ist schöner geworden, weil der Tod ihm völlige Entspannung gebracht hat. Die Gesichtszüge haben sich geglättet, und eine eigenartige Schönheit wird vom Gesicht ausgestrahlt. Diese Schönheit hätte der Mensch schon zu Lebzeiten ausstrahlen können, durch das Leben sogar verzehnfacht, wenn er es verstanden hätte, sich zu entspannen. Ohne Entspannung gibt es keine wahre Schönheit. Die schönste Frau ist niemals wirklich schön, wenn sie gespannt ist. Umgekehrt ist ein entspanntes Gesicht niemals häßlich, denn ein geheimnisvoller Charme geht von ihm aus.

Entspannen Sie sich, strahlen Sie Ruhe, Frieden und Harmonie aus, und Sie werden eine anziehende Persönlichkeit!

Die Wahl dieses unheimlichen Wortes »Totenstellung« charakterisiert die orientalische Einstellung dem Tod gegenüber. Für uns bedeutet der Tod das Ende unserer Individualität. Für den Orientalen, der zu Recht oder zu Unrecht nun einfach an die Wiedergeburt, die Reinkarnation glaubt, ist der Tod ein Durchgang im Zyklus seiner Entwicklung und hat daher keine tragische Bedeutung, wie dies bei uns der Fall ist. Unter diesem Gesichtswinkel betrachtet, ist der Tod kein trauriges Ereignis.

Durchführung von Schabâsana

In der Regel ist uns Westlichen Schabâsana als Entspannungsübung geläufig. Die Yogis in Indien wenden verschiedene Stellungen zur Entspannung an. Eine Entspannung, auf der Seite liegend, ist zum Beispiel sehr wertvoll zum Schlafen. Die Yogis empfehlen, nicht auf dem Rücken zu schlafen, denn in dieser Stellung stellt sich oft das Schnarchen ein, weil sich der Mund durch die Entspannung der Muskulatur von selbst öffnet. Vorzugsweise schläft man auf der linken Seite. Der Westen erklärt: Der Magen bildet eine Art Sack, der in einer günstigen Lage aufgehängt ist, wenn man auf der linken statt auf der rechten Seite liegt. Der Yogi sagt es anders: Auf der linken Seite liegend, wird das rechte Nasenloch frei und dient während der ganzen Nacht der Atmung. Als feine Beobachter haben die Yogis die günstigen Wirkungen dieser Praxis entdeckt.

Erlernen Sie diese beiden Entspannungsstellungen, um dann festzustellen, welche Ihnen am meisten Annehmlichkeiten bietet. Ein Schüler des Westens sprach sich folgendermaßen aus: »Und wenn Yoga mir nur die Entspannung gebracht hätte, wäre dies schon wunderbar.« Sie werden seine Meinung teilen, wenn Sie sie entdeckt haben.

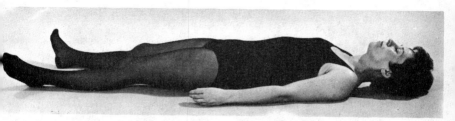

Dies ist die klassische, bei uns bekannteste Entspannungsstellung, Schabâsana (Totenstellung). Die Füße sind leicht gespreizt, die Arme locker neben den Körper gelegt. Die Handflächen schauen nach oben oder leicht nach innen, die Finger sind leicht gekrümmt. Der Kopf ruht auf dem Boden in einer völlig ungezwungenen Lage, die keinerlei Muskelspannungen im Nacken hervorruft. Diese Entspannung muß immer auf einer harten Unterlage stattfinden. Wenn die Entspannung dadurch verbessert wird, kann ein kleines Kissen unter das Kreuz oder unter den Nacken geschoben werden.

Um sich auf der Seite zu entspannen, wird das auf dem Boden ruhende Bein leicht angezogen und das andere so darauf gelegt, daß Knie und Fußgelenke sich leicht berühren. Ein Arm wird unter den Kopf gelegt, der andere über Flanke und Rücken. Für lange Entspannungen ist diese Stellung nicht geeignet.

Die gleiche Stellung vom Rücken her gesehen.

Vorbereitung zur Entspannung

Vor der Saat muß der Boden bearbeitet werden. Bevor wir uns mit der Praxis der Entspannung befassen, wenden wir uns den Vorbedingungen einer vollständigen Entspannung zu.

Wer die Kunst der Entspannung beherrscht, der bleibt in allen Situationen entspannt, sei es, daß er einen Wagen durch den Stoßverkehr steuert, daß er ein Konzert hört oder daß er Verhandlungen führt. Immer und überall ist er Herr der Situation, ohne Spannung oder Verkrampfung. Entspannung ist ihm, unabhängig von äußeren Ereignissen, selbstverständlich geworden. Um jedoch ein solches Ergebnis zu erreichen und optimale Voraussetzungen zu schaffen, muß man vorerst die totale Entspannung üben und zu diesem Zweck die günstigsten Voraussetzungen schaffen.

Versuchen Sie doch, soweit als immer möglich, sämtliche Sinnenreize auszuschalten. Ziehen Sie sich in einen Raum zurück, wo Sie nicht gestört werden. Bitten Sie ihre nächste Umgebung darum, Sie während der Dauer der Übung in Ruhe zu lassen. Ist der Raum zuvor gut gelüftet worden, kann man die Fenster schließen, um jeden Lärm von außen möglichst abzuschirmen. Die Temperatur soll angenehm sein, und es ist zu empfehlen, sich in eine warme Decke zu hüllen. Während der Entspannung pflegt die Körpertemperatur abzusinken, und das Gefühl von Kälte wäre der Übung abträglich. Nichts soll Sie stören oder ablenken können. Üben Sie in Ihrer Kleidung, dann öffnen Sie wenigstens Kragen und Gürtel und ziehen die Schuhe aus. Es muß eine der Entspannung zuträgliche Stimmung geschaffen werden. Alle haben wir unsere Probleme und Sorgen. Halten Sie diese während der Übung fern, indem Sie sich sagen: »Angst erweckt Spannungen, die der Lösung von Problemen im Wege stehen. Entspannung ist Voraussetzung zu deren Lösung. Für den Augenblick ist daher diese Übung für mich allein wichtig.« Denken Sie ferner:

»Ich bin ruhig und entspannt.« Schauen Sie in einen Spiegel und lachen Sie. Sie meinen, das ist kindisch? Möglicherweise – wenn es aber hilft? Wie wollen Sie über diese Sache urteilen, ohne es versucht zu haben?

Nachdem Sie sich von allem befreit haben, was Sie beschäftigen mag, gähnen sie und strecken Sie sich. Reiben Sie sich die Augen und tun Sie, als ob Sie müde und schläfrig wären. Es ist nicht nötig, die Übung genauer zu beschreiben, Ihr Instinkt wird Sie leiten. Indem Sie sich strecken und dehnen, spreizen Sie die Finger. Sollten Sie nicht wissen, wie Sie es anfangen sollen, dann ahmen Sie die Katze nach, welche sich nach einem unveränderlichen Ritual streckt. Strecken Sie sich vorerst auf dem Rücken, dann rollen Sie auf die Seiten, erst rechts, dann links. Haben Sie gegähnt und sich gestreckt, geben Sie sich einer Stimmung der Inaktivität hin. Das mag, wo Sie im Begriff stehen, etwas zu tun, zuerst unsinnig erscheinen. Es handelt sich aber um ein grundsätzliches Prinzip, das leider allzuoft verkannt wird. Sagen Sie nicht: »Ich werde eine Übung *machen*.« Lassen Sie sich vielmehr gehen und fallen, das ist sehr wichtig.

Eine Entspannungs-Übung

Hier ist eine Test-Übung, die es Ihnen erlauben wird, Ihre Fähigkeit zur Inaktivität zu prüfen. Spreizen Sie stehend Ihre Beine, lassen Sie Rumpf und Arme ganz nach vorne hängen, Rumpf und Beine sollen ungefähr einen rechten Winkel bilden. Lassen Sie die Arme völlig locker hängen. Durch eine seitliche Bewegung der Schultern von links nach rechts lassen Sie die Arme hin und her schwingen wie den Klöppel einer Glocke. Achten Sie darauf, daß die Arme wirklich schwingen, ohne daß Sie selber an der aktiven Bewegung teilnehmen. Ist die Bewegung im Gange, dann stellen Sie die Bewegung der Schultern ein und lassen Sie die Arme, der erhaltenen Schwingung gemäß, frei auspendeln. Die Schwingungsamplitude wird rasch abnehmen.

Lassen Sie ausschwingen bis zur Ruhestellung, ungefähr so, wie das Pendel einer Uhr, das zum Stillstand kommt. Richten Sie Ihre Aufmerksamkeit auf das, was sich in Armen und Händen abspielt. Sind die Hände nicht locker und entspannt, dann beginnen Sie die Übung von vorn, nachdem Sie die Finger mit einem Ruck der Hände geschüttelt haben. Die Finger müssen in freier Bewegung mit den Händen schwingen. Wiederholen Sie die Übung so lange, bis nur noch das Schwergewicht der Arme und Hände die Bewegung steuert, die Muskulatur muß völlig passiv bleiben. So bringen Sie die Gliedmaßen zur Passivität. Um die Entspannung der Arme zu kontrollieren, setzen Sie sich auf den Boden oder auf einen Stuhl. Lassen Sie den rechten Arm und die Hand frei herunterhängen. Ergreifen Sie mit der linken Hand den Mittelfinger der rechten Hand, und heben Sie so den Arm hoch. Wenn möglich, lassen Sie den Grad der Entspannung durch eine andere Person kontrollieren, indem diese Ihren Arm beim Zeigefinger faßt und ihn dann frei ins Schwingen versetzt. Die Hilfsperson und Sie selber müssen den Eindruck haben, daß der Arm tot und schwer ist, am Zeigefinger aufgehängt wie ein Schinken am Haken. Unversehens wird die Hilfsperson Ihren Finger loslassen. Ist der Arm entspannt, wird er wie eine weiche Masse niederfallen. Um sich darüber Rechenschaft abzulegen, in welchem Zustand der Arm während der Entspannung sein muß, heben Sie jenen eines schlafenden Kindes oder die Pfote einer schlummernden Katze.

Überwindung des Schweregefühls

Wir werden uns jetzt mit dem Schweregefühl des Körpers vertraut machen. In der gefüllten Badewanne werden Sie sich entspannt und gelöst fühlen, einerseits durch die Wärme, andererseits durch die Schwerelosigkeit im Wasser. Im Wasser wiegt Ihr Körper fast nichts. Ohne aus der Badewanne zu steigen, lassen Sie jetzt das Wasser ab. In dem Maße, wie Ihre Glieder aus dem Wasser auftauchen, werden

Sie das Gefühl haben, auf den Grund der Badewanne gezogen und immer schwerer zu werden. Dieses Schweregefühl willentlich außerhalb des Wassers erzeugen zu können, ist die erste Stufe der Entspannung. Um dies zu erlernen, legen Sie sich in Schabâsana (Totenstellung) hin (s. S. 71/72), die Arme längs des Körpers, die Handflächen nach oben. Verspüren Sie die Anziehungskraft der Erde auf jede Zelle, jedes Molekül und jedes Atom des Körpers! Denken Sie an diese Anziehungskraft der Erde, und überlassen Sie ihr Ihren Arm. Er soll schwer auf dem Boden ruhen. Versuchen Sie ihn zu bewegen, indem Sie nur die Muskeln der Schulter an der Bewegung beteiligen, und Sie werden merken, wie schwer der Arm ist.

Es werden zweifellos einige Tage der Übung vergehen, bis Sie dieses Schweregefühl erleben. Dies ist nicht wichtig, Sie werden trotzdem so weit kommen. Wesentlich ist, daß Sie Ihre ganze Aufmerksamkeit in den Arm verlegen und ihn der Schwerkraft übergeben. Sie können auch vorerst die Hand, die Finger einen nach dem anderen, dann den Handballen, die Faust, den Unterarm und den Oberarm bis zur Schulter loslassen. Gehen Sie so einige Male den ganzen Arm von den Fingerspitzen bis zur Schulter durch. Selbst wenn es Ihnen nicht gelingen sollte, ihn völlig zu entspannen, müssen Sie sich bewußt sein, daß Sie trotzdem etwas Wesentliches tun. Sie lokalisieren die Zonen der Spannung und der Verspannung, deren man sich vorerst bewußt sein muß, um sie entspannen zu können. Es ist daher keine verlorene Zeit, selbst wenn die Übung unvollständig gelingt. Entscheidend ist die Ausdauer. Die Ergebnisse kommen von selber, und nach einigen Tagen der Übung stellen sich Fortschritte ein.

Die Entspannungsübung des Armes kann überall vorgenommen werden. Müssen Sie irgendwo warten, nehmen Sie die Gelegenheit wahr, um Entspannung zu betreiben. So wird jede Wartezeit Anlaß zur Entspannung anstatt zur Nervosität.

Vertiefen der Entspannung

In der Tiefe unserer Körpergewebe sterben täglich Millionen von Zellen, die jedoch gleichzeitig durch andere ersetzt werden. Die Nervenzellen dagegen erneuern sich *nicht*. Sie kommen mit uns zur Welt und sterben mit uns. Sie sind die intimsten Träger dessen, was wir die »Persönlichkeit« nennen. Überanstrengen oder erschöpfen wir sie, dann bedrohen wir sie mit Vernichtung, schaffen Beeinträchtigungen, die nicht wiedergutzumachen sind, und dadurch werden unsere Tage verkürzt. Die Entspannung öffnet uns den Zugang zur inneren Welt, zum geistigen Yoga. Es ist nicht möglich, sich zu konzentrieren, wenn der Körper Spannungen unterliegt. Es ist unser Ziel, alle Muskeln zu entspannen und den Blutdruck möglichst weitgehend zu senken. Die vorhergehenden Übungen gehen darauf aus, diese Entspannung stufenweise vorzubereiten. Sie wird herrliche Leichtigkeit und Heiterkeit erleben lassen, die man verspürt haben muß, um sie wirklich schätzenzulernen.

Fortsetzung der Übung

Wir setzen unsere Übung fort. Sie liegen also auf dem Rücken in Totenstellung Schabâsana.
Denken Sie vorerst an die Atmung, deren passiver Beobachter Sie werden müssen. Richten Sie die Aufmerksamkeit auf den Atmungsprozeß, ohne allerdings ihn beeinflussen zu wollen. Dies ist schwieriger, als es auf Anhieb den Anschein hat. Indem wir unsere Aufmerksamkeit der Atmung zuwenden, sind wir geneigt, sie zu verändern (unbewußt). Lassen Sie passiv atmen! Das »Es« atmet Sie. Beachten Sie, wie, wo und in welchem Rhythmus Sie atmen. Atmen Sie hoch im Brustkorb? Wohin wird die Atmungsluft gelenkt? In

die Mitte des Bauches, zwischen Bauchnabel und Brustbein, richtigerweise dort, wo der Atmungsschwerpunkt sich befinden soll? In liegender unbeweglicher Stellung braucht der Organismus am wenigsten Sauerstoff, weshalb die Atmungsbewegungen gering sein werden. Lassen Sie den Atem frei gehen. Stellen Sie dabei fest, wo und wie Sie atmen, denn es muß sich ein Rhythmus ergeben, der regelmäßig, langsam und ruhig ist. Ist Ihre Atmung beengt oder der Rhythmus unregelmäßig, dann denken Sie folgendes, um ihn zu regeln: »Die Atmung wird ruhig und regelmäßig. Der Bauch hebt und senkt sich ruhig und rhythmisch.« Machen Sie weiter, bis Sie eine innere Ruhe, eine ausgeglichene Atmung empfinden. Jetzt werden Sie die Einatmung regeln: langsamer, *aber nicht tiefer.* Lassen Sie die Ausatmung sich selber ergeben, ohne sie weiter zu forcieren. Begnügen Sie sich damit, sie zu bremsen und auszudehnen, bis sie ungefähr die doppelte Zeit in Anspruch nimmt wie die Einatmung. Dies ist der natürliche Rhythmus. Beobachten Sie die Atmung einer schlafenden Katze, und Sie werden feststellen, daß die Ausatmung immer leicht geht und die doppelte Zeit der Einatmung in Anspruch nimmt. Auch beim Kleinkind werden Sie das feststellen. Einatmung und Entspannung sind wie zwei Flügel eines Diptychons.

Nach einer dermaßen verlangsamten Ausatmung halten Sie mit leerer Lunge einen Moment den Atem an, auch nur für einige Sekunden. Während dieser Zeit richten Sie Ihre Aufmerksamkeit auf das *Sonnengeflecht* (Plexus solaris). Sie werden einwenden, daß es unmöglich ist, sich auf das Sonnengeflecht zu konzentrieren, weil man es ja nicht wahrnehmen kann. Geben Sie sich damit zufrieden, Ihre Aufmerksamkeit dorthin zu wenden, wo sich der Schwerpunkt der Atmung befindet, nämlich in der Magengrube, etwas über dem Nabel. Stellen Sie sich vor, daß das Gehen und Kommen des Atems das Sonnengeflecht erwärmt. Stellen Sie sich womöglich vor, daß Sie in der Sonne liegen und daß diese Körperpartie erwärmt wird. Setzen Sie Ihre Bemühungen fort, bis Sie die Empfindung verspüren, die man während eines Sonnenbades an einem heißen Tag bis zum

Schauer empfindet. Wenden wir uns einer neuen Etappe zu. Konzentrieren Sie Ihre Aufmerksamkeit zwanglos auf den rechten Arm und die rechte Hand. Entspannen Sie die Finger, ohne den Daumen zu vergessen, und vermeiden Sie jede Spannung in dem Handballen. Liegt der Handrücken auf dem Boden, sind die Finger leicht gekrümmt. Wenn Sie die oben beschriebene Übung erfolgreich absolviert haben, werden Sie in der Lage sein, Hand und Arm rasch und vollständig zu entspannen und reglos werden zu lassen. Sie haben gelernt, das Schweregefühl zu empfinden. Die nächste Stufe besteht darin, das Wärmegefühl zu erzeugen. Es handelt sich nicht um Autosuggestion. Wenn Sie in der Lage sind, die Muskeln in einem Teil des Körpers zu entspannen, verändert sich der Durchmesser der Blutgefäße. Diese dehnen sich aus, wodurch ein Gefühl der Wärme entsteht. Wenn Sie verkrampft und gespannt sind, verringert sich der Durchmesser der Blutgefäße, wodurch die Zirkulation gebremst und ein Gefühl der Kälte erzeugt wird.

In einem entspannten Muskel steigert sich die Blutzufuhr, die Atmung der Zellen wird gefördert, und die Körpertemperatur erhöht sich. Wenn Gefäßkrämpfe kalte Hände zur Folge haben, ist dies keine Autosuggestion, sondern eine objektive Tatsache.

Integrale Entspannung

Wenn Sie die vorangegangenen Entspannungsübungen beherrschen, ist die tiefe und vollständige Entspannung in Reichweite. Um sie zu erzielen, genügt es, in der gleichen Weise den Körper von unten nach oben zu durchlaufen, Stockwerk um Stockwerk, indem Sie beim Durchgang jeweils die Muskeln lösen. Vergleichen Sie bitte dazu die Zeichnung auf Seite 81.

Entspannung von unten nach oben

Warum von unten nach oben? Die Erfahrung zeigt, daß die großen Muskeln rascher und leichter entspannt werden können. Daher ist es logisch, unten zu beginnen. Die Muskulatur der Beine ist die umfangreichste und die des Gesichtes die kleinste des Körpers.

Während der Entspannung ist absolute Unbeweglichkeit erforderlich. Auch nur die Spur einer Bewegung, um beispielsweise die Spannung des Armes zu kontrollieren, setzt die Muskulatur in Bewegung und verhindert die vollständige Entspannung. Es hat keinen Sinn, den Grad der Entspannung kontrollieren zu wollen, denn während der ersten Minuten stellt sich keine besondere Empfindung ein.

Durchgehen Sie im Geiste den ganzen Körper, indem Sie zuerst einen Fuß (Zehen, Knöchel, Ferse) entspannen, um dann zum Unterschenkel zu kommen. Gehen Sie etappenweise vor, indem Sie von einem Gelenk zum anderen, also vom Knöchel zum Knie, dann vom Knie zur Hüfte entspannen, ohne jedoch zu versuchen, das Bein mit einem Mal zu lösen. Haben Sie die Hüftpartie gelockert, dann kommt das Gesäß, dann der Gürtel der Bauchmuskulatur, die Muskulatur der unteren Rückenpartie und die Muskulatur der Magengegend. Danach entspannen Sie die Brustmuskulatur um den ganzen Thorax herum und schließlich den Rücken. Anschließend folgt der Hals (Schlund und Umgebung der Schilddrüse), ferner das Gesicht, wo mit besonderer Sorgfalt alle kleinen Muskeln gelöst werden müssen, von denen einige unter dauernder Spannung stehen. Was das Gesicht anbelangt, beginnen Sie mit der Entspannung des Unterkiefers, vielleicht stellen Sie dabei fest, daß Sie ständig die Kiefer aufeinanderpressen. Lassen Sie also den Unterkiefer frei, ohne allerdings den Mund zu öffnen. Vergessen Sie nicht, die Zunge zu lösen, die weich und frei im Mund liegen muß. Dann werden die Muskeln um den Mund herum (Lippen) und die Nasenflügel gelöst. Lassen Sie die Wangen flach werden, was zur Folge hat, daß Ihr Gesicht aus-

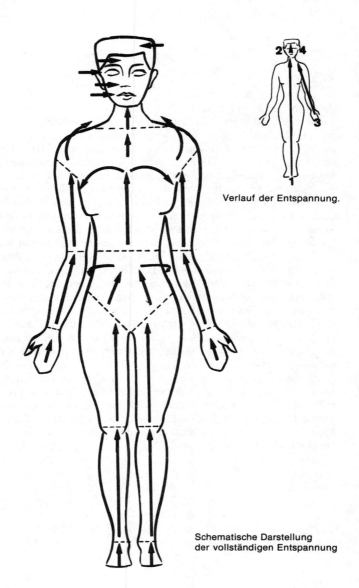

Verlauf der Entspannung.

Schematische Darstellung
der vollständigen Entspannung

druckslos wird. Auf diese Weise erreichen Sie den Gleichmut der Orientalen, und Ihr undurchdringliches Gesicht wird Ihre Gemütsbewegung nicht mehr verraten, wenn Sie dies wünschen.

In der Entspannung sind wir bei den Augen angelangt. Hier ist besondere Sorgfalt nötig. Die Augenlider legen sich ohne Anstrengung auf die Augäpfel, ohne daß sie zugedrückt werden oder zwinkern. Nach den Augen wird die Stirnpartie entspannt. Viele Menschen ziehen die Brauen ganz unbewußt zusammen. Auf der Stirn, im Nacken und in den Schultern sitzen die Verkrampfungen der Angst, daher kommt der Ausdruck: »eine sorgenvolle Stirn«. Dann entspannen Sie den Haarboden. Jetzt erreicht unsere systematische Entspannung die Fingerspitzen. Lösen Sie die Finger einzeln, ohne die Daumen zu vergessen. Entspannen Sie die Handflächen und die Fäuste. Gehen Sie weiter über den Vorderarm bis zum Ellbogen, dann zur Schulter, indem Sie auf dem Weg die Muskeln des ganzen Armes entspannen. Nach den Schultern kommen die Schulterblätter, gehen Sie den Nacken entlang, an den Ohren vorbei, dann zurück zu den Wangen, zu den Nasenflügeln, Augen, Stirn und Kopfhaut. Es ist angezeigt, das Gesicht ein zweites Mal zu entspannen, weil dies verhältnismäßig schwer zu erreichen ist.

Nachdem der ganze Körper von unten nach oben durchlaufen wurde, wiederholen Sie den Vorgang, und Sie werden feststellen, daß inzwischen einzelne Muskeln bereits wieder gespannt sind. Der zweite Durchgang wird schneller sein als der erste. Wenn Sie Zeit haben – und Sie sollten sich die Zeit dazu nehmen –, wiederholen Sie ein drittes Mal.

Schwerelosigkeit

Das nächste Stadium wird es Ihnen erlauben, den Zustand der Entspannung wahrzunehmen.

Bis jetzt hat sich keinerlei besondere Empfindung eingestellt. Wie vereinbart, verhielten Sie sich absolut unbeweglich, so daß Ihnen nichts den Erfolg oder den Mißerfolg der Übung anzeigte, es sei denn das Gefühl der Schwere.

Versuchen Sie, die Anziehungskraft der Erde über den ganzen Körper zu verspüren. Stellen Sie sich die Erde als riesigen Elektromagneten vor, der Ihren Körper anzieht. Dies ist übrigens eine Tatsache. Jede Faser, jede Zelle, jeder Tropfen Blut und jedes Molekül Ihres Körpers unterliegt dieser Anziehungskraft. Fühlen Sie, wie sich das Gewicht auf Ihre Füße auswirkt, auf Unterschenkel und Beine, wie sie immer schwerer werden. Auch hier handelt es sich nicht um Autosuggestion, sondern um das Wahrnehmen einer Kraft, die in einem entspannten Muskelzustand eben wahrnehmbar ist, während sie im Normalfall nicht zu unserer Kenntnis kommt. Wie lastet doch Ihr Rumpf auf dem Teppich, unwiderstehlich durch den Boden angezogen! Wie schwer ist Ihr Kopf! Was das Gesicht anbelangt, so wirkt sich das Schweregefühl am besten in den Wangen und im Unterkiefer aus.

Nach dem Kopf kommen wir zu den Händen. Spüren Sie, wie schwer und unbeweglich diese werden. Dann kommen die Unterarme dran, der ganze Arm, während sich die Schultern senken. Wenn möglich, soll man die Übung ein zweites und drittes Mal wiederholen und die ganze Körperschwere erleben.

Es ist unmöglich, den Zustand der Entspannung zu beschreiben. Der Körper ist vergessen und scheint schwerelos, ungegenständlich. Welches ist der physiologische Mechanismus, der dieser Empfindung zugrunde liegt? Während des ersten Teiles der Übung, wo Sie die Muskeln entspannen, hören die motorischen Nerven auf, Befehle auszusenden, sie sind sozusagen abgeschaltet. Augenblicklich beginnen die motorischen Nervenzellen von dem Zustand zu profitieren, und sie werden darin bald von den sensorischen Nervenzellen gefolgt, welche die Befehle der Sinnesorgane zum Gehirn weiterleiten. Dies hat die erwähnte außergewöhnliche, angenehme Empfindung zur Folge, wonach man allmählich das Bewußtsein des körperlichen Kontaktes verliert. Nach einer gewissen Zeit hat man den Eindruck, außerhalb zu schweben, was Personen beunruhigen mag, die mit den Ergebnissen der körperlichen Entspannung nicht vertraut sind. Mit der Übung stellt sich diese immer rascher ein. Sollten Sie dieses Stadium nicht sofort erreichen, seien Sie darüber nicht erstaunt, verlieren Sie den Mut nicht, denn es ist normal. Beginnen Sie immer wieder! Oft dauert es Wochen, um dahin zu gelangen, auf keinen Fall ist die Übung unnütz. Durch die Entspannung gelangen die Nervenzellen in ein wahres Verjüngungsbad. Während Sie für eine kurze Zeit jeder Sorge enthoben sind, die Bewegungen des Körpers zu befehlen oder die Befehle der Sinne weiterzuleiten, profitieren Sie von einer kurzen Entspannung mehr als von langen Stunden des Schlafes.

Wirkungen der Entspannung

Diese integrale Tiefenentspannung erlaubt es Ihnen, sich in einer Rekordzeit zu erholen. Die Leichtigkeit, rasch und gründlich abzuschalten, stellt das Geheimnis jener Männer dar, die für ihre psychische und physische Ausdauer berühmt sind. Napoleon zum Beispiel gönnte sich öfter am Tage einige Minuten vollständiger Entspannung, um in der Folge die Arbeit frisch und gut aufgelegt fortzuführen. Dieser hypotonische Allgemeinzustand stellt einen Ausgangspunkt und kein Ziel dar. Die psychische Entspannung ist die Krönung. Die physische Entspannung bereitet die psychische Entspannung vor, die ihrerseits wieder eine Vertiefung der physischen

Entspannung zur Folge hat. Der Zustand allgemeiner körperlicher Entspannung ist die Startpiste zur Entdeckung wunderbaren Innenlebens, welches die höchste Erfahrung des physischen Yoga darstellt, der Berührungspunkt, wo er mit dem geistigen Yoga zusammenfließt. Wenn die Entspannungsübung beendet ist – man möchte fast sagen: leider –, wird mit der äußeren Welt des täglichen Lebens wieder Kontakt aufgenommen. Muskeln und Nerven kehren in ihren Normalzustand zurück. Um dies zu erreichen, werden die Fäuste langsam geballt, man streckt sich, reibt sich die Augen und gähnt, als ob man aus einem tiefen, erholsamen Schlaf zurückkehrte. Dieses gilt dann nicht, wenn die Entspannung vor dem Einschlafen geübt wird, wo sie ihr Ende im Schlaf findet.

Hier müssen wir eine Bemerkung einfügen. Es kommt vor, daß Menschen, die an Schlaflosigkeit leiden und die sich der Entspannung an Stelle von Medikamenten bedienen möchten, um einzuschlafen, dies nicht erreichen. Man muß vorher täglich Entspannung geübt haben, um sie zu einem bestimmten Zweck verwenden zu können. Die Erklärung ist einfach: Beim Anfänger verlangt die Entspannung eine aktive Aufmerksamkeit, die das Gehirn wach hält. Während des Tages ist dies kein Nachteil und hindert auch die Entspannung nicht. Dagegen kann es beim Einschlafen hinderlich sein. Der Widerspruch ist nur scheinbar.

Blitzentspannung

Man verfügt nicht immer über die notwendige Zeit zu einer vollständigen Entspannung, die immerhin 20 Minuten in Anspruch nimmt. Man soll sich auch in der Blitzentspannung üben. Zu diesem Zweck legt man sich flach auf den Rücken und läßt so rasch wie möglich sämtliche Muskeln des Körpers locker, so daß sie in eine weiche Masse übergehen. Der Körper gleicht dann einer Marionettenfigur, deren tragende Fäden plötzlich durchschnitten wurden. Die Blitzentspannung wird von den Yogis zwischen den Âsanas praktiziert und nimmt nur einige Sekunden in Anspruch, die Zeit, die erforderlich ist, um ein oder zwei vollständige Atmungen durchzuführen. Ahmen Sie die Yogis nach, auch wenn Sie deren Perfektionsstufe, die sich auch nur allmählich einstellte, nicht erreichen.

Nehmen Sie am Tage jede Gelegenheit wahr, um Blitzentspannungen einzuschalten, auch in sitzender Stellung. Dies ist nie ein Zeitverlust, denn Sie ziehen daraus einen enormen Gewinn hinsichtlich Ihrer Ausgeglichenheit und des rationellen Umganges mit Ihrer Nervenkraft.

Konzentration

Hatha-Yoga umfaßt in der praktischen Anwendung:

1. Übungen zur Erwärmung der Muskulatur und zur Vorbereitung auf die Âsanas; den Kernpunkt dieses Konditionstrainings bildet »Gruß an die Sonne« (Suryanamaskar);
2. das Sich-bewußt-Werden;
3. eine Serie von Âsanas, die durch eine völlige Entspannung, Schabâsana, beschlossen wird.

Das Training zur Beschleunigung der Atmung und Herztätigkeit umfaßt ziemlich rasche Bewegungen, ohne daß man dabei außer Atem zu kommen braucht. Es vergeht eine gewisse Zeit, bis Puls und Atem sich wieder normalisiert haben. Diese Zeit wird dem Einstellen des Bewußtseins gewidmet, einem Übergang zwischen dem »gewöhnlichen« Leben und den Âsanas, die zu einer Oase der Ruhe und des Friedens innerhalb eines bewegten Alltags werden.

Die Bewußtwerdung

Während der Âsanas überwacht unser Geist die Bewegungen des Körpers. Dies ist fundamental wichtig und stellt die Grundlage für Yoga dar. Es ist unserer geistigen Wahrnehmung unmöglich, sich auf das Wechselspiel von Spannung und Entspannung der Muskelgruppen zu konzentrieren, wovon sie bloß eine ungewisse bewußte Wahrnehmung haben könnte. Der erwachsene Zivilisierte hat nur noch eine sehr vage Möglichkeit, sich seines eigenen Körpers bewußt zu werden. Sehr viele Menschen fühlen wohl, daß sie gespannt und verkrampft sind, aber sie sind unfähig, diese Verkrampfungen zu lokalisieren.

Wollen wir uns unter Kontrolle halten und perfektionieren, dann ist es unumgänglich, daß wir den Kontakt mit unseren körperlichen Funktionen und unserem Körper wiederherstellen. Diese Bewußtwerdung der körperlichen Sphäre geschieht zentripetal, das heißt, sie geht von außen nach innen. Durch die äußeren Körperhüllen dringt sie in die Tiefe. Die körperliche Bewußtwerdung umfaßt aufeinanderfolgend:

a) Empfinden von Berührungen der Hautoberfläche,
b) Empfindungserlebnis der Muskeln und ihrer Arbeit,
c) Empfinden des Atmungsvorganges,
d) Empfindungserlebnis eines tiefliegenden Organes.

Berührungsempfindungen

Vorerst wenden wir unsere Aufmerksamkeit der Hautoberfläche zu, um dort eine möglichst intensive und deutliche Hautempfindung zu erzeugen. Vorzugsweise flach auf dem Boden in Schabâsana liegend, wird der Schüler im Geiste systematisch sämtliche Kontaktstellen seiner Haut mit der Außenwelt erkunden. Der Weg dieser Erkundung wird jenem der Entspannung gleich sein, wie er auf Seite 73 angegeben ist. Ausgangspunkt sind die Füße, wo der Kontakt mit der Unterlage über die Fersen zu verspüren ist. Dann geht es weiter den Waden entlang zu den Oberschenkeln, wobei auf dem Weg sämtliche Berührungsempfindungen bewußt zu machen sind.
Dort, wo die Bekleidung beginnt, sollen Sie deutlich den Unterschied der Empfindungen verspüren, der sich in einer Differenz der Wärme äußert. Steigen Sie gedanklich weiter den Rumpf entlang und verspüren Sie den Kontakt des Rückens mit der Unterlage, das Gewicht des Kopfes und den Haaransatz auf dem Boden. In den Fingerspitzen, die auf dem Boden liegen, entstehen Empfindungen, die von jenen über die Fersen sehr verschieden sind. Konzentrieren Sie sich

auf die Empfindungen, wie sie in jedem Finger entstehen. Wenn Sie einen Fingerring tragen, verspüren Sie in der Regel keinen Unterschied an der Berührungsstelle. Finden Sie jetzt diesen Kontakt mit dem Metall, mit einem Armband oder mit einer Uhr wieder. Dann steigen Sie längs des Armes auf bis zum Ellbogen und zur Schulter, um die Unterlage zu verspüren, auf der Sie liegen. So werden Sie die ganze rückwärtige Oberfläche der Haut erkundet haben. Liegen Sie beispielsweise im Freien, dann verspüren Sie die Wärme der Sonne oder den Wind, der über Ihre Haut streicht. Kurz, sammeln Sie eine größtmögliche Zahl von Sinneseindrücken über die Haut!

Empfindungserlebnis der Muskeln

Den Sinn für die Muskulatur und ihre Bewegungen zu schärfen, stellt eine unabdingbare Voraussetzung für Yoga dar. Wir werden uns jetzt bemühen, unsere Muskeln zu verspüren, vorerst die großen Gruppen, und dann, wenn unser Sensorium durch Übung verfeinert wurde, werden wir auch dazu kommen, die kleinen Muskeln gesondert voneinander zu verspüren.

Um sich der Muskeln bewußt zu werden, muß man sie kontrahieren, jedoch nur ganz fein und fast unmerklich. Auf dem Rücken liegend, regen Sie die Zehen eine nach der anderen, indem Sie sich auf die Bewegung konzentrieren. Beachten Sie, wie sich unter der Haut eine ganze »Mechanik« in Bewegung setzt. Die äußerlichen Reize sollen Ihre Aufmerksamkeit jetzt nicht mehr fesseln, sondern nur noch die inneren Regungen, die Sie nacherleben. Bewegen Sie den ganzen Fuß, wozu Sie gezwungenermaßen die Wade spannen müssen. Konzentrieren Sie Ihre ganze Aufmerksamkeit auf ihre Muskulatur und deren Bewegungen. Dann spannen Sie die Muskeln des Gesäßes und der Oberschenkel. Verspüren Sie, wie die ganze Muskelmasse sich unter der Haut belebt. Gehen Sie nun zum Unterleib über und spannen Sie den ganzen Muskelring rund um den Unterleib und den

Bauch. Dann folgt der untere Teil des Rückens, der Rumpf, wobei Sie soviel Muskeln als möglich in die bewußte Bewegung einbeziehen. Auch der Hals soll dieser Übung nicht entgehen.

Wir gelangen zum Gesicht. Eine reiche Ernte von Empfindungen erwartet Sie, weil hier eine enorme Zahl von kleinen und kleinsten Muskeln von hoher Beweglichkeit vorhanden ist. Beginnen Sie damit, die Kinnladen zu bewegen, langsam von links nach rechts, aber ohne mit den Zähnen zu knirschen. Nehmen Sie alle Muskeln wahr, die in Funktion treten, bewegen Sie die Zunge, die Lippen, und deuten Sie ein Lächeln an. Bewegen Sie die Nasenflügel, verstärken Sie das Lächeln, und fühlen Sie, wie sich dabei die Muskulatur der Wangen beteiligt. Rollen Sie unter den geschlossenen Lidern die Augäpfel, drücken Sie die Augenlider zu und entspannen Sie diese wieder, heben und senken Sie die Augenbrauen, indem Sie auch die Muskelarbeit unter der Kopfhaut zur Kenntnis nehmen.

Nun gehen Sie von den Fingerspitzen aus, bewegen Sie diese leicht und einzeln. Machen Sie die Faust und verspüren Sie die Kontraktionen des Unterarmes. Spannen Sie die Schultern, einen Bizeps und die anderen den Oberarmknochen umgebenden Muskeln. Sie brauchen sich nicht auf die Bewußtmachung der hier aufgezählten Muskeln zu beschränken. Je mehr Sie davon bewußt zu machen wissen, um so besser.

Empfindung der Atmungsorgane

Nun wird sich unsere Aufmerksamkeit von der Muskulatur abkehren und einer meist unbewußten Funktion zuwenden, der Atmung.

Allerdings werden wir uns hier nur kurz damit befassen, weil die Atmung auf Seite 28–56 ausführlich behandelt wurde. Rufen wir in Erinnerung, daß zuerst einmal die Atmung beobachtet werden soll. Sie sollen, *ohne* die Atmung zu beeinflussen, deren Beobachter werden. Legen Sie sich darüber Rechenschaft ab, wie die Atmung verläuft, wobei der Wille in keiner Weise intervenieren soll. Atmen Sie nicht, sondern lassen Sie sich atmen!

Stellen Sie fest, wo und wie Sie atmen. Das ist alles.

Nach einiger Zeit der Beobachtung verlangsamen Sie die Ausatmung, die ungefähr die doppelte Zeit der Einatmung in Anspruch nehmen sollte. Nach 5 oder 6 Atmungsvorgängen können wir die Endphase der Übung angehen, nämlich die Bewußtmachung eines tieferliegenden Organes.

Empfindungserlebnisse innerer Organe

Die Yogis sind in der Lage, ihre inneren Organe bewußt zu empfinden und unter Kontrolle zu bringen, sei es das Herz, der Magen, die Leber, die Milz oder irgendein anderes.

Unsere Absichten werden bescheidener sein, um so mehr, als solche physiologischen Experimente nicht ungefährlich sind, wenn sie nicht unter kundiger Kontrolle stehen. Hingegen ist es nützlich, daß das Herz bewußt gemacht wird. Die Gründe dafür werden wir später darlegen. Während das Anhalten des Atems mit voller Lunge mit Vorsicht geübt werden muß, ist dieses bei leerer Lunge ungefährlich. Halten Sie also mit leerer Lunge einige Sekunden die Luft an, und Sie können nach einigen Übungen die Zeitdauer bedeutend ausdehnen. Konzentrieren Sie sich gleichzeitig auf die Gegend der Magengrube zwischen Nabel und Brustbein. Bald werden Sie die Herzschläge verspüren, oft schon beim ersten Versuch. Man mag sich fragen, ob es günstig ist, sich auf das Schlagen des Herzens zu konzentrieren. Überlegen wir folgendes. Ihre Gesundheit hängt in erster Linie vom vegetativen Nervensystem ab, welches das ganze organische Leben dirigiert, ohne Ihre bewußte Intervention zu verlangen. Es regiert den ganzen Haushalt des Organismus, die Bewegungen des Herzens, der Lunge, des Magens, des Verdauungsapparates, der Drüsen, des Wärmeaustausches usw. Diese Vorgänge werden durch die antagonistische Arbeit des sympathischen und des parasympathischen Nervensystems gesteuert. Wie der Name besagt, innerviert das pneumogastrische Nervensystem insbesondere die Lunge, das Herz, den Magen, um dann im Sonnengeflecht (Plexus solaris), diesem nicht unter bewußter Reizeinwirkung stehenden Gefäßnetz, auszulaufen.

Sobald sich die Aufmerksamkeit auf die Atmung konzentriert und Sie den Atem anhalten, überträgt Ihr bewußtes Ich seinen Willen der vegetativen Tiefenperson, welche die Oberhand gewinnt.

Während des Verhaltens des Atems übernimmt das Bewußtsein das Steuer über das Vegetative auf dem Niveau des »Lebensknotens«. Wenn Sie sich auf das Schlagen des Herzens konzentrieren, durchbrechen Sie eine Schwelle: Sie dringen mit dem Bewußtsein längs des Pneumogastricus zum Herzen vor. Auf diese Weise gelingt es den Yogis, sich ihrer eigenen vegetativen Funktionen bewußt zu werden.

Blitz-Bewußtwerdung

Natürlich ist eine Bewußtwerdung von dem beschriebenen Ausmaß in 2 Minuten nicht möglich, der Zeit, die zwischen der »Anwärmungs-Phase« und den Asanas vorgesehen ist. Durch Übung wird es möglich, sie in 3 Minuten zu durchlaufen. Vor einer Yoga-Übung begnügen Sie sich mit einer »Blitz-Bewußtmachung«. Wir empfehlen Ihnen, eine längere Phase der »Bewußtmachung« im Bett vorzunehmen, sei es morgens beim Erwachen oder am Abend. Wenn schon die Stellung in Schabâsana einer Entspannung gleichkommt, dürfen diese beiden Vorgänge nicht verwechselt werden. Sie sind einander fast entgegengesetzt. In der Muskelentspannung »vergißt« man den Körper. Bei der Bewußtmachung der körperlichen Zustände dagegen muß man sich ihrer so bewußt wie möglich werden.

Konzentrationsverlauf
während der Âsanas

Während es möglich ist, westliche Gymnastik erfolgreich auszuüben, ohne dabei eine bestimmte geistige Haltung einzunehmen, sind Haltung und Konzentration, verbunden mit der Entspannung, im Yoga und auch bei den Âsanas unabdingbare Voraussetzungen.

Worauf und wie soll man sich konzentrieren? In diesem Buch werden wir immer angeben, worauf man sich zu konzentrieren hat, und zwar bei jeder Âsana. Sie müssen aber die allgemeinen Regeln kennen. Ältere Abhandlungen über dieses Gebiet geben ebenfalls an, worauf man sich zu konzentrieren hat; sie wenden sich aber an ausgebildete Schüler. Eine solche Konzentration ist aber nur möglich und wünschenswert, wenn die Technik der Âsanas vollständig beherrscht wird. Der Anfänger muß sich auf andere Punkte konzentrieren als der Könner. Dies wird allzuoft vergessen.

Die Konzentration während der
dynamischen Phase

Der Brennpunkt der Aufmerksamkeit ist verschieden, je nachdem ob es sich um die dynamische oder um die statische Phase handelt und auch nach dem Entwicklungsgrad des Schülers.

Konzentration auf die korrekte Ausführung

Der Anfänger wird zuerst seine Aufmerksamkeit auf die Erlangung der richtigen Technik der Âsanas richten, und zwar so lange und in jeder Einzelheit, bis er sie richtig ausführen kann, ohne besondere Aufmerksamkeit aufwenden zu müssen. Es ist die gleiche Situation wie beim Autofahren, wo sämtliche Manipulationen genau ausgeführt werden sollen, ohne daß man darüber nachdenkt.

Konzentration auf die Entspannung

Nach einigen Tagen oder höchstens einigen Wochen beherrscht man in der Regel die Technik. Danach kann die Aufmerksamkeit einer ökonomischen Ausführung der Âsanas zugewendet werden. Dies geschieht, indem eine möglichst geringe Zahl von Muskeln zu ihrer Ausführung beansprucht wird, die so wenig als möglich angespannt werden sollen. Gleichzeitig ist darüber zu wachen, daß die anderen Muskeln entspannt bleiben.

Diese zweite Etappe dauert oft länger als die erste, darf aber auf keinen Fall übersprungen werden; sie ist unumgänglich. Man darf nicht vergessen, auch das Gesicht zu entspannen, besonders den Mund, die Zunge inbegriffen. In dieser Phase wird die Vorstellungsgabe dem Yoga-Schüler sehr behilflich sein. Wenn er sich zum Beispiel bei der Ausführung des Pfluges (Halâsana) vorstellt, daß seine Füße sehr leicht sind, wenn er diese entspannt, und dann versucht, ohne Spannung des Gesäßes die Füße zu heben, wird er erstaunt sein, wie leicht die Beine nach oben gehen werden.

Konzentration auf die Atmung

Ist der Schüler in der Lage, eine Bewegung reflexartig und entspannt auszuführen, wird er seine Aufmerksamkeit ganz auf die Atmung verlegen, um während des Bewegungsablaufes natürlich und konstant zu atmen, es sei denn, daß besondere Anweisungen zu befolgen sind. Ein natürlicher Atmungsverlauf ist erforderlich, denn wenn dieser angehalten wird, blockiert man das Zwerchfell, und es entsteht eine Blutstauung. Hebt ein Anfänger in liegender Stellung die Beine, so hat er die Tendenz, den Atem anzuhalten, was unverzüglich an seinem Gesicht abzulesen ist, das purpurrot wird.

Konzentration auf einen konstanten Verlauf

Dies ist die Endphase. Um eine Âsana wirklich im Sinne des Yoga auszuführen, müssen die Zehen beim Anheben der Beine (um immer noch beim Beispiel des Pfluges zu bleiben) ihre Bahn mit einer konstanten Geschwindigkeit oder vielmehr Langsamkeit durchlaufen, bis die Zehen den Boden berühren. Dasselbe geschieht auf dem Rückweg zur Ausgangsstellung. Ein Yogi läßt bei der Ausführung der Âsanas weder Beschleunigung noch Verlangsamung zu. Die konstante Bewegung in der Übung unterscheidet den Yogi vom Anfänger. Auf diese Weise wird die Ausführung der Âsanas zum Vergnügen und vermittelt einem Zuschauer den Eindruck einer stillen Macht, ähnlich jener eines Stromes in der Ebene, der mit konstanter Gleichmäßigkeit dem Meer zufließt. So stellt sich bei der Ausübung der Âsanas die Konzentration automatisch ein. Indem sich nämlich verschiedene Muskelgruppen sukzessive ablösen, nimmt die dazu erforderliche Synchronisation zur gleichförmigen Gestaltung der Bewegung, unter Einhaltung einer bestimmten Langsamkeit, die volle Aufmerksamkeit in Anspruch.

Die Konzentration
während der statischen Phase

Konzentration auf die Unbeweglichkeit

Anfänger werden sich auf die Einhaltung absoluter Unbeweglichkeit konzentrieren, die, unter der Voraussetzung einer angenehmen Empfindung, das wesentlichste Element der statischen Phase darstellt (ausgenommen besondere Anweisungen für die Âsana). Die Atmung verläuft während der statischen Phase normal oder nimmt an Volumen zu.

Der Schüler achte ständig auf völlige Entspannung der Muskulatur. Um das Beispiel des Pfluges wieder anzuführen: Man wird außer dem Gesicht, den Armen und Händen auch die Füße, die Waden, die Schenkel und vor allem jene Muskeln entspannen, die einer Dehnung unterworfen sind, nämlich jene des Rückens. Diese Dehnung treibt das Blut aus den Muskeln, wie es etwa bei einem Schwamm der Fall ist, wenn man ihn zusammendrückt. Kommen sie wieder in einen normalen Zustand zurück, wenn die Stellung beendet ist, dann saugen die Muskeln gierig frisches Blut an. Diese Dehnung der Muskeln ist das Geheimnis der Gelenkigkeit im Hatha-Yoga, sie gibt den Muskeln ihre normale Länge zurück. Wie viele Europäer sind doch unfähig, sich auf den Boden zu setzen und die Beine gerade vor sich hinzulegen. Muskeln von normaler Länge erlauben es, in allen Situationen eine bequeme Stellung einzunehmen. Sind die Muskeln der Wirbelsäule durch Mangel an Gebrauch verkürzt, was bei 90 Prozent der Europäer der Fall ist, so wird die Wirbelsäule steif, und jede etwas brüske Bewegung, die nicht einmal heftig zu sein braucht, kann eine Verschiebung der Wirbel zur Folge haben, die das Eingreifen eines Chiropraktikers erfordert.

Sind die Muskeln flexibel und von normaler Länge, ist jede Bewegung erlaubt, denn die Wirbel fügen sich frei ineinander und kommen von selber in ihre Normalstellung zurück. Ist die Wirbelsäule steif, so kann der kleinste Sturz, der kleinste, harmloseste Zwischenfall mit dem Auto tragische Folgen haben. Wird sie von einer geschmeidigen und kräftigen Muskulatur gehalten, so widersteht sie selbst Erschütterungen, welche ein »gewöhnliches« Rückgrat glatt brechen würden. Es ist uns eine Yoga-Schülerin bekannt, welche ihrer Geschmeidigkeit zweifellos ihr Leben verdankt. Als ihr Wagen durch ein schweres amerikanisches Automobil angefahren wurde, öffnete sich die Tür, und sie wurde gleich einem Paket ohne Gelenke 10 Meter weit auf den Fußweg geschleudert. Zum großen Erstaunen der Ärzte kam sie mit einer leichten Gehirnerschütterung und Zerrung der Bänder im Genick davon.

Konzentration auf den »strategischen Punkt«

In dem Moment, wo es dem Schüler gelingt, unbeweglich und entspannt zu verharren und normal zu atmen, beginnt die Konzentration auf den »strategischen Punkt« der jeweiligen Âsana. In den älteren Yoga-Büchern spricht man hauptsächlich über diesen Punkt. Aber wieviel Vorbereitung ist nötig, um hierher zu gelangen!

Im Unterschied zu anderen körperlichen Übungen erzeugt Yoga gezielte und umschriebene Wirkungen auf einen bestimmten Teil des Körpers, beispielsweise auf die Schilddrüse bei Sarwangâsana, den Plexus solaris bei Dhanurâsana usw. Hierauf hat der Schüler seine Aufmerksamkeit zu konzentrieren.

Von eben diesem Moment an entspricht eine Âsana der Definition von Alain Daniélou, der besten Definition, die wir gefunden haben: Jede Stellung, die unbeweglich und lange ohne Anstrengung eingehalten werden kann, ist eine Âsana.

Diese Regel erlaubt es Ihnen festzustellen, wie weit Sie im Yoga fortgeschritten sind, und zeigt Ihnen, wo und wie Sie sich zu konzentrieren haben. Halten wir fest, daß derselbe Schüler bei verschiedenen Âsanas sich verschieden verhalten kann, das heißt: als Anfänger gegenüber einer neu zu erlernenden Âsana und als Fortgeschrittener in einer anderen Âsana.

Geheimnis und Praxis der Asanas

Yoga-Schüler erhalten sich eine unvergleichliche Gelenkigkeit bis ins hohe Alter. In den indischen Aschrams sind die »Alten« oft beweglicher als die Jungen.

Das Geheimnis des Hatha-Yoga in wenigen Worten heißt: Dehnung entspannter Muskeln unter Einwirkung langsamen und progressiven Zuges. Die *Dehnung von Muskeln*, die vorhergehend entspannt wurden, stellt einen charakteristischen Zug der Âsanas dar, was auch erklärt, warum sie rascher und besser zur Gelenkigkeit führen als Gymnastik, welche in erster Linie die *Entwicklung der Muskulatur* durch wiederholte und willentliche Kontraktion derselben anstrebt. Ein Sport ist um so mehr geachtet, je umfangreicher und vollständiger die Muskulatur ist, die er entwickelt. Obwohl die gegenwärtige Tendenz im Westen darin besteht, Entspannungsmomente in den Sport einzubeziehen, bleibt all dies grundsätzlich von dem verschieden, was sich in den Âsanas des Yoga abspielt.

Beweglichkeit durch Muskeldehnung

Normalerweise kann sich ein Muskel in drei verschiedenen Zuständen befinden: Spannung, Stillstand (Tonus), Lösung (s. S. 64–67). Wir betrachten nunmehr die Muskellösung als integrierenden Bestandteil einer Âsana, nicht nur als reines Entspannungsmoment. Zu den erwähnten drei Phasen der Muskelspannung muß aber noch eine weitere hinzugefügt werden, die im Alltag außergewöhnlich ist, jene des *gedehnten* Muskels. Es handelt sich um einen von den drei genannten völlig verschiedenen, ganz besonderen Zustand. Ein Muskel ist außerstande, sich von sich aus zu dehnen. Die Dehnung muß durch äußere Einwirkung geschehen. Weil die Dehnung in allen Âsanas systematisch angestrebt wird, ist es erforderlich, daß man diese Eigenheit genau kennenlernt. Nur so können die Yoga-Stellungen korrekt ausgeführt werden. Die Elastizität der Muskeln ist von jener des Kautschuks, der sich bis zum Reißen dehnen läßt, sehr verschieden. Innerhalb der Grenzen seiner Elastizität ist der Muskel noch weiter dehnbar. *Langsam* läßt sich der Muskel über die erreichte Grenze hinaus weiter dehnen. Dann tritt die Dehnung ein, die um so wirkungsvoller ausfällt, wenn der Muskel entspannt ist. Eine brüske Dehnung auf nicht entspannte Muskeln kann diese schädigen. Eine langsame und progressive Dehnung eines entspannten Muskels ist gefahrlos. Im Gegenteil, sie bringt eine Reihe vorteilhafter Wirkungen, wovon in erster Linie das völlige Austreiben des venösen Blutes aus dem Muskel zu nennen ist. Die Zirkulation des venösen Blutes hängt nicht vom Herzimpuls ab, sondern vom abwechslungsweisen Zusammenziehen und Lösen des Muskels, der das Blut zum Herzen treibt, indem die Venen komprimiert werden. Allein die Dehnung leert den Muskel völlig von Blut. Hört sie auf, nimmt der Muskel wieder seine Normalstellung ein und »saugt« frisches, arterielles Blut an, welches ihn »spült«, reinigt und nährt. Ferner schiebt jede Dehnung die Grenze der geläufigen Elastizität der Muskulatur hinaus; infolgedessen wird der Körper geschmeidiger. Das ist der Erfolg der Âsanas.

Praktische Folgerungen

Weil jede Âsana bestimmte Muskeln oder Muskelgruppen einem Zug unterwirft, muß die ganze Aufmerksamkeit und Konzentration *vor* und *während* dieses Vorganges, der *langsam* und allmählich steigernd sein soll, darauf gerichtet werden, daß man sorgfältig entspannt. (Wir verwenden im folgenden die aus dem Sanskrit stammenden Begriffe des Yoga. In den zusammengesetzten Begriffen bedeutet »âsana« Stellung, die wir in der Folge vereinfacht jeweils mit »Zange«, »Kobra«, »Pflug« usw. bezeichnen.)

Passchimottanâsana (Zange), das Rumpfbeugen nach vorn, übt zum Beispiel einen Zug auf die Muskeln des Rückens aus, und Sie werden rasch an die Grenze ihrer Dehnungsfähigkeit kommen. Indem Sie sich in dieser Stellung entspannen, gewinnen Sie noch einige Zentimeter durch die Beugung der Arme. Darum schreibt Yoga die wiederholten Bewegungen im Dehnungszustand mit Pausen vor. Sie verhindern die Muskelentspannung während der gewünschten Zeit, eine unumgängliche Vorbedingung zu jeder wirkungsvollen Dehnung.

Muskelentspannung außerhalb des Schlafes ist ein Akt willentlichen, bewußten Einsatzes. Darum erfordern die Âsanas während ihrer Ausführung eine konzentrierte Aufmerksamkeit. Je intensiver Sie die Âsanas erleben, um so aufmerksamer werden Sie sein, und Sie werden sich mehr entspannen und die Muskulatur dehnen. Rasch und ohne Schmerz werden Sie geschmeidig werden. Diese konzentrierte Aufmerksamkeit ist eine ausgezeichnete Übung zur Kontrolle über das Geistige und bereitet den Raja-Yoga vor.

Vorteilhafterweise führt man solche Âsanas mit geschlossenen Augen aus. Ferner soll man sich rasch und so vollständig als möglich vor und zwischen den Stellungen konzentrieren. Dies ist der Grund, warum die meisten Âsanas von einer liegenden Stellung ausgehen.

Bevor Sie eine Âsana einnehmen, überprüfen Sie, ob Sie entspannt sind. Dann führen Sie die Âsana mit einem Minimum an Muskeleinsatz aus und beschränken Spannungen soweit als möglich. Atmen Sie normal weiter, außer wenn bestimmte Vorschriften bestehen. Während der Stellung entspannen Sie besonders jene Muskeln, auf welche die Âsana direkt einwirkt. Dosieren Sie die Dehnung langsam und kontinuierlich, um dann in die Endlage überzugehen. In Ruhestellung atmen Sie tief und vollständig, indem Sie sich wieder ganz entspannen. Während dieser Ruhephase fließt das Blut in reichem Maße jenen Muskeln zu, welche einer Dehnung unterzogen wurden. Diese Entspannung ist wesentlich, und man soll nicht ohne Pause von einer Übung zur anderen übergehen. Yoga schließt jede Eile aus!

Setzen Sie die Âsanas nicht fort, bevor Herzschlag und Atem wieder ihren normalen Rhythmus gefunden haben. Diese Entspannungsphase kann verkürzt werden, wenn Stellungen ähnlicher Art aufeinanderfolgen wie beispielsweise Kobra, Heuschrecke und Bogen. Hier muß man sich weniger lange ausruhen als zwischen Bogen und Zange.

Diese grundlegenden Kenntnisse öffnen unbegrenzte Möglichkeiten der Vervollkommnung im Yoga.

Wiederholen wir, daß eine Konditionierung vor den eigentlichen Âsanas die Arbeit sehr erleichtert, denn ein erwärmter Muskel läßt sich leichter dehnen.

Die Âsanas-Reihe von Rishikesh

Im Yoga unterliegt nichts dem Zufall. Die Reihenfolge in den Âsanas unterliegt genauen Regeln, welche das Ergebnis einer jahrtausendealten Erfahrung sind. In einer Übungsserie fügt sich jede Stellung an ihrem bestimmten Platz ein, vervollständigt oder verstärkt die Wirkung der vorhergehenden, bereitet auf die folgende vor oder ist eine ausgeglichene Gegenstellung.

Unter den verschiedenen logisch aufgebauten und anerkannten Serien von Âsanas soll eine bestimmte ausgewählt werden, und man soll sich daran halten. Auf die Dauer gewöhnt sich nämlich der Organismus daran, konditioniert sich entsprechend im pawlowschen Sinne, bereitet sich vor und reagiert um so besser.

Wir haben die Methode übernommen, wie sie in Rishikesh, im Aschram von Swami Sivânanda gelehrt wird. Sie beansprucht ungefähr eine halbe Stunde (s. Tabelle S. 104). Dies liegt im Rahmen des Möglichen, während die Methode von Swami Dhirendra Bramachari

Die Asana-Reihe von Rishikesh

1. Sarwangâsana (Schulterstand)
1 Minute

2. Halâsana (Pflug)
2 Minuten (einschl. dynamische Phase)

3. Matsyâsana (Fisch)
1 Minute

4. Paschimottanâsana (Zange)
2 Minuten

5. Bhudschangâsana (Kobra)
1 Minute (einschl. dynamische Phase)

6. Schalabhâsana (Heuschrecke)
1 Minute (einschl. Halbe Heuschrecke)

7. Dhanurâsana (Bogen)
½ Minute

9. Schirschâsana (Kopfstand)
1 bis 10 Minuten oder mehr

10. Uddiyana Bandha oder Nauli
1 bis 2 Minuten

11. Atmung
3 Minuten

12. Schabâsana (Entspannung)
3 Minuten

8. Ardha-Matsyendrâsana (Drehsitz)
1 Minute

in Delhi, die allerdings viel vollständiger ist (eingeschlossen die Konditionierung), ungefähr 3 Stunden dauert. Sie ist im Westen nicht durchführbar.

Der Sinn einer Âsanas-Ordnung

In Indien akzeptiert der Schüler die Instruktionen seines Meisters ohne Diskussion, denn dessen Autorität ist derart stark und seine Persönlichkeit solchermaßen ursprünglich, daß niemals ein Schüler den Meister wegen einer Anweisung fragen würde. Ebensowenig, wie ein Gymnasiast eine Gleichung Einsteins in Zweifel ziehen würde. Der Meister seinerseits betrachtet lange Erklärungen als überflüssig und läßt den Schüler selbst herausfinden, wie fundiert die Anweisungen sind. Dagegen will unser rationalistischer westlicher Geist das »Warum« und »Wie« der Yoga-Übungen genau erfassen. Dieser Wunsch ist begründet, und würde er nicht schon bestehen, so müßte man ihn wecken; denn bei all jenen, die allein mit Yoga arbeiten müssen, verhindern die Kenntnisse der Regeln die Fehler.

Kurzdarstellung der Rhishikesh-Reihe

Wir werden nun die »Rishikesh-Reihe« zunächst kurz analysieren und dabei Gelegenheit haben, die geniale Intuition der alten Rishis schätzenzulernen. Die ausführliche Darstellung folgt auf Seite 103–288.

Sarwangâsana (Schulterstand)

Die erste Âsana der Reihe ist eine umgekehrte Stellung, ausgewählt wegen ihrer unmittelbaren und bedeutenden Wirkung auf die Blutzirkulation. Sie erfordert praktisch kaum einen Aufwand an Muskelkraft. Die Schwerkraft setzt das stagnierende venöse Blut in beschleunigten Umlauf. Es kehrt mit Hilfe der Gravitationskraft zum Herzen zurück, anstatt dagegen ankämpfen zu müssen. Sarwangâsana merzt venöse Stauungen in den Beinen und den Bauchorganen aus. Alle umgekehrten Stellungen bewirken übrigens eine starke Anregung der Blutzirkulation mit einem Muskelaufwand, der fast gleich Null ist. Darum empfehlen gewisse Meister den Kopfstand (Schirschâsana) an dieser Stelle. Wir wenden Sarwangâsana an, welche von jedermann ausgeführt werden kann. Sie komprimiert die Schilddrüse, dehnt den Nacken und lockert die Nervengeflechte der Nackengegend, die strategischen Knotenpunkte des Organismus.

Halâsana (Pflug)

Der Druck auf den Hals wird im Anschluß an die vorhergehende Stellung noch verstärkt, der Blutzufluß zur Schilddrüse und die Dehnung der Nackengegend werden erhöht. Die Beugung nach vorn dehnt die Wirbelsäule, und die Bauchgegend unterliegt einer Massage. Der Brustkorb wird komprimiert, das Rippengefüge blockiert, so daß die Atmungsbewegungen in der Bauchgegend stattfinden.

Matsyâsana (Fisch)

Matsyâsana stellt die Gegenstellung zu den zwei vorhergehenden dar: Der Hals, der längere Zeit komprimiert war, wird entlastet. Anstatt gedehnt, ist jetzt die Partie des Nackens zusammengepreßt. Der Brustkorb öffnet sich breit, und die mittlere Atmung wird begünstigt. Der Bauch ist gedehnt, der Rücken nach vorn gewölbt, gegenteilig zur Pflugstellung. Besonders die obere und die mittlere Atmung sind in Funktion.

Paschimottanâsana (Zange)

Diese Übung biegt die Wirbelsäule nach vorn, ohne dabei Nacken oder Hals zu komprimieren oder zu dehnen. Die Biegung bezieht sich vor allem auf den unteren Teil des Rückens und ergänzt somit die Pflugstellung. Der Bauch wird zusammengepreßt, während er in der vorhergehenden Stellung gedehnt war.

Bhudschangâsana (Kobra)

Die erste einer Serie von drei Übungen mit Beugung nach hinten. Während der dynamischen Phase ist der Bauch zusammengepreßt. In der statischen Phase wird er gedehnt.
Im Gegensatz zum Pflug und zur Zange ist jetzt die Wirbelsäule nach hinten gebeugt. Die Rückenmuskulatur, die während der beiden vorhergehenden Stellungen gedehnt und somit von Blut entleert wurde wie ein ausgedrückter Schwamm, zieht sich bei der Kobrastellung zusammen. Daher der bedeutende Zufluß von frischem Blut zum Rücken, was von außen deutlich sichtbar ist.

Schalabhâsana (Heuschrecke)

Schalabhâsana folgt Bhudschangâsana (Kobra) und stellt eine komplementäre Übung dar. Die dynamische Phase der Kobra bezieht sich auf den oberen Teil des Rückens, vom Nacken bis zur Gürtelpartie, während die Heuschrecke die Muskelpartien unterhalb der Gürtellinie erfaßt, die gewaltig kontrahiert wird, damit die Beine sich heben.

Dhanurâsana (Bogen)

Die Übung besteht aus einer Beugung nach hinten.
Indem gleichzeitig die Brust und die untere Partie des Rückens an-

gehoben werden, kombiniert der Bogen die Kobra und die Heuschrecke, die beiden komplementären Âsanas, welche die Rückenmuskulatur und die Wirbelsäule vorbereitet haben, damit die extreme Beugung, welche vom Bogen verlangt wird, vorgenommen werden kann. Diese Übung folgt somit logischerweise den beiden vorangegangenen.

Ardha-Matsyendrâsana (Drehsitz)

Die nach vorn und hinten gesteigerten und wiederholten Beugeübungen erzeugen in der Muskulatur eine eigenartige Empfindung, welche den Beugungen folgt. Ardha-Matsyendrâsana läßt dieses Gefühl sofort verschwinden, indem es die Wirbelsäule nach beiden Seiten dreht. Darum diese Übung nach den Beugungen.

Schirschâsana (Kopfstand)

Schirschâsana die Königin der Âsanas, beendet die Serie. Gewisse Meister setzen sie an den Anfang. Weil unsere Serie mit dem Schulterstand beginnt, ist sie von zwei umgekehrten Stellungen eingerahmt, was von großem Vorteil ist.

Nach den Âsanas

Nach den Âsanas werden Mudras (symbolische Stellungen) und Bandhas (versammelnde Kontraktionen) ausgeführt. Wir werden Uddijana Bandha ausführen, die Kontraktion des Abdomens. Anschließend folgen einige vollständige Yogi-Atmungen sowie eine oder mehrere der komplexeren Atmungsübungen. Eine Entspannung, wenn auch kurz, beendet die Übungsfolge und bildet einen ausgezeichneten Übergang vom Yoga zum normalen Leben.

Abwandlung der Rishikesh-Reihe

In der «Rishikesh-Reihe» ergänzen und verstärken die einzelnen Übungen gegenseitig die Wirkungen. Würden diese rein zufällig praktiziert, ohne logische Reihenfolge, dann können die Übungen gegenseitig den Effekt auslöschen oder gar negative Ergebnisse zeitigen. Unsere Analyse hat aufgezeigt, wie gut die Serie aufgebaut ist. Wünschen Sie andere Übungen einzufügen oder einzelne Übungen zu ersetzen, dann hilft Ihnen ein einfaches Prinzip, Fehler zu vermeiden. Jede Beugung nach vorn kann durch eine andere Übung vom selben Prinzip ersetzt werden. Die Variante einer Stellung kommt vor oder nach der Hauptstellung, es sei denn, daß sie diese einfach ersetzt. Auf diese Weise bleibt die innere Struktur der Serie unverändert und korrekt.

Ausübung der Âsanas

Obwohl die Âsanas oder die Stellungen der Yoga-Praxis nur *einen* Aspekt des Yoga darstellen, sind sie doch für den an eine sitzende Lebensweise gewohnten westlichen Menschen ein wesentlicher Teil. Die Âsanas wirken in die Tiefen unseres Inneren, einerseits auf physischer Ebene (innere Organe, innersekretorische Drüsen, Gehirn, Nervensystem) und andererseits auf geistiger Ebene, wo sie Ruhe und Heiterkeit verbreiten, was weder Dynamik noch Freude ausschließt. Die Âsanas verschaffen eine unvergleichliche Beweglichkeit, eine erstaunliche Ausdauer, ohne weder Müdigkeit noch Nervosität zu verursachen. Ferner stellen sie eine Übung der Konzentration ersten Ranges dar (s. S. 94–98 und 99–101).

Äußere Bedingungen

Bevor das Studium der klassischen und wirkungsvollen Stellungen angegangen wird, die im Bereich eines jeden stehen, ist es nötig, die zu ihrer Ausübung erforderlichen Voraussetzungen zu präzisieren.

Zeitpunkt. Der zur Ausübung der Âsanas am besten geeignete Zeitpunkt ist der Morgen, gleich nach der Morgentoilette. Sie kommen so für den ganzen Tag in Form. Sollte Ihr Tagesplan die Ausübung am Morgen unmöglich machen, so können Sie abends vor dem Essen oder dann vor dem Zubettgehen üben. Diese Zeiten eignen sich auch für eine zweite tägliche Übungsserie zusätzlich zum Morgen. Abends werden Sie normalerweise leichter üben, denn morgens ist man wegen der langen Unbeweglichkeit in der Nacht weniger geschmeidig, was allerdings auf die Wirkung der Âsanas kein ungünstiges Ergebnis bringt.

Ort. Wenn möglich, üben Sie im Freien. Der Idealfall wäre die Ausübung der Âsanas am Strand, am Rande eines Sees oder Flusses angesichts der aufgehenden Sonne. Aber auch ein Garten oder eine Terrasse sind geeignet oder dann ein gut gelüfteter und geheizter Raum. Arbeiten Sie nie in einem schlecht gelüfteten Zimmer.

Anzug. Bekleiden Sie sich so gering, als es der Anstand und die Temperatur erlauben. Im Sommer verbinden Sie Yoga mit einem Luft- oder Sonnenbad. Ist es im Übungsraum, besonders im Winter, kalt, dann zögern Sie nicht, sich warm anzuziehen (warme Sportkleidung oder Trainingsanzug). Tragen Sie keine enganliegenden Kleidungsstücke, welche die Blutzirkulation behindern.

Hilfsmittel. Alles, was Sie für Yoga-Übungen brauchen, sind ein Teppich oder eine gefaltete Decke, die nicht zu dick sein sollten.

Körperliche Voraussetzungen

Es ist unbedingt nötig, daß man zum Üben nüchtern ist. Dies ist ein Grund mehr dafür, daß man morgens übt. Nach einer Mahlzeit soll man 4 bis 5 Stunden warten; wenn sie nicht zu reichlich war, 2 Stunden. Dies gilt für die Âsanas, welche die Verdauung stören würden. Für die Ausübung der Entspannung oder der Yogi-Atmung trifft dies nicht zu. Vor Beginn entleeren Sie die Harnblase und möglichst auch den Darm.

Gewöhnung. Wenn Sie nicht ein zwingender Grund daran hindert, üben Sie täglich am gleichen Platz und zur selben Stunde. Auf diese Weise bereiten Sie Ihren Organismus vor, der auf die Âsanas immer besser reagieren wird. Erinnern Sie sich an die Versuche von Pawlow, der einen Hund ständig zur gleichen Stunde fütterte und dazu eine Glocke läuten ließ. Nach einer bestimmten Zeit waren »Glocke« und »Futter« derart in der Vorstellung des Tieres assoziiert, daß selbst ohne Futter beim Ertönen der Glocke reflexhaft beim Hund Speichel und Verdauungssäfte abgesondert wurden, so daß man von den sogenannten »bedingten Reflexen« sprach. Diesen Vorgang bewirken Sie bei sich selber bewußt.

Müdigkeit, Unwohlsein. Sind Sie sehr müde, dann beginnen Sie nicht sofort mit den Âsanas. Widmen Sie die ersten Minuten der Atmung und der Entspannung, um dann zu den Âsanas überzugehen. Frauen führen während der ersten zwei Tage der Menstruation keine Âsanas aus und enthalten sich vom 5. Monat einer Schwangerschaft an.

Baden. Nehmen Sie kein sehr heißes oder kaltes Bad unmittelbar nach den Âsanas. Dadurch würde das Blut an die Peripherie des Körpers geführt. 30 Minuten nach den Âsanas leitet der Organismus eine erhöhte Blutmenge zu den inneren Organen; ein heißes oder kaltes Bad würde diese Wirkung neutralisieren. Warten Sie auch eine halbe Stunde, bevor Sie sich einem Bewegungssport zuwenden. Eine lauwarme Dusche (Körpertemperatur) kann unmittelbar dem Yoga folgen, denn deren Einfluß bezieht sich nicht auf die Blutzirkulation. Gleich nach den Yoga-Übungen zu essen, hat keine nachteiligen Wirkungen.

Vom Schüler zum Yogi

Vor der Übung sammelt sich der Schüler einen Moment, um den Zustand zu schaffen, in welchem der Körper, auch in seinen einfachsten Funktionen, als heilig betrachtet wird.

Die Âsanas müssen mit Präzision durchgeführt werden, so wie sie von Generation zu Generation von Yogis ununterbrochen überliefert wurden. Der Hatha-Yogi kennt keine Eile, und der westliche Schüler wird jede Hast zu meiden suchen. Beeilen wir uns daher nicht, die Stufe der Perfektion zu erlangen!

Regelmäßige und tägliche Übung ist das Pfand für den Erfolg. Wenig, aber täglich. Sie sind auf dem richtigen Weg, wenn Sie sich nach den Âsanas voller Kraft und Lebensfreude fühlen. Yoga muß Ihnen Vergnügen und Freude verschaffen. Sie sind auf dem falschen Weg, wenn Sie sich nach dem Yoga »leer« fühlen oder irgendwelche Schmerzen haben. Anfänglich mag es vorkommen, daß leichte Muskel- oder Gliederschmerzen auftreten, weil teilweise seit Jahren nicht mehr aktivierte Muskelgruppen in Bewegung gesetzt werden. Üben Sie weiter, und in wenigen Tagen verschwindet auch das kleinste Mißbehagen.

Plan für ein Stufenprogramm

	Stufe	I	II	III	IV	V	VI	VII	VIII
1	Atmung								
2	Bewußtwerdung								
3	Suryanamaskar (Sonnengruß)			1–3	10–12	1–3, 10–12	1–6	1–9	vollständig
4	Sarwangâsana (Schulterstand)								
5	Halâsana (Pflug)								
6	Paschimottanâsana (Zange)								
7	Matsyâsana (Fisch)								
8	Bhudschangâsana (Kobra)								
9	Schalabhâsana (Heuschrecke)								
10	Kamel								
11	Dhanurâsana (Bogen)								
12	Ardha-Matsyendrâsana (Drehsitz)	einfach	einfach	einfach	einfach	vollständig	vollständig		
13	Kapâlâsana (Kopfstand Dreifuß)								
14	Schirschâsana (Kopfstand klassisch)								
15	Uddiyana Bandha (Baucheinziehen)								
16	Schabâsana (Entspannung)								
	Dauer in Minuten	15	20	20	25	25	30	35	40

Zehn Regeln für die Yoga-Praxis

1. Âsanas sind keine Kraftübungen. Sie wirken durch sich selber und nicht durch Gewalt.
2. Ein langsamer Bewegungsablauf ist für die Wirkung des Yoga wesentlich.
3. Die Stellungen sind während der vorgeschriebenen Zeit einzuhalten.
4. Nur die wirklich zur Ausführung der Übung erforderlichen Muskeln anspannen und alle anderen entspannen.
5. Die Aufmerksamkeit auf die Körperpartie richten, auf welche die Âsana abzielt.
6. Auch die Rückkehr zur Ausgangsstellung muß langsam erfolgen.
7. Zwischen zwei verschiedenen Stellungen einige Sekunden ausruhen, sämtliche Muskeln, auch jene des Gesichtes, entspannen.
8. Fehlt es Ihnen an Zeit, dann lassen Sie einige Âsanas aus, beschleunigen Sie diese niemals.
9. Die Âsanas immer in derselben Reihenfolge ausüben.
10. Immer mit Schabâsana aufhören (Minimum 1 Minute).

Die klassischen Yogaübungen

Es ist nicht möglich, einen allgemeingültigen Lehrplan für alle Schüler aufzustellen. Im Yoga ist alles individuell und persönlich. Die Erfahrungen im Westen haben es uns ermöglicht, eine Ordnung mit steigendem Schwierigkeitsgrad aufzustellen. Dies führte dazu, verschiedene Stufen festzulegen. Grundsätzlich muß man sämtliche Stellungen einer Stufe kennen, bevor man weitergeht. Dieses Training kann von 2 Monaten bis zu 2 Jahren dauern, je nach Fall ...!
Die Zeit für jede Übung haben wir nicht angegeben. Jeder wird den Möglichkeiten entsprechend selber dosieren und dabei die Regeln beachten, wie sie im technischen Teil für jede Übung angegeben sind. Eine Richtlinie kann aber der auf Seite 113 wiedergegebene Stufenplan sein.
Folgendes ist für den Anfänger noch wichtig:
Die auf Seite 117 bis 299 beschriebenen Âsanas sind in der normalen Übungsfolge aufgezeichnet.
Es mag sein, daß die eine oder die andere Âsana Ihnen nicht ohne weiteres gelingt. Halten Sie sich dabei nicht auf! So wie Sie mit der Zeit beweglicher werden, gelingen Ihnen allmählich auch diese Übungen. Schreiten Sie weiter fort mit den einfacheren Âsanas, wie sie in der Reihenfolge angegeben sind, vermeiden Sie jedes »Forcieren«.
Im Yoga ist die »Langsamkeit« das Geheimnis der raschen Fortschritte!
In kurzer Zeit werden Ihnen Âsanas geläufig, die Ihnen bis dahin nicht im Bereich der Möglichkeiten zu liegen schienen. Die einzige Bedingung ist ein korrektes Einhalten der Technik. Durchdringen Sie sich mit dem Gedanken, daß die Wirkung der Âsana nicht nur von der Technik, sondern auch von der geistigen Konzentration abhängt, die sie begleitet.

Sarwangâsana (Schulterstand)

»Sarva« bedeutet im Sanskrit »alle, alles« und »anga« »Glieder, Partien«. Sarwangâsana ist (nach Alain Daniélou) eine Verschmelzung von »sarva-anga-uttana-âsana« (uttana = stehend, erhoben), also: Stellung mit allen Gliedern erhoben (siehe Abbildung). Dies unterscheidet diese Âsana von allen anderen Stellungen. »Stellung des ganzen Körpers« ist aber schwerfällig und lang, »vollständige Stellung« ungenau, »Kerze« führt zu Verwechslungen. Deshalb sollte man besser beim Sanskrit bleiben.

Die Hauptwirkung dieser Âsana besteht in der Umkehrung des Körpers, in der starken Dehnung des Nackens und in der Anregung der Schilddrüse, indem das Kinn gegen das Brustbein gepreßt wird. Anläßlich des Studiums von Schirschanana, dem Kopfstand (s. S. 239–245), werden wir die wohltuenden Wirkungen der umgekehrten Stellungen genauer erörtern. Einige der esoterischen Aspekte mögen hier schon erwähnt sein. Die Orientalen, eingeschlossen die Yogis, nehmen die Existenz positiver und negativer Strahlungen an (das Ying und das Yang der Chinesen hat einen ähnlichen Aspekt). Sie stellen sich vor, daß kosmische Strömungen vom Raum her auf die Erde orientiert sind. In stehender Stellung wird der Mensch somit vertikal von oben nach unten von diesen Strahlen durchdrungen. In den umgekehrten Stellungen wirken diese Ströme im umgekehrten Sinne, was einen ausgleichenden Einfluß auf das menschliche Wesen hätte. Der Mensch ist das einzige Wesen, das sich vertikal hält, und somit auch das einzige Wesen, welches in vertikaler Richtung von diesen kosmischen Strahlungen auf seiner ganzen Länge durchdrungen wird. Diese Auffassung erklärt auch die Bedeutung, welche die Yogis einer senkrechten Haltung der Wirbelsäule während des Pranayama und der Meditation zumessen.

Was sollen wir von diesen »Strahlungen« halten? Was sagt die westliche Wissenschaft darüber aus? Jeder Physiker, jeder Meteorologe weiß, daß die Erdoberfläche elektrisch negativ und die höheren Regionen der Atmosphäre positiv geladen sind. Die tiefere Atmosphäre, in der wir leben, befindet sich somit in einem elektrostatischen Feld, welches ungefähr von oben nach unten gerichtet ist und dessen potentielle Stärke 100 bis 150 oder mehr Volt pro Meter erreichen kann. Wenn wir andererseits annehmen, daß die vitalen Phänomene, insbesondere jene im Zusammenhang mit der Nerventätigkeit und jener der Aktivität des Gehirns elektrischer Natur sind und daß innerhalb der Körperzellen die Elektrolyten die eigentlichen Lebensträger sind, kann man auch annehmen, daß diese Strahlungen auf alle vitalen Prozesse einen wichtigen Einfluß ausüben.

Es gibt wenige Wissenschaftler, die sich mit diesem Problem befaßt haben, so Prof. Fred Vlès, Straßburg, und der russische Wissenschaftler Tchijewski. Wir zitieren hier Dr. J. Belot: »Im Licht der Bio-Physik betrachtet man die elektrischen Phänomene als die Basis des Lebens der Zellen und kommt zur Annahme, daß am Ende der Erforschung allen Lebens eine elektrische Ladung steht.«

Die esoterische Interpretation der umgekehrten Stellungen ist durch diese Erörterungen vollauf gerechtfertigt. Die großen indischen Rishis früherer Zeiten haben diese feinen Erscheinungen wahrgenommen, und ihre jahrtausendealten Theorien werden durch die Entdeckungen der modernen Wissenschaft bestätigt.

Ablauf der Übung

Sarwangâsana hat fast sämtliche Wirkungen des Kopfstandes, ist jedoch bedeutend leichter auszuführen. In der Endstellung ruht der Körper auf Schultern und Nacken, was den englischen Ausdruck »shoulder-stand« rechtfertigt (s. Abb. S. 130–142).

Von der Ausgangs- zur Endstellung

Die Ausgangsstellung ist mit jener des Pfluges (Halâsana) identisch, also flach liegend (s. S. 130).

Erste Phase. Die Beine in vertikale Stellung bringen. Die Füße vereinen, ohne Muskeln anzuspannen. Das Becken bleibt am Boden, um jede schädliche Fehlhaltung des fünften Lendenwirbels und seiner Zwischenwirbelscheibe zu vermeiden. Ist der Rücken völlig flach auf dem Boden, besteht keinerlei Gefahr. Sehr magere Personen beugen die Beine, bevor sie die Füße heben. Berührt das Becken den Boden trotzdem nicht, kann der Zwischenraum mit einem gefalteten Tuch ausgefüllt werden. Durch Kontraktion der Muskulatur des Unterleibes werden nun sehr langsam die Beine hochgehoben, wobei die Wadenmuskeln und jene der Schenkel locker bleiben und die Zehenspitzen nicht gestreckt werden. Die Hebebewegung muß langsam und gleichförmig verlaufen, das Gesicht bleibt entspannt, die Arme ebenfalls. Der Atem läuft ruhig und ohne Stocken.

Zwischenhalte. Wie bei Halâsana (Pflug) angegeben, ist es erlaubt, einen Halt von 1 bis 5 Atemzügen einzuschalten, wenn die Beine einen Winkel zum Boden von 30 respektive 60 Grad erreicht haben. Anheben der Beine zur Vertikalen, Einnehmen der Endstellung. Im Gegensatz zu Halâsana, wo die Bewegung sich derart vollzieht, daß die Schenkel gegen den Unterleib und dann gegen die Brust, die Füße zum Boden geführt werden, handelt es sich bei Sarwangâsana darum, die Füße so hoch als möglich zu heben, indem die Muskulatur des Unterleibs kontrahiert wird und die Hände und Vorderarme sich am Boden abstützen. Die Beine, vom Rumpf gefolgt, steigen ständig höher, um den Körper allmählich in eine vertikale Lage zu bringen. Dieser ruht in der Endstellung auf Schultern und Nacken.

Während des Anhebens bleiben Füße und Knie geschlossen. In der Endstellung stützen die Hände die Hüften, die Ellenbogen berühren den Boden. Die Unterarme unterstützen den Körper in vertikaler Stellung. Das Brustbein liegt am Kinn, der Nacken liegt flach am Boden.

Dynamische Phase. Die im Westen wenig bekannte dynamische Phase beginnt in dem Moment, wo der Körper sich in vertikaler Stellung befindet. Sie besteht darin, daß jedes Bein langsam, abwechslungsweise zum Boden gesenkt wird, was einen »halben Pflug« ergibt. Das Bein senkt sich durch sein Eigengewicht ohne irgendwelche Steifheit, auch nicht der Muskulatur. Berühren die Zehen den Boden, ist die Stellung in Ordnung, wenn nicht, dann üben Sie Geduld. Sie werden mit der Zeit den Boden ohne Anstrengung erreichen. Jetzt wird das Bein wieder hochgehoben neben jenes, das unbeweglich in vertikaler Stellung verblieben ist. Dasselbe mit dem anderen Bein ausführen und die ganze Übung wiederholen. Dann senken sich beide Beine gleichzeitig nach hinten zum Boden, bis die Zehen ihn berühren. Kurze Zeit wird die Stellung Halâsana (Pflug) eingenommen. Dann werden ohne Zwischenhalt und langsam die Beine zur Vertikalen erhoben. Damit ist die dynamische Phase beendet. Sie dient gleichzeitig als Vorbereitung auf Halâsana (Pflug), welche Sarwangâsana folgt.

Zu vermeidende Fehler. Führen Sie keine sogenannte »Scherenbewegung« mit den Beinen aus.

Statische Phase. Die Ruhigstellung des Körpers in vertikaler Lage mit dem ganzen Gewicht auf Nacken, Hinterkopf und Schultern stellt die statische Phase der Âsana dar. Während dieser Zeit sind sämtliche Muskeln möglichst zu lockern, von den Zehenspitzen bis zum Kopf. Die Atmung läuft regelmäßig.
Rückkehr zum Boden: Sie erfolgt im gegenteiligen Sinne. Bei einem

Winkel der Beine zum Boden von 30 oder 60 Grad wird ein Halt eingeschaltet oder auch nicht. Bei der Rückkehr der Beine zum Boden werden die Hände entlastet, indem die Beine etwas angewinkelt werden. Die Abwärtsbewegung erfolgt langsam unter Kontrolle jeder Bewegung. Der Kopf bleibt ununterbrochen am Boden bis zum Schluß der Âsana. Die Wirbelsäule muß sich Wirbel für Wirbel auf dem Boden abrollen, beim Nacken beginnend, bis zum letzten Wirbel des Steißbeines.

Besondere Hinweise

Atmung. Während der ganzen Übung muß *normal* geatmet werden. Bei der statischen Phase wird die Atmung gezwungenerweise auf das Zwerchfell konzentriert sein.

Konzentration. Während der Einnahme der Âsana und der dynamischen Phase: Konzentration auf die Beibehaltung einer gleichförmigen Bewegung und einer weitgehenden Entspannung der nichtbeteiligten Muskulatur. Ferner auf eine gleichmäßige Atmung.
Während der statischen Phase:
Konzentration auf Unbeweglichkeit, Entspannung und Atmung. Sind diese drei Voraussetzungen erfüllt, erfolgt Konzentration auf den Hals, dort, wo sich die Schilddrüse befindet.

Gefahren und Fehler

Dieser Âsana kommt hinsichtlich ihrer wohltuenden Wirkungen zufolge der umgekehrten Stellung sehr große Bedeutung zu. Es strömt sehr viel Blut zum Kopf, und die Kehle wird zusammengepreßt. Um keinen übermäßigen Blutzufluß zum Gehirn zu erzeugen, ist das Kinn stark gegen das Brustbein zu pressen (Kinnschluß).

Fehler:

a) Mit angewinkelten Hüften und ohne diese zu stützen, die Âsana beginnen, wodurch ein enormer, ungünstig wirkender Druck auf die Lendenwirbelsäule erzeugt wird;

b) ruckmäßig arbeiten;

c) sich mit einem Ruck in vertikale Stellung bringen. Ist es hingegen nicht möglich, ohne Schwung diese Stellung einzunehmen, dann nimmt man Zuflucht zu einer Wand, die Hände werden unter den Unterleib gelegt, oder man geht über zu der Übung Ardha-Sarvangâsana (halber Schulterstand, s. S. 122f., Bild S. 140 oben);

d) das Kinn wird nicht gegen die Brust gestemmt, der Nacken daher in der Endphase nicht flachgelegt; dadurch wird die Übung wesentlich weniger wirkungsvoll;

e) mit den Beinen eine »Scherenbewegung« ausführen (während der abwechselnden Bewegung der Beine bleibt eines davon in vertikaler Stellung unbeweglich);

f) schwerfällig zum Boden zurückkommen, ohne die Bewegung unter Kontrolle zu behalten; bei der Rückkehr der Beine zum Boden den Kopf heben, während dieser dauernd damit in Berührung bleiben muß;

g) die Beine voneinander entfernen. Füße und Knie müssen während der ganzen Übung geschlossen bleiben (nur während der dynamischen Phase entfernen sie sich voneinander);

h) durch den Mund atmen oder den Atem anhalten;

i) das Kinn gegen das Brustbein pressen, anstatt das Brustbein zum Kinn führen;

j) sich nach der Übung brüsk erheben.

Sarwangâsana für Anfänger

Eine weniger gelenkige Person oder wer sonst Mühe hat, Sarwangâsana (Schulterstand) auszuführen, kann vorerst Ardha-Sarwangâsana (halber Schulterstand) praktizieren. Die Beine werden zuerst in senkrechte Lage gebracht, dann versucht man den Rumpf mit Hilfe der den Rücken stützenden Hände zu heben. Gleichzeitig werden die Knie gebeugt, womit die Stellung erreicht ist, wie sie das Bild S. 140 oben wiedergibt. Dann werden die Beine gestreckt, um die normale Âsana zu erreichen.

Nie forcieren, sondern täglich probieren!

Nachfolgende Stellungen und Gegenstellungen

Wird Sarwangâsana in einer Serie geübt, dann muß ihr Halâsana (Pflug) folgen. Dadurch wird ihre Wirkung verstärkt. Wird sie allein ausgeführt, dann muß ihr die Gegenstellung folgen: Matsyâsana (Fisch). Diese Âsana befreit den Hals und preßt den Nacken zusammen, anstatt ihn zu dehnen. 10 Atmungen in der Stellung Matsyâsana genügen, um für Sarwangâsana den Ausgleich zu schaffen, selbst wenn diese einige Minuten dauerte.

Häufigkeit und Dauer der Übung

Wer die westliche Literatur über Yoga konsultiert, mag verwirrt sein über die stark voneinander abweichenden Meinungen der Autoren hinsichtlich Häufigkeit und Dauer, welche von einer bis zu verschiedenen Ausführungen täglich und von wenigen Sekunden bis zu 20 Minuten gehen.

Wo liegt die Wahrheit? Wer ist im Irrtum? Von einem bestimmten Gesichtspunkt aus betrachtet haben alle recht. Es gibt verschiedene Arten, Sarwangâsana und Yoga überhaupt zu praktizieren. Der indische Yogi, der sich ausschließlich dem Yoga widmet, wird ganz anders verfahren als der Schüler im Westen. Er kann die Stellungen bis zu 20 Minuten einnehmen, wenn er täglich einige Male übt. Der Westliche dagegen, der täglich nur eine halbe Stunde zur Verfügung hat, die er dem Yoga widmet, wird dieser Übung 2 Minuten zugestehen, was ein gutes Maß darstellt.

Anfänglich kann man sich auf einige Sekunden beschränken und dann langsam steigern. Der gesunde Menschenverstand wird Ihr Führer sein. Es ist ein Vorteil, zweimal am Tag diese Übungen auszuführen: einmal morgens, dann während des Tages oder kurz vor dem Zubettgehen. Dies hilft oft rascher einzuschlafen oder tieferen Schlaf zu finden.

Yoga darf nie zu einer Zeitfrage werden! Ihr eigener Organismus soll Ihnen die Zeit angeben. Wir sind schon den ganzen Tag Sklaven der Uhr, bewahren wir uns wenigstens während des Yoga davor. Zählen Sie am besten Ihre Atemzüge, so vergessen Sie nicht zu atmen, was übrigens häufiger vorkommt, als Sie es glauben!

Gegenindikationen

Auf den ersten Blick betrachtet, müßten die Gegenindikationen jenen des Kopfstandes entsprechen (s. S. 245 f.). Sarwangâsana kann als Ergänzung dazu betrachtet werden. Tatsächlich können viele Personen, welche außerstande sind, den Kopfstand zu praktizieren (schwacher Hals, Wirbel, welche in der Genickgegend zu Verschiebungen neigen), ohne jeden Nachteil Sarwangâsana üben.

Sarwangâsana hat wenig Gegenindikationen, außer wenn Kopf oder Hals von akuten Leiden befallen sind, wie zum Beispiel Mittelohrentzündung, Zahnabszesse, Angina, Leiden der Schilddrüse, Stirnhöhlenentzündung, Sklerose der Hirngefäße usw.

Wirkungen

Viele vorteilhafte Wirkungen von Sarwangâsana entsprechen jenen von Schirschâsana (Kopfstand, s. S. 239–245):

a) Bessere venöse Blutzirkulation, besonders in den Beinen und im Unterleib;

b) Entlastung der Organe des unteren Teiles des Bauches, Erleichterung bei Hämorrhoiden;

c) positive Einwirkungen bei Senkungen der Nieren, des Magens, der Eingeweide und der Gebärmutter;

d) Verbesserung der Gehirndurchblutung.

Körperliche Wirkungen

Die besonderen Effekte dieser Âsana rühren her von ihrer spezifischen Wirkung auf Thymus-, Schilddrüse und Atmung.

Wirbelsäule. Auf die Wirbelsäule wirkt Sarwangâsana von Schirschâsana völlig verschieden.

Sarwangâsana streckt die Wirbelsäule, die normalerweise einem lang ausgezogenen S gleicht. Dies trifft besonders für die Varianten von Sarwangâsana zu (s. S. 140 f.). Die Nackengegend der Wirbelsäule dagegen wird gedehnt und gegen den Boden flach gepreßt.

Muskeln. Sarwangâsana stärkt die Muskulatur des Bauchgürtels, besonders wenn sie mit einem Halt der Beine in einem Winkel zum Boden von 30 und 60 Grad praktiziert wird.

Nervensystem und Gehirn. Da Sarwangâsana auf die Gewebe des Nervensystems im Teil der Wirbelsäule einwirkt, erfolgt eine Lockerung, Stärkung und Regeneration dieser Partien.

Die Versorgung des Gehirns mit einer erhöhten Blutmenge unter schwacher Druckverstärkung läßt Verkrampfungen der Gefäße verschwinden, die sehr oft Ursache von Kopfschmerzen sind.

Innersekretorische Drüsen. Die umgekehrte Körperstellung und die besondere Stellung des Halses verstärken die Krümmung der Halsschlagader, wodurch der Druck auf die Schilddrüse erhöht wird und eine reiche Blutzufuhr bewirkt. Sarwangâsana reguliert damit

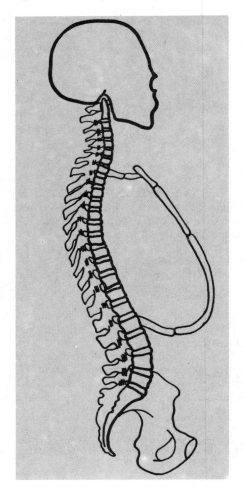

Aufrechte Stellung.
Wirbelsäule in S-Form.

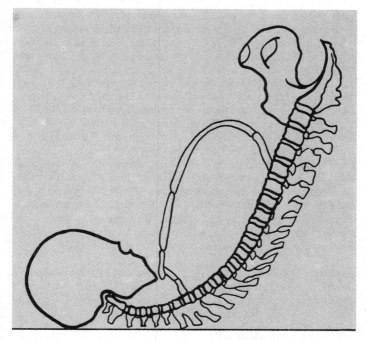

Sarwangâsana streckt die Wirbelsäule und läßt die S-Biegung verschwinden. Durch das Anpressen des Brustbeines an das Kinn werden
die Bewegungen des Brustkorbes angehalten und verlangen eine Atmung in der Bauchgegend (untere Atmung).

auf sanfte Art leichte Veränderungen im Funktionieren der Schilddrüse, wie sie bei jedem Menschen auftreten können. Solche leichten Über- oder Unterfunktionen der Schilddrüse sind nicht krankhaft, haben aber einen bedeutenden Einfluß auf den Stoffwechsel (Metabolismus). Indem Sarwangâsana auf die Schilddrüse wirkt, beeinflußt diese Âsana nicht nur Körperfunktionen im allgemeinen, sondern auch unser Befinden. Die »Hypo-Thyroiden« (Menschen mit einer Unterfunktion der Schilddrüse) haben die Tendenz, langsam, schwerfällig und unempfindlich zu sein. Die »Hyper-Thyroiden« (Menschen mit einer Überfunktion der Schilddrüse) dagegen atmen zu rasch und oberflächlich. Sie haben Herzklopfen, und ihre Eingeweide sind verkrampft. »Sie sprechen oft so rasch, daß es schwierig ist, ihnen zu folgen und sie zu verstehen« (Yesudian). Solche Menschen gibt es sehr viele. Die Normalisierung der Funktion der Schilddrüse gibt Ruhe und Sicherheit und, sofern man bei Tisch nicht übertreibt, Stabilisierung des Körpergewichtes.

Die Hypophyse und der Hypothalamus, welche für die Produktion der Hormone anderer innersekretorischer Drüsen verantwortlich sind, erfahren ebenfalls Anregung, womit die Wirkungen des Kopfstandes vervollständigt werden. Auch Sarwangâsana beeinflußt die Thymusdrüse, welche weitgehend das Wachstum bestimmt, so daß die Wirkung dieser Âsana sowohl physisch als auch psychisch beim Kind und beim Erwachsenen von größter Bedeutung ist.

Atmung. Der Druck des Brustbeines gegen das Kinn verhindert die Bewegungen der oberen Atmung und des Brustkorbes. Somit wird die Atmung gezwungenermaßen zur Zwerchfellatmung. Es ist daher nicht erstaunlich, daß Sarwangâsana wohltuende und gesundheitsfördernde Wirkungen auf gewisse Formen von Asthma ausübt und daher Jugendlichen empfohlen wird, die darunter leiden. Ein Yoga-Freund hat uns mitgeteilt, daß sein an Asthma leidender Sohn sich in einem Schweizer Heim aufhielt, wo man Sarwangâsana und den Kopfstand praktizierte, um den jungen Asthmatikern zu helfen.

Der Asthmatiker atmet mit dem oberen Teil der Lunge und hebt dabei die Schultern. Dies ist in der Stellung Sarwangâsana nicht möglich, und man wird automatisch gezwungen, mit dem Bauch zu atmen. Überdies drücken die Eingeweide auf das Zwerchfell, was die Ausatmung begünstigt und die Beweglichkeit dieses Organes wiederherstellt, das beim Asthmatiker verhärtet ist. Ein anderer Yoga-Freund, unter Asthma leidend, vermag beginnende Krisen mit Sarwangâsana und Yogi-Atmung zu unterbinden. Diese Âsana ist somit ein wertvolles therapeutisches Hilfsmittel in der Medizin.

Organe des Bauches. Sarwangâsana bekämpft die Senkungen von Organen und wirkt Verstopfung derselben entgegen. Stauungen in Blutgefäßen und Eingeweiden werden eliminiert, mindestens während der Dauer, wo sie praktiziert werden. Heilsam ist die Wirkung auch auf Leiden der Prostata.

Blutzirkulation. Im allgemeinen sind die Wirkungen von Sarwangâsana jenen des Kopfstandes ähnlich. Erwähnen wir besonders die wohltuenden Wirkungen auf die Venen der Beine (Vorbeugen gegen Krampfadern) und auf Hämorrhoiden. Wer mit einem dieser beiden Leiden belastet ist, der möge diese beiden Stellungen mehrmals am Tage einnehmen, auch bekleidet. Es ist eine sehr gute Ergänzung zu ärztlichen Behandlungen. Sarwangâsana ist für Personen sehr angezeigt, die vorwiegend stehend arbeiten müssen.

Ästhetische Wirkungen

Diese Stellungen haben eine starke Durchblutung des Gesichtes zur Folge, insbesondere der Stirn, auf welcher die Haut sofort rosafarben wird. Kleine Runzeln und Faltenbildungen werden vermieden oder gar rückgängig gemacht, wenn Sarwangâsana regelmäßig geübt wird. Auch der Haarboden wird stärker durchblutet und die Haarwurzel intensiver ernährt, was sich auf den Haarwuchs auswirkt.

Ausgangsstellung: dieselbe wie für Halâsana (Pflug). Ruhig atmen, das Kinn anziehen und gegen das Brustbein pressen, um den Nacken vorzubereiten, sich am Boden abzuflachen. Die Füße sind vereinigt, jedoch sollen die Muskeln der Beine nicht gespannt sein. Bevor der Rücken gehoben wird, soll dessen unterer Teil ganz an den Boden geschmiegt sein.

Bild rechts oben:
Die Knie leicht beugen, wenn es Ihnen nicht gelingt, den Rücken ganz dem Boden anzuschmiegen.

Bild rechts:
Die Beine heben sich langsam, der Rücken bleibt unbedingt auf seiner ganzen Länge am Boden, insbesondere in der Lendengegend, um jede Fehlhaltung und Forcierung in der Wirbelsäule zu vermeiden. Ruhig und normal atmen. Die Beine nicht durchdrücken, um keine Muskelspannung zu erzeugen (Waden- und Oberschenkelmuskulatur lokker). Die Fußspitzen nicht strecken. Gesicht entspannen. Die Arme nicht versteifen. Es sind vorwiegend die Bauchmuskeln, die arbeiten und Bewegung erzeugen.
Eventuell einen Halt der Beine bei 30 oder 60 Grad Winkel zum Boden einschalten. Auch während des Haltes normal weiteratmen.

Die Beine zur Vertikalen führen. Bis hierher sind Halâsana und Sarwangâsana identisch.

Bilder S. 133:
Jetzt beginnt der Rücken sich vom Boden abzuheben. In diesem Moment muß die Beinmuskulatur leicht betätigt werden. Die Füße vertikal über das Gesicht führen und ruhig weiteratmen. Anfänger können mit den Händen im Gesäß nachhelfen.

Die Füße langsam höher heben. Mit dem Hals keinerlei Widerstand erzeugen und den Nacken sich lose am Boden abflachen lassen. Das Brustbein gegen das Kinn führen. Den Atem nicht anhalten. Die Muskeln der Waden und Oberschenkel lockern; Füße nicht strecken.

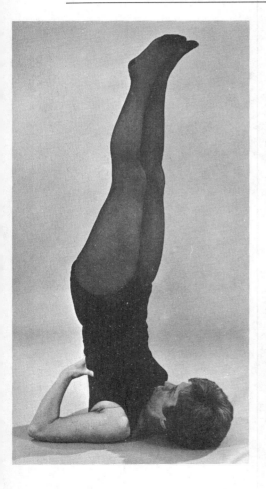

Korrekte Endstellung und gleichzeitig Ausgangslage für die dynamische Phase. Diese Stellung muß während der statischen Phase gehalten werden.
Der Rumpf erhebt sich so vertikal als möglich, die Füße sind nicht gestreckt, und die Muskulatur der Beine ist locker. Das Brustbein preßt sich gegen das Kinn. Der Nacken ist gedehnt und flach auf dem Boden.

Fehler:
Die Füße sind gestreckt und
die Muskulatur der Beine
daher gespannt.

Fehler:
Der Rumpf müßte vertikaler sein. Das Brustbein ist nicht gegen das
Kinn gepreßt, weshalb keine direkte Wirkung auf die Schilddrüse
möglich wird. Am Anfang kann diese Stellung geduldet werden. Um
sie zu korrigieren, müssen die Hände den Rumpf tiefer fassen und ei-
nen Druck nach oben ausüben, um mit Hilfe der Vorderarme den
Rumpf aufzurichten. Die Halsgegend und den Nacken nicht versteifen.
Den Nacken dem Boden anschmiegen.

Erste Stellung der dynamischen Phase
Während ein Bein unbeweglich gehalten wird, läßt man das andere sich durch Eigengewicht dem Boden zu senken. Weiteratmen. Waden- und Oberschenkelmuskeln locker. Dann dieses Bein wieder nach oben in die vertikale Lage des anderen heben. Auf diese Art zwei abwechselnde Bewegungen mit beiden Beinen ausführen.

Dann beide Beine zusammen zum Boden absinken lassen, sich nicht anspannen und ruhig weiteratmen. Keinen Halt einschalten, wenn die Zehen den Boden berühren, sondern wieder in die Hochstellung der statischen Phase zurückkommen, welche mit diesem Moment beginnt.

Bilder S. 139
Fehler:
Die Rückkehr zum Boden muß in genau derselben Weise geschehen, jedoch in umgekehrter Reihenfolge als das Hochgehen. Vermeiden, daß man schwer auf den Boden fällt oder daß der Nacken den Boden verläßt.

Fehler:
Nach einem ungeschickten Zurückkehren zum Boden fallen die Beine herab, und der Kopf hebt sich. Das Herabkommen muß langsam und unter steter Kontrolle geschehen.

▼ Fehler ▲

Bild links:
Es folgt für Anfänger diese Stellung, die Ardha-Sarwangâsana (halber Schulterstand) heißt. Dann werden Sie ohne allzu große Mühe die Beine vertikal stellen und die Endposition einnehmen können.

Bild links unten:
Ist es nicht möglich, die Beine in vertikale Lage zu bringen, ohne die Knie zu biegen, können Anfänger diese biegen und eventuell unter Mithilfe der Hände, welche das Kreuz stützen, vorerst die abgebildete Stellung einnehmen.

Rechts: *Variante der Endstellung*
Ausgangsstellung wie für Paschimottanâsana, also die Arme hinter dem Kopf ausgestreckt.

Variante der Endstellung
Ohne die Schenkel zu stützen, lediglich durch Kon-
traktion der Gesäßmusku-
latur, Beine, Rumpf, Arme
in vertikale Lage bringen.
Weder einen Anlauf neh-
men noch hochschnellen.

Halâsana (Pflug)

Halâsana bedeutet auf Sanskrit die Stellung des »Pfluges« (»hala« = Pflug, »âsana« Stellung). Es ist eine der wenigen, wenn nicht die einzige Âsana, welche ihren Namen einem Werkzeug entlehnt, nämlich jenem primitiven indischen Pflug der Alten.

In der Regel benutzen die Yogis Tiernamen oder solche von Insekten (Kobra, Heuschrecke, Pfau usw.). Halâsana ist eine der wesentlichen Stellungen aus der Gruppe der Beugungen nach vorn.

Ablauf der Übung

Ausgangsstellung

Für Anfänger und Schüler mittleren Grades: Auf dem Rücken liegend beginnen. Die Hände längs des Körpers, Handballen auf dem Boden (Abb. S. 151 oben).

Für fortgeschrittene Schüler: Dasselbe, jedoch die Arme hinter dem Kopf ausgestreckt, Handrücken auf dem Boden (Abb. S. 151 unten).

Für sehr fortgeschrittene Schüler: Dasselbe, aber Hände unter dem Hinterhaupt verschränkt. In allen Fällen ist es nötig, vor Übungsbeginn den Nacken mit Hilfe der Hände zu dehnen und ihn flach auf den Boden zu legen. Ferner muß das Kinn möglichst nahe an den Brustkorb geführt werden, was die Bewegungen erleichtert und in der Endphase eine bessere Kompression der Schilddrüse ermöglicht.

Das Rückgrat muß sich besonders in der Lendengegend gut dem Boden anschmiegen. Verhindert eine allzu starke Krümmung der Wirbelsäule die Berührung mit dem Boden, können die Beine etwas gebogen werden, um das Becken gegen den Boden zu drücken. So werden Fehlhaltungen der Wirbelsäule bei der Übung vermieden, die Einnahme der Stellung ist leichter zu bewerkstelligen.

Dynamische Phase

Halâsana kann in zwei deutlich getrennte Teile zerfallen, nämlich die dynamische Phase und die statische Phase. Die dynamische Phase umfaßt ein dreifach aufeinanderfolgendes Abrollen der Wirbelsäule in ihrer ganzen Länge. Diese Phase geht der unbeweglichen Haltung voraus, welche die eigentliche Âsana darstellt.

1. Von einer der drei Stellungen ausgehend, werden die Beine in langsamer, kontinuierlicher Bewegung bis zur Vertikalen gehoben (Abb. S. 152). (Gewisse Yogis empfehlen Zwischenhalte in einer Winkellage zum Boden von 30 bis 60 Grad. Dauer 2 bis 3 Atmungen. Diese Halte sind Fortgeschrittenen vorbehalten.)
2. Durch Zug der Unterleibsmuskulatur bleiben die Beine gerade, die Schenkel werden gegen die Brust gezogen, um den unteren Teil des Rückens abzurollen. Zum Ende der Bewegung werden die Beine leicht gebogen, um damit zu erreichen, daß die Knie das Gesicht streifen (Abb. S. 154).
3. Die Beine strecken und die Füße so weit als möglich zum Boden senken und sie dann möglichst weit vom Kopf wegbewegen, damit die Krümmung des Rückens verstärkt wird. Der obere Teil der Wirbelsäule, besonders der Nacken, sind dann stark gebeugt (Abb. S. 155 und 156).

Rückkehr zum Boden. Sind die Füße, ohne zu forcieren, so weit wie möglich zurückgestoßen worden, ohne Stillstand wieder in die Ausgangsstellung zurückkommen. Dies geschieht im selben gleichmäßigen Tempo und auf dieselbe Weise wie das Einnehmen dieser Stellung. Es darf dabei weder der Körper fallen gelassen noch der Kopf gehoben werden.

Wie bei allen Yoga-Übungen ist auch hier mit einem Minimum an

Muskelaufwand und unter Entspannung aller nichtbeteiligten Muskelgruppen zu arbeiten. Die Füße dürfen nie gespannt werden, weil dies die Muskulatur der Beine beansprucht. Die Füße sollen hängen wie an einer Fahnenstange. Die Übung ist dreimal zu wiederholen, jeweils mit einer kurzen Entspannung dazwischen.

Ratschlag für Anfänger. Diese mögen mit den Händen helfen, den Rumpf zu heben, müssen aber unbedingt darauf verzichten, mit einem Ruck hochzuschnellen, um die Füße hinter den Kopf zu führen. Es ist vorzuziehen, einen Monat später das Ziel zu erreichen, anstatt sich mit einem Ruck oder durch Forcieren zu helfen.

Statische Phase

Normales Stadium. Die statische Phase stellt die eigentliche Âsana dar. Sie folgt der dritten Abrollung, indem man sich in der äußerst erreichbaren Stellung während der vorgeschriebenen Zeit ruhig hält. Die Ruhigstellung muß absolut sein. Man entspanne sich und lasse die Beine einen Zug auf die Wirbelsäule bewirken (s. Abb. S. 155 und Text S. 154).

Fortgeschrittenes Stadium. Fortgeschrittene werden nach der normalen Stellung, die sie während 5 bis 10 Minuten einnehmen, die Knie beugen und gegen die Ohren legen. Dann schieben sie die Hände zwischen Knie und Nacken, eine Hand nach der anderen, indem jeweils die eine Hand hilft, das Gleichgewicht zu halten. Die Ellenbogen werden gespreizt und gegen den Boden geführt, um die Biegung der Wirbelsäule zu verstärken. Nach Wunsch können die Arme hinter den Rücken geführt werden, wo mittels der Handballen ein Druck ausgeübt wird, so daß der Körper die Form eines griechischen Omega annimmt (s. Abb. S. 157).

Rückkehr zum Boden. Sie vollzieht sich im umgekehrten Sinne.

Besondere Hinweise

Dauer

Wird Halâsana innerhalb einer Serie von Übungen ausgeführt, dann dauert die Phase der Unbeweglichkeit 5 bis 10 Atemzüge lang, wobei der Atem nicht angehalten wird.

Anfänger beginnen mit einer Dauer von 5 Atemzügen und steigern entsprechend dem Fortschritt. Wenn Yogis Halâsana gesondert praktizieren (auch andere Âsanas), kann die Dauer der Unbeweglichkeit 15 bis 30 Minuten dauern! Gewisse Autoren (von Cyrass) zitieren ebenfalls diese Übungsdauer, jedoch ohne genauere Angaben zu machen, wodurch Verwirrungen entstehen. Es ist an sich nicht schwierig, die Stellung längere Zeit einzunehmen. Mehr Mühe macht die absolute Ruhighaltung. Nach einiger Übung werden diese Stellungen angenehm. Bei der absoluten Ruhigstellung von einigen Minuten protestiert der Geist! Versuchen Sie eine Stellung 5 Minuten lang durchzuhalten ohne jede Bewegung! Jede Stellung, die längere Zeit unbeweglich eingehalten wird, ist eine Âsana.

Atmung

Während der ganzen Übung bleibt die Atmung normal und darf in keinem Augenblick angehalten werden, selbst nicht beim Heben der Beine. Die Atmung verläuft immer unabhängig von allem anderen in ihrem gewohnten Rhythmus. Sind die Knie gebogen, kann man etwas verstärkt atmen, um die Wirkung der Massage der Bauchorgane zu erhöhen (s. auch Abb. S. 155 unten).

Konzentration

Die Konzentration ist, wie wir wissen, im Yoga wesentlich. Sie stellt einen entscheidenden Unterschied zwischen Yoga und Gymnastik dar. Westliche Gymnastik akzeptiert ohne weiteres eine rein mechanische und auch unkonzentrierte Ausführung der Übungen. Im Yoga dagegen muß die Aufmerksamkeit dauernd auf den Ablauf der Âsanas gerichtet bleiben. Das Geistige, die Überlegung und die Aufmerksamkeit, der Entschluß zur Ausführung des korrekten Bewegungsablaufes gehen voraus, der Körper muß einfach folgen und gehorchen. Die geistige Kontrolle verfolgt den ganzen komplexen Ablauf. Während der dynamischen Phase konzentriert man sich auf die korrekte Ausführung der Bewegung, die langsam, gleichförmig und ohne Unterbrechung verlaufen muß. Ferner auf die Entspannung sämtlicher Muskelpartien, die entspannt werden können. In der statischen Phase richtet sich die Konzentration auf die Atmung – dies gilt besonders für Anfänger, die »vergessen« könnten zu atmen –, auf die absolute Unbeweglichkeit und schließlich auf die Wirbelsäule und den Hals, dorthin, wo sich die Schilddrüse befindet (für fortgeschrittene Schüler).

Fehler

a) Die Knie während der eigentlichen Âsana biegen, außer im Augenblick, wo es vorgeschrieben ist.

b) Forcieren: Man soll leicht und ohne Unterbrechung der Bewegungen arbeiten. Schrittweise vorgehen und jede Ermüdung ausschließen. Sich Zeit nehmen, um die Muskulatur nach jeder Âsana zu entspannen.

c) Forcieren Sie einen Muskel, müssen Sie damit rechnen, mehrere Wochen aussetzen zu müssen, bevor Sie dieselbe Übung wiederaufnehmen können.

d) Immer den Schultergürtel, die Kiefer und den Hals entspannen.
e) Wenn Sie ungenügend atmen, kann ein Gefühl der Beklemmung
   aufkommen.

Ratschläge für Anfänger

Die Wirbelsäule wird dadurch geschmeidig, daß man das Gewicht
der Beine als Zug darauf wirken läßt. Warten, bis die Zehen sich allmählich dem Boden nähern, und damit den Zug verstärken. Nehmen
Sie bewußt eine abwartende und völlig entspannte Haltung ein. Anfänglich können Sie sich in dieser Haltung ungemütlich fühlen (be-
hinderte Atmung, besonders bei korpulenten Personen). Dies bes-
sert sich aber rasch. Wesentlich ist eine tägliche und korrekte Ausführung ohne Hast oder Ungeduld. Verhalten Sie sich geistig neutral,
und achten Sie gar nicht auf die Resultate.

Gegenindikationen

Es mag hier wiederholt sein, daß Yoga dort aufhört, wo die Medizin
beginnt. Wer also an irgendeiner akuten Krankheit leidet, wird die
Genesung abwarten, bevor er Yoga praktiziert. Im Zweifelsfalle ist
der Arzt zu konsultieren. Während der Menstruation vermeiden
Frauen jedes Forcieren, besonders jede Kompression der Bauchge-
gend. Seien Sie vorsichtig, meine Damen, aber nicht kleinmütig!
Personen, die schwere Bandscheibenschäden haben, müssen sich des
Yoga enthalten.

Wirkungen

Wirbelsäule. Diese Âsana wirkt sehr stärkend auf die ganze Wirbelsäule, welche das Rückenmark umgibt und es schützt. Ferner liegen
im Bereich der ganzen Länge des Rückenmarkes die Ganglien des
sympathischen Nervensystems, welche das vegetative Leben steuern.

Es ist daher verständlich, daß diese Âsana regenerierend und verjüngend wirkt.

Muskulatur. Die Dehnung der Rückenmuskulatur verdrängt das Blut aus den entsprechenden Blutgefäßen, wonach frisches Blut nachströmt. In der Nähe gelegene Nervenzentren werden begünstigt. Die Flexibilität der Wirbelsäule, welche für die Gesundheit so bedeutend ist, wird durch diese Übung wiederhergestellt oder erhalten. Der Muskelgürtel des Unterleibs wird gestärkt, denn während der dynamischen Phase übernimmt er die Bewegungen. Damit verbunden sind viele günstige Wirkungen, welche die Eingeweide an ihrem Platz halten und massieren (vgl. die entsprechenden Ausführungen S. 144 f.).

Schilddrüse. Die Schilddrüse wird komprimiert und profitiert von einem erhöhten Blutzufluß, wodurch ihre Funktion normalisiert wird oder normal bleibt. Die Schilddrüse, welche den Metabolismus (Stoffwechsel) steuert, übt eine bedeutungsvolle Wirkung auf die ständige Verjüngung des Organismus aus. Durch ihre Hormonsekretion wirkt sie auch auf andere Drüsen, den Darmtrakt, den Blutdruck, die Beweglichkeit wandernder Zellen (weiße Blutkörper gegen Infektion) sowie auf die Reizbereitschaft des Nervensystems. Eine Überreizung der Schilddrüse bewirkt Magerkeit und Reizbarkeit. Indem man zur Erhaltung einer normalen Funktion der Schilddrüse beiträgt, wird Nervosität beseitigt. Bei Menschen, bei welchen die Schilddrüse nicht genügend Hormon absondert, wird der Stoffwechsel verlangsamt, die Haut blutarm, und der Blutdruck sinkt. Die Sexualkräfte schwinden, physische und intellektuelle Trägheit treten ein. In solchen Fällen übt Halâsana eine glückliche Wirkung aus. Handelt es sich jedoch um eine krankhafte Veränderung der Schilddrüse, ist der Arzt aufzusuchen. Die oben beschriebenen Umstände gelten für leichte Abweichungen von der Norm, was weitaus in den meisten Fällen zutrifft.

Blutkreislauf. Das langsame Abrollen der Wirbelsäule erfaßt sämtliche Wirbel und stellt daher eine ausgezeichnete orthopädische Übung dar. Diese Stellung ist sehr erfrischend. Ist man abends abgespannt, genügt es, sich 1 oder 2 Minuten dieser Übung hinzugeben, um wieder frisch zu sein. Dadurch, daß der Körper sich in umgekehrter Stellung befindet, fließt Blut zum Kopf, was eine bessere Durchblutung des Gehirnes nach sich zieht. Das Gesicht, die Stirn und der Haarboden erhalten vermehrten Zufluß von arteriellem Blut.

Innere Organe. Neben der Wirkung auf die Schilddrüse beeinflußt diese Übung auch die Milz und die Sexualdrüsen. Dies gilt besonders für deren Endphase, wenn die Beine zurückgebogen sind, die Schenkel sich gegen den Bauch pressen und damit den für die Bauchorgane verfügbaren Platz verkleinern, sie komprimierend. Dies hat zur Folge, daß das Blut verdrängt und jegliche Blutstauung eliminiert wird. Das durch diese Massage am stärksten erfaßte Organ ist die Leber, welche ausgeschwemmt, entstopft und angeregt wird. Eine eventuelle Verstopfung auch nur leichten Grades oder eine Blutstauung in diesem Organ hat eine sofortige Auswirkung auf den Ver-

Bild S. 151 oben:
Ausgangsstellung für Anfänger. Beachten Sie die Kopfstellung mit angezogenem Kinn.

Bild S. 151 Mitte:
Wem es nicht möglich ist, mit dem Rücken den Boden zu berühren, indem die Beine ausgestreckt sind, der kann am Anfang mit gebogenen Knien beginnen, was auch für die Rückkehr aus der Stellung zum Boden gilt.

Bild S. 151 unten:
Ausgangsstellung für Schüler mit einiger Erfahrung. Rücken, Nacken, Arme in einer Linie, so gestreckt wie möglich.

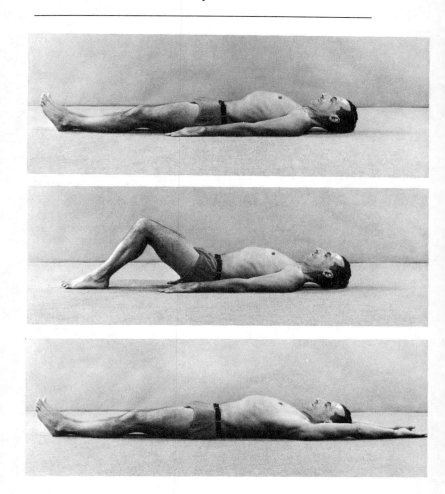

Die Beine heben sich langsam und so locker wie möglich, die Fußspitzen werden nicht gestreckt. Der Rücken schmiegt sich ganz an den Boden, damit auf keinen Fall Fehlhaltungen der Lendengegend auftreten. Die Beine werden mit einer langsamen und konstanten Bewegung zur Vertikalen geführt. Der Rückweg gestaltet sich gleichermaßen.

dauungstrakt. Auch die Bauchspeicheldrüse wird massiert, gereinigt und gestärkt. In gewissen Fällen könnten Diabetiker ihre tägliche Dosis Insulin reduzieren oder gar ihren Normalzustand wieder völlig herstellen, indem sie regelmäßig Yoga üben. Dies ist verständlich, weil die Bauchspeicheldrüse die Langerhansschen Inseln umschließt, welche Insulin erzeugen.

Bauchorgane. Diese Âsana wirkt gegen Darmverstopfung, eine verborgene Ursache unzähliger Krankheiten. Sie bekämpft Fettleibigkeit und Cellulitis durch Verbesserung des Stoffwechsels und die Aktivierung des Magen-Darmtrakts. Der mechanischen Massage der Bauchorgane gesellt sich besonders in der Endphase der Âsana jene der Fettgewebe zu.

Die Beine zur Vertikalen führen.

Durch Zug der Bauchmuskulatur, welche die ganze Bewegung dirigiert, werden die Schenkel so nahe wie möglich an die Brust herange-
führt, um eine möglichst intensive Krümmung der unteren Wirbelsäule
zu erzielen.

Die Abrollung der Wirbelsäule setzt sich fort, indem die Knie zum Gesicht geführt werden. In diesem Moment sind die Knie leicht gebogen.

Die Zehen berühren den Boden. Mit jeder Ausatmung werden die Füße
weiter zurückgeschoben. Dies vervollständigt die Abrollung der Wirbelsäule und wirkt besonders stark auf die Rücken- und Halspartie der
Wirbelsäule.
Statische Phase I:
Mindestens 5 Atemzüge lang einzuhalten.
Beine locker. Erreicht man am Anfang den Boden nicht, abwarten, bis
das Eigengewicht der Beine wirkt und nach unten zieht. Keine stoßweise Arbeit!

Fehler:
Die Füße *strecken* sich nach hinten, was eine Kontraktion der Waden- und Schenkelmuskulatur und selbst des Rückens nach sich zieht.

Bild rechts:
Statische Phase III:
Mittlerer Schwierigkeitsgrad. Kann fakultativ nach der Phase II eingenommen werden. Fortgeschrittene Schüler führen alle drei Phasen nacheinander aus, wobei zum Beispiel in jeder Stellung 5 Atemzüge durchgeführt werden können.

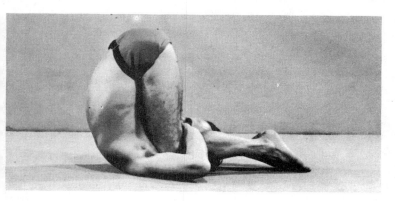

Statische Phase II:
Mittlerer Schwierigkeitsgrad. Knie gebogen, Hände zwischen Knie-
kehle und Nacken geschoben. Tief atmen (intensive Massage der inneren Organe). Die Stellung immer über die statische Phase einnehmen. Das Kinn stark gegen den Brustkorb pressen, Nacken dem
Boden anschmiegen.

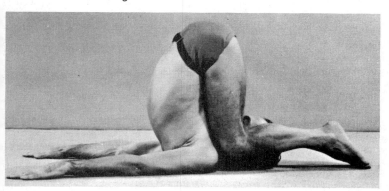

Statische Phase nur für vorgerückte Schüler, welche von der schwierigsten Ausgangsstellung ausgingen. Größte Spannung im Nacken. Während der ganzen Übung, sowohl beim Einnehmen als auch beim Zurückkommen, bleiben die Ellenbogen fest auf dem Boden.

Matsyâsana (Fisch)

(Sanskrit: Fisch = matsya.) Der Ursprung dieser Bezeichnung der Âsana ist merkwürdig. Äußerlich erinnert sie in keiner Weise an einen Fisch. Die klassischen Sanskrit-Texte bestätigen – übrigens zu Recht –, daß diese Âsana es erlaubt, im Wasser zu schwimmen wie ein Fisch. Beim sogenannten »Brett« bleibt das Gesicht an der Wasseroberfläche, gerade noch so, daß man atmen kann. Beim »Fisch« dagegen tritt das Gesicht wesentlich mehr aus der Flut, und es bedarf recht beträchtlicher Wellen, um es unterzutauchen. Tatsächlich verbessert Matsyâsana die Schwimmtüchtigkeit bedeutend, weil der Schwerpunkt gegen die Mitte des Körpers verlegt wird, was auch eine bessere Durchlüftung der Lungen erlaubt.

Es ist nicht dieser Schwimmtugenden wegen, daß wir uns dem Studium dieser Âsana zuwenden. Sie stellt vielmehr eine Gegenstellung zu Sarwangâsana und Halâsana dar, welche die Nackenmuskulatur dehnen, das Kinn gegen das Brustbein pressen, die Schilddrüse komprimieren und gleichzeitig die Ausdehnung des Thorax verhindern. Während dieser beiden Stellungen ist jede umfassende Brustkorb- oder Schlüsselbeinatmung ausgeschlossen. Es ist unumgänglich, ihre Wirkung durch eine Gegenstellung auszugleichen. Darum kommt Matsyâsana nachher.

Matsyâsana formt den Nacken zu einem Bogen, befreit und dehnt die Halsmuskulatur und die Schilddrüse im Gegensatz zur Stellung, welche diese Organe komprimiert (übrigens zu ihrem großen Vorteil). Sie begünstigt die Brustkorb- und die Schlüsselbeinatmung, dehnt den Unterleib.

Ablauf der Übung

Die klassische Stellung von Matsyâsana geht vom Lotossitz aus. Nur in dieser Stellung erlaubt sie ein Schwimmen über Wasser. Weil der Lotossitz vielen Europäern nicht möglich ist – dies gilt nicht nur für Anfänger –, besteht glücklicherweise eine Variante, die von jedermann ausgeführt werden kann. Die Wirkungen sind praktisch dieselben. Wir werden diese Âsana beschreiben (s. Abb. S. 166–169). Zur Ausgangsstellung setzt man sich auf den Boden und streckt die Beine gerade vor sich aus.

Erste Phase

Indem Sie den Rumpf leicht nach hinten und nach rechts neigen, setzen Sie den rechten Ellbogen auf den Boden und stützen sich darauf. Auf dieselbe Art setzen Sie den linken Ellbogen auf.

Zweite Phase

Die Brust nach vorn und oben stoßen, indem der Kopf so weit wie möglich nach hinten verlegt wird, so daß man gewissermaßen »die Welt verkehrt sieht«. Die Lenden beugen und in Bogenstellung bringen, indem man sich auf die Ellenbogen stützt. Anfänglich können die Ellenbogen am Boden bleiben, um als Mittelstütze für den Körper zu dienen, der einen Bogen bildet. Dessen Stützpunkte sind der obere Teil des Kopfes einerseits und der Unterleib andererseits (s. Bilder S. 167). Bemerkung: In seltenen Fällen kommt es vor, daß diese Stellung Übelkeit und Schwindel erweckt, besonders bei Menschen, die der See- und Luftkrankheit unterworfen sind. Diese Erscheinungen sind Fehlgestaltungen im Mittelohr zuzuschreiben, die nicht behoben werden können. In solchen Fällen soll von der Übung abgesehen werden. Sie ist durch eine Entspannung von 1 oder 2 Minuten zu ersetzen. Dabei ist tief zu atmen.

Endstellung

Den Kopf zum Boden sinken lassen, indem die Ellenbogen nach vorn verlegt werden. Das Becken so gut wie möglich durchdrücken, um einen Bogen zu bilden, der einerseits auf dem Hinterkopf, andererseits auf dem Steißbein ruht und von den Ellenbogen unterstützt wird. Zu Beginn wird sich der Schüler damit begnügen, auf diese Art zu üben! Später, wenn ihm die Âsana leichter fällt, wird er die Hände auf die Oberschenkel legen, und die Unterstützung durch die Ellenbogen kann wegfallen.

Die Übung ist während 10 tiefer Atmungen zu halten.

Rückkehr zum Boden

Sie wird nicht im umgekehrten Sinne der Einnahme der Âsana durchgeführt, sondern dadurch, daß man den Rücken entspannt und gegen den Boden absinken läßt. Dann ruht man einige Sekunden aus.

Besondere Hinweise

Atmung

Sie geschieht im Raume der Schlüsselbeine, so hoch wie möglich. Matsyâsana öffnet die Luftröhre weit. Benutzen Sie die Gelegenheit, um den oberen Teil der Lunge gründlich zu durchlüften. Spreizen Sie die Rippen kräftig, während Sie die Schlüsselbeine heben. Bauchatmung ist eingeschränkt, was vorgesehen und gewollt ist.

Bei der Ausatmung kontrahieren Sie die Muskulatur, welche die Rippen zusammenzieht und einander nähert. So entleeren Sie die Lunge gründlich. Zum Schluß spannen Sie die Muskulatur des Bauchgürtels, um den Rest der Luft aus der Lunge zu pressen.

Wiederholung

In Verbindung mit anderen Âsanas ausgeführt, genügt eine einzige Stellung. Steht Ihnen Zeit zur Verfügung, dann ist es gut, sie zu wiederholen. Auf jeden Fall ist es besser, die Übung zweimal auszuführen, anstatt sie länger zu halten. Das zweite Mal gelingt es besser, das Becken durchzudrücken.

Konzentration

Die Aufmerksamkeit muß abwechselnd der Muskulatur des unteren Teiles des Rückens und einer tiefen oberen Atmung gelten. Das Gesäß darf nicht vom Boden abgehoben werden.

Klassische Stellung

Für Schüler, die in der Lage sind, den Lotossitz auszuführen, bleibt das Gesagte gültig, außer der Ausgangsstellung. In der Endstellung müssen die Füße ergriffen werden, um einen Zug auszuüben, welcher die Krümmung des Beckens verstärkt und damit die Wirksamkeit der Âsana erhöht (Abb. S. 169 unten).

Wirkungen

In ihrer Rolle als Gegenstellung zu Sarwangâsana und Halâsana verhilft sie diesen Stellungen zu ihrer vollen Wirksamkeit, indem sie ihre Wirkungen ausgleicht. Überdies bringt sie besondere Vorteile, die den Thorax, die Wirbelsäule und den Unterleib umfassen.

Körperliche Wirkungen

Thorax und Lunge. Matsyâsana wirkt in erster Linie auf den Thorax (Brustkorb).

Schon von Kindheit an enthalten wir uns einer aktiven Bewegung, indem wir viele Stunden auf Schulbänken, an Pulten usw. verbringen. Diese Haltungen sind verantwortlich für viel zu enge Brustkörbe, deren Rippen, anstatt in einem korrekten Winkel zu stehen, in einer Schräglage zur Wirbelsäule liegen, wodurch das verfügbare Volumen für die Lunge und damit ihre Lebenskapazität eingeschränkt und eine normale Atmung unmöglich wird. Dies geht auf Kosten der Vitalität und der Gesundheit. Üben Sie in einem solchen Fall Uddiyana vor einem Spiegel, und beobachten Sie die Rippen, die hervorspringen. Bei Menschen vom »gotischen« Typ bilden die Rippen einen Spitzbogen und sind schlecht gelagert. Bilden sie einen Dom, dann ist Ihr Thorax in Ordnung.

Für die »gotische« Kategorie von Menschen ist Matsyâsana eine Wohltat, und die Ausübenden sollten daran interessiert sein, sie fleißig zu praktizieren. Wenn nötig, mehrere Male am Tage, selbst außerhalb der festen Yoga-Übungen. Messen Sie heute Ihre Lungenkapazität auf der Höhe des Brustbeines, und tun Sie dasselbe mit Hilfe eines Meßbandes 6 Wochen später. Die festgestellte Veränderung wird Sie überzeugen und ermutigen. Da Ihre Lungenkapazität vom Thorax abhängt, wird Ihre Vitalkapazität im gleichen Maße zugenommen haben. Während der Âsana werden besonders die oberen Lappen der Lunge, vor allem die Partien unter den Schlüsselbeinen, besser durchlüftet.

Wirbelsäule. Ein enger Brustkorb wird oft von einem runden und steifen Rücken begleitet, insbesondere in der Gegend der Schulterblätter. Matsyâsana wirkt direkt auf diese vernachlässigte Zone. Solche Personen werden anfänglich Schwierigkeiten haben, die Stellung des »Fisches« einzunehmen, sollen sich aber nicht entmutigen lassen, denn eine ausdauernde Arbeit wird helfen, die Hindernisse zu überwinden. Das Ziel ist den Einsatz wert.

Muskulatur. Matsyâsana stärkt in erster Linie die Muskulatur der Wirbelsäule. Bei ihrer Ausführung rötet sich der Rücken, weil die Blutzufuhr erhöht wird. Gleichzeitg bemerkt man eine angenehme Wärme. Die Âsana wirkt auch auf die Muskulatur des Bauchgürtels, die gedehnt wird, ohne daß eine Überdehnung stattfindet.

Nervensystem. Die reiche Blutzufuhr zur Rückenmuskulatur geht auch auf das Rückenmark über, was den Vitaltonus erhöht, indem alle wesentlichen Funktionen des Organismus auf physiologische und sanfte Art angeregt werden. Auch das sympathische Nervensystem zieht daraus Vorteile. Die Zone des »Plexus solaris«, die oft unter der Wirkung von Krämpfen steht, wird durch die Dehnung des Unterleibes, unterstützt durch Tiefatmung, entspannt.

Eingeweide des Bauches. Die erwähnte Dehnung des Unterleibes, dem sich eine innerliche Massage durch die Atmung zugesellt, stärkt die Eingeweide der Bauchhöhle. Dazu zählen vor allem die Leber und die Milz. Diese Stellung ist für Frauen besonders zuträglich, denn die Organe des Beckens, insbesondere auch die Geschlechtsorgane (Eierstöcke) werden stark angeregt.
Matsyâsana entlastet die schmerzvollen und blutenden Hämorrhoiden, enthebt jedoch nicht der ärztlichen Behandlung.

Innersekretorische Drüsen. Wir haben oben gesagt, daß die Geschlechtsdrüsen durch diese Übung besonders angeregt werden, was auch die Sekretion der Sexual-Hormone fördert. Die Nebennieren werden gestärkt, die Produktion von Adrenalin und Cortison wird normalisiert ohne Risiko, daß die physiologischen Normen überschritten werden. Diese Âsana regt die Bauchspeicheldrüse an und hilft die sogenannte »scheinbare Zuckerkrankheit« bekämpfen, die nervösen Ursprungs ist.

Ästhetische Wirkungen. Matsyâsana modelliert den Thorax und stellt den Rücken gerade. Rückwirkungen über eine gute äußere Erscheinung bleiben nicht aus.

Besondere Wirkungen der klassischen Form

Die beschriebenen Wirkungen kommen auch der klassischen Variante zu, wobei sich folgende hinzugesellen:
In der klassischen Lotosstellung wird die Blutzirkulation durch Matsyâsana im Oberschenkel durch das Zusammenpressen der Schenkelpartie gestaut, wodurch eine teilweise Umleitung der Blutzufuhr, die sonst den Beinen gelten würde, zum Unterleib stattfindet. Beim Mann werden dadurch die Hoden vermehrt mit Blut versorgt, so daß in diesem Zusammenhang Matsyâsana als belebend bezeichnet werden kann.

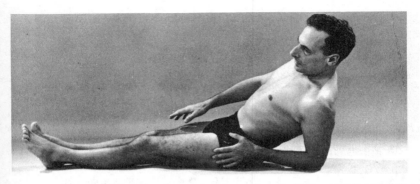

Von der Sitzstellung ausgehend, werden die Beine gerade vor sich ausgestreckt. Ein Ellbogen stützt sich auf dem Boden ab, dann stützt sich der zweite auf den Boden.

Bilder S. 167 von oben nach unten:
Berühren beide Ellenbogen den Boden, dann wird der Kopf nach hinten geneigt und das Kreuz soweit wie möglich durchgedrückt.

Dann setzt man den Kopf auf den Boden. Anfänglich können die Ellbogen am Boden bleiben, um als Mittelstütze für den Körper zu dienen, der einen Bogen bildet. Dessen Stützpunkte sind der obere Teil des Kopfes einerseits und der Unterleib andererseits.
In dieser Stellung soll man tief atmen und den oberen Teil der Lunge gründlich durchlüften, weil die Luftröhre weit geöffnet ist.

Dann werden die Hände auf die Oberschenkel gelegt, was die Übung schwieriger gestaltet, als wenn der Körper durch die Ellenbogen abgestützt wird. Die Übung wirkt so stärker. Ruhig weiteratmen und die Rückenmuskulatur kräftig anspannen.

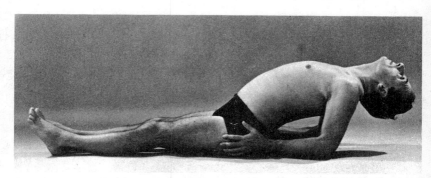

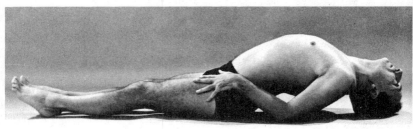

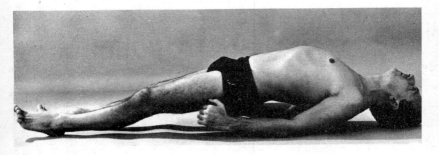

Fehler:
Man muß vermeiden, das Gesäß vom Boden abzuheben.

Bilder S.169 von oben nach unten:
Als Variante kann auch vom sogenannten »Schneidersitz« (Siddhâsana) ausgegangen werden.

Die klassische Âsana geht vom Lotossitz aus, was leider vielen Europäern die Stellung unzugänglich macht. Dieses Bild wurde aufgenommen, während die Lunge maximal gefüllt war. Auf diese Art kann man sich über Wasser halten, ohne Mühe und ohne jede Bewegung.

Dieses Bild unterscheidet sich vom vorherigen nur durch einen »Atmungsunterschied«. Anläßlich der Ausatmung soll die Lunge völlig entleert werden, indem die Bauchmuskulatur kontrahiert wird, wie es das Bild zeigt.

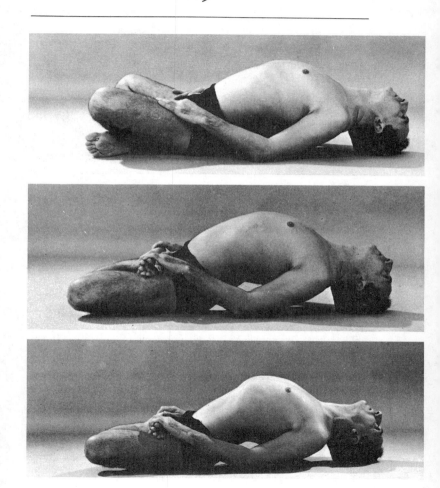

Paschimottanâsana (Zange)

Für diese Âsana sind verschiedene Übersetzungen geläufig. Es mag müßig sein, sich damit aufzuhalten, den wirklichen Gehalt der jeweiligen Âsanas aus dem Sanskrit zu übersetzen. In diesem besonderen Falle jedoch ist es wesentlich, den wirklichen, tieferen Sinn dieser Âsana zu erfassen.

Paschima bedeutet in Sanskrit »hinterer Teil«, und tan« heißt Dehnung. Die wörtliche Übersetzung wäre somit »Dehnung des hinteren Teiles«, also des unteren Teiles des Rückens. Andere bezeichnen diese Âsana »Zange in sitzender Stellung«, dies im Gegensatz zur »Zange stehend« (Padahastâsana).

Paschimottanâsana aber verbirgt einen okkulten Sinn, den man herausfinden soll. »Paschima« heißt »Westen«, und »Paschimottanâsana« würde dann bedeuten »im Westen aufsteigend«. Dieser Wortsinn scheint den Uneingeweihten sinnlos und unverständlich, was übrigens die Absicht der Eingeweihten ist. Alain Daniélou, ein französischer Kenner des Yoga, gibt uns einen Schlüssel in die Hand: Steigt in dieser Stellung der feinstoffliche Lebensatem durch die zentrale Bahn (Sushumna) des feinstofflichen Körpers auf bis zum Hinterhaupt, dann sagt man, daß er den »hinteren Weg aufsteigt« (Westen, Paschima, Marga), und daher der Name. Nimmt er jedoch seinen Aufstieg über den Weg zwischen den Augenbrauen, im Zentrum des Scheitels des Kopfes oder »dem tausendblättrigen Lotos«, dann folgt er dem »Weg über die Stirn« (Osten, Purva, Marga). Während in der »Stellung der Verwirklichung« (Siddhaâsana) die hinteren und vorderen Bahnen, West und Ost, des subtilen Körpers dieselbe Bedeutung haben, ist es in diesem Falle von Paschimottanâsana die hintere Bahn, die von Bedeutung ist. Übrigens erhält man schnellere Ergebnisse, wenn der feine Lebensatem nur jeweils durch eine einzige der beiden subtilen Bahnen strömt.

Ablauf der Übung

Zur Ausgangsstellung legt man sich mit nach hinten ausgestreckten Armen auf den Rücken, indem man sich möglichst ganz streckt. Es gibt Autoren, die empfehlen, von sitzender Stellung auszugehen, was aber nicht zu empfehlen ist, weil es die Âsana eines wichtigen Teiles ihrer Wirkungen beraubt. Dies eliminiert die dynamische Phase. Selbst ein Anfänger hat es nicht nötig, diese Erleichterung zu suchen. Wie bei »Pflug« (S. 144) und »Kobra« (S. 181) gibt es auch hier eine dynamische und eine statische Phase.

Dynamische Phase

Die dynamische Phase umfaßt ein dreifach aufeinanderfolgendes Abrollen der Wirbelsäule, das in einer einzigen, langsamen und gleichförmigen Bewegung abläuft.

Erste Phase: Auf dem Rücken liegen, die Arme hinter dem Kopf ausstrecken. Leicht atmen.
Nach einer kurzen Entspannung werden die Arme langsam zur Senkrechten erhoben, wobei der Kopf unbeweglich am Boden bleibt. Die Daumen sind ineinander verschränkt, um eine Körperbiegung genau in der Längsachse des Körpers zu ermöglichen, wobei die Muskulatur der Arme so entspannt wie möglich bleibt, in dem Sinne, daß sich die Arme nicht heben würden, wenn man etwas weniger Kraft anwendete (Abb. S. 179).

Zweite Phase: Sind die Arme in der Vertikalen, dann verfolgen die Hände den begonnenen Bogen weiter bis zu den Oberschenkeln, während sich Kopf und Schultern nach oben wenden und der Blick den Händen folgt. Der Rücken bleibt noch am Boden, was sehr wichtig ist. Jetzt richtet sich der Blick auf die Knie.

Dritte Phase: Sobald die Finger die Schenkel berühren, werden die Hände gegen die Füße gestoßen, indem sie die Schienbeine streifen. Jetzt hebt sich der Rumpf, und man erreicht die Sitzstellung, um sich dann nach vorn zu neigen. Es ist wichtig, die Wirbelsäule auf ihrer ganzen Länge abzurollen. Die Abbildungen auf S. 180/181 verdeutlichen dies.

Während sich die Hände langsam den Füßen nähern, senkt sich die Stirn vorerst gegen die Knie, wenn möglich bis zur Berührung. Dann wird der Kopf so weit wie möglich gegen die Füße geführt. Der Körper faltet sich in zwei Schichten zusammen wie ein Messer, die Brust legt sich gegen die Beine (Abb. S. 182/183). Anfänger beachten den Hinweis (auf S. 173 f.).

Rückkehr in die Rückenlage: Langsam in die Ausgangsstellung zurückkommen, indem man darauf achtet, daß der Rücken gründlich im entgegengesetzten Sinne von vorher abgerollt wird, bis er auf dem Boden liegt. Die Hände folgen den Schenkeln, und dann werden die Arme wieder hinter den Kopf gelegt.

Alle Einzelheiten sind genau zu beachten, sonst verliert die Âsana wesentlich an Wirkung. Die oben beschriebene Bewegung, welche die dynamische Phase darstellt, ist dreimal zu wiederholen.

Statische Phase

Die statische Phase folgt der dritten Abrollung und umfaßt zwei unbewegliche Stellungen.

Erste Ruhigstellung. In der Haltung des »Hakens« (s. Abb. S. 183 untere Mitte). Die Daumen umfassen den oberen Rand der Kniescheiben, die anderen Finger die Kniekehlen, die Ellenbogen liegen am Körper an (wichtig). Die Stirn wird nun so nahe wie möglich an die Knie herangezogen, während die Arme nach hinten stoßen, wodurch eine Annäherung der Nase zum Bauchnabel erleichtert wird. Der Unterleib ist zu spannen, um Beugung und Dehnung des oberen Rückens zu verstärken. In dieser Stellung fünfmal tief atmen.

Zweite Ruhigstellung. Die Knie loslassen, die Hände längs der Schienbeine vorstoßen und die Zehen fassen. Dann durch einen langsamen und beständigen Zug die Brust gegen die Knie ziehen.
Dies ist die Endphase, während welcher man 5 bis 6 tiefe Atemzüge vollführt. Für die Dauer der ganzen Übung bleibt der Rücken so passiv und entspannt wie möglich. Die Bewegung wird von der Muskulatur des Bauchgürtels gesteuert.

Variante für Fortgeschrittene

Fortgeschrittene spreizen die Beine, wobei die Zehen nach innen geneigt werden. Dann wird mit der Stirn oder dem Kinn der Boden berührt. In dieser Haltung Ruhigstellung und tiefe Atmung (s. Abb. S. 183 unten).

Besondere Hinweise

Ratschlag für Anfänger

Zu Beginn fällt es oft schwer, von der liegenden in die sitzende Stellung überzugehen. In dem Fall ist es ausnahmsweise erlaubt, die Knie etwas zu beugen und sich durch Zug der Arme oder dadurch, daß man die Füße unter ein Möbelstück schiebt, etwas zu helfen. Nach einiger Übung wird der Rücken stärker sein, und es wird gelingen, mit einem kleinen Ruck sich zu erheben und dies bald auch ohne Hilfen zu vollbringen. Zur perfekten Ausführung der Âsana müssen die Beine gestreckt sein und am Boden bleiben. Ist dies zu Beginn nicht möglich, ist es erlaubt, die Knie leicht zu beugen, was auf die Arbeit der Wirbelsäule keinen nachteiligen Einfluß hat.

Fehler

Folgende Bewegungen sind zu vermeiden:

a) Den Rücken heben, bevor die Hände die Schenkel erreicht haben, denn auf diese Weise rollt die Wirbelsäule schlecht ab.
b) Wippende Bewegungen ausführen wie in der Gymnastik, um mit der Stirne die Knie zu erreichen, wenn man die Knöchel erfaßt hat. Dies macht es unmöglich, den Rücken passiv zu halten und ihn zu entspannen. Besser ist, sich weniger tief zu neigen, aber ohne Wippbewegungen.
c) Die Knie beugen.
d) Bei der Rückkehr sich auf den Boden fallen lassen, ohne die Wirbelsäule Wirbel für Wirbel abzurollen.

Dauer

Die Dauer der Ruhigstellung wird sehr verschieden sein, je nachdem, ob es sich um Anfänger oder Fortgeschrittene handelt, welche die Âsana praktizieren, ferner ob die Âsana isoliert oder in Verbindung mit anderen zusammen ausgeführt wird.

a) In einer Serie praktiziert:
Endphase: 5 bis 10 vollständige und tiefe Atmungen im Mittel.
b) Allein und wiederholt ausgeführt:
Die Yogis werden ohne weitere Angaben sagen: Die Stellung so lange wie möglich halten (so etwa Dhirendra Brahmacari in Delhi). Im allgemeinen läßt sich raten, daß die Dauer etwa 3 bis 15 Minuten oder mehr betragen kann. In diesem Falle werden die vervielfachten Wirkungen im Laufe einiger Monate hinsichtlich der Verjüngung des Organismus spektakulär sein. Man darf sich aber nicht in solche Wagnisse einlassen, ohne von einem verantwortungsbewußten Lehrer geführt zu sein.

Praktisch ist diese Warnung überflüssig, denn der Europäer wird kaum mehr als 30 Minuten täglich dem Yoga widmen können.

Atmung

Wie immer wird sie während der ganzen Übung regelmäßig und beständig bleiben. Sie wird in keinem Augenblick angehalten, besonders nicht, während der Rumpf sich erhebt, um von der liegenden zur sitzenden Stellung überzugehen. Wenn Sie die Stirne gegen die Füße bewegen, werden Sie feststellen, daß es leichter ist, sich während des Ausatmens niederzubeugen. In der Phase der Ruhigstellung sollen Sie bei jeder Ausatmung den Rücken mehr entspannen und sich jeweils einige Zentimeter oder Millimeter weiter nach vorn beugen.

Konzentration

Während der dynamischen Phase können Sie sich wahlweise auf eine langsame und fortschreitende Bewegung oder auch auf die Entspannung der Rückenmuskulatur und auf die Atmung konzentrieren. Obwohl die Übung den Rücken dehnt, soll man sich nicht auf die Wirbelsäule konzentrieren, sondern auf den »Plexus solaris«. Während der statischen Phase können Sie sich auf den unteren Teil des Rückens konzentrieren.

Wirkungen

Die Wirkungen der dynamischen Phase sind von jenen verschieden, welche durch die Ruhigstellung erzeugt werden, die ihr folgt.
Die dynamische Phase bewirkt eine allgemeine Anregung der Nervengeflechte, die längs der Wirbelsäule angeordnet sind. Dies geschieht dank dem langsamen Abrollen der Wirbelsäule, welches dieser übrigens vollkommene Elastizität verleiht, den Organismus

stärkt und auf die Ganglien des sympathischen Nervensystems einwirkt. Die Muskulatur des Unterleibes bewirkt das Anheben des Rumpfes und stärkt ihn.

In der statischen Phase rühren die Wirkungen von der Kompression des Unterleibs gegen die Schenkel her, während die Kontraktion des Bauchgürtels die Eingeweide stärkt. Die Dehnung des unteren Teiles des Rückens regt den Sympathikus wie auch seinen Antagonisten, den Para-Sympathikus, an. Dies hat seine Rückwirkungen auf den gesamten Organismus des Unterleibs. Diese Âsana macht das überflüssige Fett verschwinden, besonders am Bauch und auf den Hüften.

Körperliche Wirkungen

Wirbelsäule. Paschimottanâsana und Halâsana ergänzen und verbinden sich zu gemeinsamer Wirkung. Die statische Phase wirkt besonders auf den oberen Teil der Wirbelsäule, während Paschimottanâsana die Region des Beckens stärkt. Bei dieser Âsana weiten sich die Abstände zwischen den Wirbeln ganz leicht und geben den Nervenbahnen, welche dort aus den entsprechenden Öffnungen hervortreten, mehr Raum.

Die sehr starke Dehnung der Muskulatur, welche sich im Bereiche der Wirbelsäule befindet, verursacht ein Weichen des Blutes, was bei der Rückkehr in Normalstellung eine vermehrte Blutzufuhr zur Folge hat und die Durchblutung des Rückenmarkes fördert.

Muskulatur und Nervensystem. Zusätzlich zur Muskulatur der Wirbelsäule wird auch die Muskulatur des Bauchgürtels gefestigt. Muskeln und Sehnen der unteren Teile der Beine werden ebenso wie die Nervengewebe gedehnt. In bestimmten Fällen entlastet diese Stellung den Ischias, befreit den zuführenden Nerv durch Dehnung. In der statischen Phase wird außer dem Nervensystem der Wirbelsäule der »Plexus solaris« leicht angeregt und von Stauungen befreit.

Diese Stellung hilft somit Angstzustände beseitigen, was keinem Yoga-Schüler fremd ist. Jeder weiß, welche Macht die Âsanas auf die Psyche ausüben, so unwahrscheinlich dies jenen erscheinen mag, die darin keine Erfahrung haben.

Eingeweide des Bauches. Kein Organ der Bauchhöhle entgeht der anregenden Wirkung dieser Âsana. Nennen wir unter anderem die ausgeprägte Wirkung auf die Prostata. Die geschlechtliche Aktivität wird im Sinne einer Normalisierung gelenkt. Die Âsana stimuliert Menschen, deren Potenz nachzulassen droht, ohne krankhafte Überreizung zu erzeugen. Mehrere Yoga-Schüler haben uns mitgeteilt, daß ihre normale geschlechtliche Potenz in vorgerücktem Alter wiedererwachte, nachdem sie bereits seit einiger Zeit erloschen war. Psychologisch ist dieses Anzeichen einer Verjüngung für das seelische Gleichgewicht und zur Bestätigung der Person sehr vorteilhaft. Physiologisch hat das Wiedererwachen der Aktivität der Gonaden, deren Bedeutung hinsichtlich der Erzeugung ihrer Hormone von Voronoff und vielen anderen aufgezeigt wurde, tiefgreifende Rückwirkungen auf die Gesundheit und bewirkt ganz erstaunliche Verjüngungen.

Dank Yoga ergeben sich solche Verjüngungen, ohne daß man Zuflucht zu Extrakten tierischer Art nehmen muß, die entweder eingeimpft oder injiziert werden. Es sind die Drüsen des Menschen selber, welche die Produktion der Hormone, die unersetzlich sind, wiederaufnehmen. Dies läßt sich sowohl bei männlichen als auch bei weiblichen Individuen feststellen.

Außer der Bauchspeicheldrüse, welche stimuliert und gestärkt wird, werden auch Leber, Nieren und die Blase durch diese Âsana günstig beeinflußt. Die Darmperistaltik wird aktiviert, besonders im Bereich des Dickdarmes und des Mastdarmes. Zahlreiche Fälle von chronischer Verstopfung wurden oft innerhalb weniger Tage gebessert.

Es ist zu erwähnen, daß in besonderen Fällen diese Âsana Verstopfungserscheinungen provozieren kann, wenn sie länger als 5 Minuten eingenommen wird. Seien Sie deshalb vorsichtig, wenn Sie ohne Lehrer arbeiten, dies ganz besonders im Einnehmen unbeweglicher Stellungen.

Zirkulation der Lymphe. In der Regel interessiert uns nur die Blutzirkulation, was ein großer Fehler ist, indem die Bedeutung der Zirkulation der Lymphe unterschätzt wird. Darauf wirkt Yoga in bedeutendem Maße, so daß wir auch erfolgreich gegen Infektionskrankheiten ankämpfen können. Eine verlangsamte Zirkulation der Lymphe versetzt uns in eine geringere Abwehrbereitschaft im Kampf gegen Bakterien, die dann leichter in den Organismus eindringen als bei einem normal zirkulierenden Lymphstrom.

Hygienische Wirkungen

Diese Effekte lassen sich aus den vorangehenden Kapiteln ableiten, so daß wir uns hier damit begnügen, sie aufzuzählen. Diese Âsana wirkt spezifisch in Fällen von: Verstopfung, Hämorrhoiden, Zuckerkrankheit, Verdauungsstörungen, Magenschleimhautentzündung, Appetitlosigkeit. Sie eliminiert zahlreiche Funktionsstörungen der Leber, der Gallenblase, der Nieren, des Darmes, der Milz und bei Impotenz. Sie bekämpft die krankhaften Vergrößerungen der Leber und der Nieren, hilft den Magen vollständig leeren und wirkt damit gewissen Formen von Geschwüren entgegen.

Ästhetische Wirkungen

Die Verbesserung der Statik der Wirbelsäule korrigiert die Körperhaltung und die Beweglichkeit der einzelnen Wirbel, verleiht jeder Bewegung Anmut. Weitere ästhetische Wirkungen dieser Âsana rühren daher, daß Fettpolster am Bauch und auf den Hüften verschwinden. Die Silhouette der Erscheinung wird graziöser, weil das Zwerchfell gestärkt und dadurch die Taille schmaler wird.

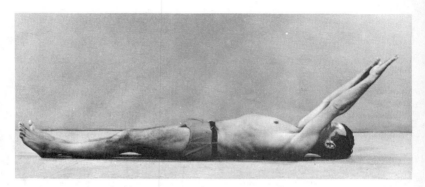

Zu Beginn der Übung bewegen sich nur die Arme mit einem Minimum an Muskelkraft. Konzentrieren Sie sich auf die Bewegung der Arme und atmen Sie normal.

Vorerst werden die Arme zur Vertikalen geführt. Der Kopf bleibt immer am Boden. Die Daumen sind ineinandergehakt, um eine Bewegung genau in der Achse des Körpers zu gewährleisten.

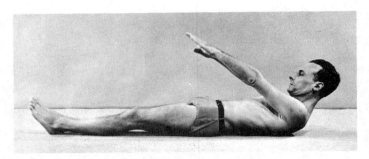

Die Hände fahren fort, einen Kreisbogen in Richtung der Schenkel zu beschreiben. Nur der Kopf und die Schultern verlassen den Boden. Blick immer auf die Fingerspitzen.

Bilder S. 181 von oben nach unten:
Die Hände berühren die Oberschenkel. Der Rücken bleibt so weit wie möglich noch in Berührung mit dem Boden. Die Augen sind auf die Knie gerichtet. Der Rücken rundet sich allmählich, und wenn Sie die Abrollung der Wirbelsäule genau beobachten, stellen Sie fest, daß in der dynamischen Phase jeder Punkt der Wirbelsäule, Wirbel für Wirbel, sorgfältig abgerollt wird.

Haben die Hände die Oberschenkel berührt, jedoch nicht vorher, werden sie den Schienbeinen entlang vorgeschoben, und der Rücken hebt sich vom Boden ab. Er ist jetzt so rund wie nur möglich.

Fehler:
Der Rücken hebt sich, bevor die Hände die Oberschenkel erreicht haben. So hebt er sich steif, ohne abgerollt zu werden. Dies ist ein häufiger Fehler.

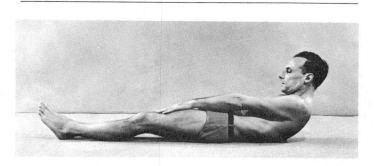

Fehler

Während sich die Hände langsam und kontinuierlich gegen die Füße bewegen, senkt sich der Kopf gegen die Knie.

Bilder S. 183 von oben nach unten:
Wenn möglich, soll in diesem Moment die Stirn die Knie berühren.

Dann erfassen die Mittelfinger die großen Zehen, und die Daumen haken ineinander. Man neigt sich so weit wie möglich auf die Beine vor, um den unteren Teil des Rückens möglichst zu dehnen.
Zurück im entgegengesetzten Sinne. Dreimal wiederholen, wodurch die dynamische Phase erarbeitet wird.

Bei der dritten Abrollung kann man fakultativ die Rückenkrümmung verstärken, indem eine Pause eingeschaltet und der »Haken« eingenommen wird.
Die Daumen fassen hinter die Kniescheibe, die Ellenbogen liegen am Körper an. Die Arme stoßen, damit der Kopf einerseits so nahe als möglich an die Knie und andererseits so nahe als möglich zum Bauch gelangt, der eingezogen wird, um auch hier nochmals ein Maximum an Biegung des Rückens zu erzielen.

Fortgeschrittene Schüler verstärken zum Ende der statischen Phase die Bewegung, indem die Beine gespreizt werden und der Kopf zur Erde geneigt wird, bis die Stirn den Boden berührt. Die Muskeln des Rückens und der Schenkel sind zu entspannen. Die Übung ist ohne stoßweise oder unregelmäßige Bewegungen auszuführen. In dieser Stellung fünf- bis zehnmal tief atmen. Die Fußspitzen sind nach innen geneigt.

Bhudschangâsana (Kobra)

Diese Âsana nennt sich »Kobra«, weil der Schüler bei deren Ausführung Kopf und Rumpf hebt wie das gereizte Reptil (Bhudschanga = Kobra im Sanskrit).

Ablauf der Übung

Für Halâsana bieten sich dem Schüler verschiedene Ausgangsstellungen an, während die »Kobra« nur eine kennt, die zwar leicht einzunehmen, jedoch für das gute Gelingen der Âsana sehr wesentlich ist. Man legt sich flach auf den Bauch, die Beine gestreckt und die Fußflächen der vereinten Füße nach oben. Die Arme sind gebeugt, die Hände liegen knapp neben den Schultern (wichtig), die Ellenbogen an den Flanken. Die Stirn ruht am Boden, bevor die Übung beginnt (Abb. S. 194).

Dynamische Phase

Bhudschangâsana ist einfach. Man hebt den Kopf und den Rumpf so hoch wie möglich, um die Wirbelsäule nach hinten zu beugen. Die Ausführung umfaßt Einzelheiten, welche die raffinierte Technik und die Perfektion des Yoga offenbaren. Jede Einzelheit erweist sich als unumgänglich (Abb. S. 195).

Bevor wir deren Technik studieren, sei erwähnt, daß Bhudschangâsana in erster Linie auf den oberen Teil der Wirbelsäule und – während der dynamischen Phase – auf deren Gesamtheit einwirkt.

Erste Phase. Beschreiben wir die Bewegung: Der Schüler liegt flach auf dem Bauch, die Stirn auf dem Boden. Er entspannt sich kurz, konzentriert sich und stößt langsam die Nase nach vorn, indem er den Boden streift. Das Kinn folgt, indem es ebenfalls den Boden berührt und sich möglichst nach vorn bewegt, was gleichzeitig eine Dehnung des Halses und eine Kompression des Nackens bewirkt. Aus reiner Unkenntnis wird diese Phase oft übergangen, was sehr schade ist, denn die Nackengegend ist ein sehr wichtiger strategischer Punkt, von dem lebenswichtige Nerven ausgehen.

Zweite Phase. Ist das Kinn in langsamer, gleichmäßiger Bewegung so weit wie möglich nach vorn gelangt, hebt sich der Kopf durch Kontraktion der Nackenmuskulatur. Der Kopf hebt sich weiter durch Übernahme der Muskelarbeit der Rückenmuskeln, also unter Vermeidung jeglicher Arbeit der Arme, die entspannt sein müssen. Das Gewicht der Arme ruht auf den Handballen, die auf dem Boden aufliegen. Die Augen schauen so hoch wie möglich zur Decke. Hat die Kontraktion der Rückenmuskeln ihren Höhepunkt erreicht, sind die Beine gespannt, ausgenommen die Wadenmuskeln, die locker bleiben. Das ganze Körpergewicht ruht auf dem Unterleib, wo der Druck zunimmt. Der Rücken rötet sich und zeigt damit an, daß ein bedeutender Blutzufluß zur Rückenmuskulatur stattfindet.

Rückkehr zum Boden

Die Rückkehr zum Boden wird mit ebensoviel Sorgfalt ausgeführt wie die Einnahme der Stellung. Es läuft derselbe Mechanismus ab, jedoch im umgekehrten Sinne. Vorerst geben die Arme langsam nach, während sich die Muskulatur des Rückens und der Beine lokkert. Verläßt man den Punkt, wo die Arme beim Aufrichten in Aktion traten, übernehmen die Muskeln des Rückens die Arbeit und kontrollieren das Absinken des Körpers, bis das Kinn den Boden, so weit vorn wie möglich, wieder berührt.
Dann wird das Kinn angezogen, bis Nase und Stirn wieder in Ausgangsstellung sind.

Es lohnt sich, diese Übung ein für allemal sehr sorgfältig zu studieren und sie in allen Einzelheiten ganz genau auszuführen, um die korrekte Technik zu erwerben, die ja nicht mehr Zeit in Anspruch nimmt als irgendeine falsche Methode.

Dreimal wiederholen und auf dem höchsten Punkt eine Ruhepause einschalten.

Ratschlag an Anfänger. Um sicher zu sein, daß die Arme sich wirklich ganz passiv verhalten, kann man entweder die Handballen etwas vom Boden lösen (1 oder 2 cm) oder auch die Hände auf dem Rücken verschränken, wobei die Linke das rechte Handgelenk faßt.

Statische Phase

Die Endphase der Âsana ist die Ruhigstellung nach dem dritten Erheben, welches der dynamischen Phase angehört.

Dann folgt eine vollständige Umkehrung: Die bis dahin passiven Arme werden die einzig aktive Muskelgruppe stellen, während der Rücken auf passive Art den Stoßeffekt aufnimmt. Auch dieses Detail wird oft mißachtet, was die Wirkung der Haltung sehr verringert.

Von jetzt an arbeiten die Arme allein und sorgen dafür, daß die Wirbelsäule nach hinten durchgebogen wird. Eine perfekte Stellung verlangt eine absolute Passivität des Rückens und der Beine. Es ist gut, wenn man eine Haltepause einschaltet, bevor die Arme ihre Stoßwirkung aufnehmen. So kann sich der Rücken richtig entspannen.

Während dieser Phase muß der Schüler Druck und Biegung, welche vom Nacken ausgehen, sich über jeden Wirbel fortpflanzen lassen bis zum Kreuz, ins Kreuzbein und die untersten Teile der Wirbelsäule. Man vergesse nicht das Gesäß, die Schenkel und Waden zu lockern. Die Füße werden leicht gespreizt, man kann sie von sich aus ihre natürliche Stellung einnehmen lassen. Die Rötung des Rückens verläuft von oben nach unten (siehe auch die Ausführungen über die Wirkung dieser Âsana auf die Nieren S. 191).

Besondere Hinweise

Sehr wichtig: Der Bauchnabel muß ständig so nahe wie möglich dem Boden bleiben.

Ein häufiger Fehler, der die Wirkung der Âsana reduziert, besteht darin, daß man den Hals zwischen die Schultern fallen läßt. Man muß im Gegenteil den Kopf stolz heben, die Schultern herunterhängen lassen und damit die Krümmung auf ein Maximum steigern. Die Arme sind noch etwas gebogen und nahe dem Körper. Kommt es in der Schlußphase vor, daß die Arme gerade sind, so bedeutet dies, daß beim Beginn die Hände nicht am richtigen Platz waren, daß sich der Bauchnabel vom Boden entfernt hat oder daß eventuell die Schultern nicht herunterhängen.

Variante für die Endstellung

Aus der Endphase heraus ist es möglich:
– den Kopf, vor sich her schauend, gerade zu halten (s. Abb. S. 196);
– die Augen nach oben zu erheben und den Kopf so weit wie möglich nach hinten zu neigen (s. Abb. S. 197 oben).
Diese letztere Variante ist die korrekteste. Sie wirkt hingegen auf die Schilddrüse, was bei einer Übersensibilität derselben ungünstig ist.

Phase der Ruhigstellung und Dauer

Die Âsana in einer Serie praktiziert: Im Endstadium der Âsana dauert die Pause 3 bis 10 tiefe Atemzüge lang oder auch mehr. Man beginne mit 3 Atemzügen und füge jede Woche 1 hinzu.

Die Âsana allein praktiziert: Wird die Stellung einige Zeit allein praktiziert, dann kann die Ruhigstellung so lange dauern, bis sich Müdigkeit zeigt. Die Âsana kann mehrere Male hintereinander mit einer jeweiligen Pause durchgeführt werden. Die Gesamtdauer kann dann mehrere Minuten betragen.

Für Anfänger

Wenn am Anfang der Kopf nicht so hoch gehoben werden kann, soll Sie dies nicht beunruhigen, es ist nicht so wichtig. Wenn die übrige Technik korrekt ist, werden Sie ohne weiteres große Vorteile aus der Übung ziehen, was die Rötung des Rückens anzeigt und garantiert. Und der Rücken *muß* rot werden, er wird es schon bei den ersten Übungen, wenn sie nach den oben beschriebenen Richtlinien ausgeführt werden.

Atmung und Konzentration

Während der ganzen Übung geht der Atem ohne Unterbrechung weiter, außer wenn der Lehrer etwas anderes angibt. Wenn man nämlich diese Âsana einmal unter Anhalten des Atems durchführt, zeigen sich auf dem Gesicht sofort Stauungserscheinungen, was schädlich ist. Wird die Âsana unter Anhalten des Atems durchgeführt, ermüdet sie. Yoga kann jedoch nie Ermattung bewirken. Im Gegenteil. Nach richtig praktiziertem Yoga muß man vor Dynamik und Unternehmungslust überschäumen. In der statischen Phase weicht die Atmung etwas von jener im normalen Zustand ab, denn man soll so tief wie möglich atmen. Der Umfang der Atmung ist durch die gedehnte Stellung des Unterleibs eingeschränkt.
Während der dynamischen Phase soll man sich ganz auf die Bewegung konzentrieren. Die Gedanken folgen dem sich über Wirbel für Wirbel entwickelnden Druck der Wirbelsäule entlang.
Während der statischen Phase muß man sich auf die ganze Wirbelsäule konzentrieren.

Gegenindikationen

Es gibt sie hier praktisch nicht, wenigstens nicht, sofern die Âsana korrekt ausgeführt wird, also ohne Ruck und Kraftaufwand. Erzeugt die Âsana in irgendeinem Moment Schmerz, dann ist sofort mit der Intensität nachzulassen. Seien Sie liebenswürdig mit sich selber, fügen Sie sich keine Schmerzen zu! Es kann vorkommen, daß zu Beginn der Rücken steif ist und sich leichte Schmerzen ergeben. Diese müssen aber nach einigen Tagen verschwinden. Am Anfang soll die Stellung nicht forciert werden, wenn sie wirken soll. Die Rötung des Rückens, die sich schon beim ersten Versuch einstellt, zeugt davon, daß die Durchblutung in der ganzen Rückenpartie wirkungsvoll ist.

Fehler

Vermeiden Sie folgende Fehler:

a) Die Hände bei Beginn zu weit nach vorn oder hinten legen;
b) während der dynamischen Phase mit den Armen nachhelfen;
c) die Arme völlig strecken (selbst in der Schlußphase sind sie nie ganz gestreckt);
d) die Ellenbogen vom Körper entfernen (sie bleiben immer an die Flanken angelehnt);
e) den Mund öffnen;
f) die Knie beugen;
g) den Bauchnabel vom Boden abheben (er muß so nahe wie möglich am Boden bleiben).

Wirkungen

Die vorteilhaften Wirkungen der »Kobra« leiten sich nicht nur von der wunderbaren Durchbiegung der Wirbelsäule ab, sondern sie stärkt auch in vorzüglicher Weise die wichtige Muskulatur, welche die Wirbelsäule umgibt.

Während der dynamischen Phase hebt sich der Rumpf und stützt sich auf den Unterleib, wo der Druck steigt. Während der statischen Phase ist der Bauch gedehnt. In beiden Fällen ist der ganze Komplex der Eingeweide begünstigt. Diese Âsana wärmt den Körper auf.

Körperliche Wirkungen

Wirbelsäule. Beweglichkeit = Jugendlichkeit! Diese unvergleichliche Âsana verleiht der Wirbelsäule Flexibilität, bewahrt Gesundheit, Vitalität und Jugendlichkeit. Unsere sitzende Lebensweise läßt die Wirbelsäule steif werden, weil ihr die Bewegung fehlt. Da wir gewohnt sind, uns über unsere Arbeit zu beugen, leisten wir Fehlhaltungen Vorschub, gegen die Bhudschangâsana mit Erfolg ankämpft. Ist die Abweichung der Stellung der Wirbelsäule bedeutend geworden, wird der Schüler Schwierigkeiten haben, die Stellung richtig auszuführen. Er soll sich jedoch nicht durch solche Schwierigkeiten entmutigen lassen, denn gerade für ihn ist Bhudschangâsana eine wahre Wohltat.

Nervensystem. Die Degeneration der Muskulatur von Rücken und Wirbelsäule ist bei uns Zivilisierten sehr verbreitet und zieht eine Unzahl verderblicher Konsequenzen nach sich. Dies besonders bei einer verminderten Blutzufuhr zum Rückenmark, die von der Blutzirkulation in der Muskulatur abhängt, welche die Wirbel umgibt. Es ist lebenswichtig, daß diese Muskulatur täglich arbeitet, und dies übernimmt Bhudschangâsana in sehr wirkungsvoller Weise. Es ist wohl nicht nötig, die Bedeutung des Rückenmarkes und seiner Funktionen nochmals zu erwähnen. Jede Nerventätigkeit passiert gezwungenermaßen einmal die Wirbelsäule, welche durch die beiden Ketten von Ganglien des sympathischen Nervensystems der Länge nach flankiert wird. Deren Einfluß umfaßt sämtliche Organe. Werden diese Nerven, Ganglien und die anderen vital wichtigen Körperteile mit ausreichender Blutzufuhr bedacht, die sie übrigens benötigen, dann sind für den Gesamtorganismus die Voraussetzungen für gute Gesundheit erfüllt. Ist dagegen die Blutzufuhr ungenügend, vermögen die Organe, welche von der gesamten Nerventätigkeit abhängen, auf die Dauer ihre Aufgaben nicht zu erfüllen, und es entstehen Funktionsstörungen, welche sich als Degenerationserscheinungen und Schädigungen von Organen auswirken.

Während der Phase der Ruhigstellung im Bereich des Beckens und des Steißbeins stimuliert der Blutzufluß den diesbezüglichen Teil des Vagus-Nervs, wodurch die Wirkung des ortho-sympathischen Ganglions ausgeglichen wird.

Innersekretorische Drüsen. Bei geringfügiger Abweichung von der normalen Funktion der Schilddrüse ergibt sich ein Ausgleich in ihrer Arbeit. Krankhafte Fälle wie der Kropf müssen ärztlich behandelt werden. Bhudschangâsana stärkt auch die Nebennieren, welche das Adrenalin absondern, das Hormon, welches uns aktiviert. Gesunde Nebennieren bedeuten eine normale Absonderung von Cortison, was uns gegen gewisse Formen von Rheumatismus wappnet.

Verdauungstrakt und angegliederte Drüsen. Durch die abwechslungsweise Kompression und Dehnung des Bauches wird der Verdauungsapparat günstig beeinflußt. Bhudschangâsana kämpft gegen Verstopfung. Während der statischen Phase und der Tiefatmung werden Leber, Gallenblase, Milz und Pankreas angeregt, denn sie werden einer sanften Massage unterzogen. Der steigende Druck innerhalb der Bauchhöhle wirkt auch auf die Nieren. Während der Stellungen wird das Blut aus den Nieren ausgepreßt, wonach bei der Rückkehr zur Normalstellung vermehrte Zufuhr von frischem Blut stattfindet, welches die Nieren durchspült und die Absonderung von Harn fördert.

Brustkorb. Dadurch, daß die Wirbelsäule beweglicher wird, besonders auch durch das Eliminieren von Verkrümmungen, wird die Statik des Thorax verbessert und entfaltet.

Hygienische Wirkungen

Diese Stellung bekämpft Verstopfung und Störungen im Uterus und in den Eierstöcken (Weißfluß, Periodenstörungen und -schmerzen). Sie regelt den Verlauf der Menstruation und bringt jenen vielen Menschen Hilfe, die nach den Mahlzeiten an Blähungen leiden.

Die sitzende Lebensweise läßt uns lange in anomalen Stellungen unbeweglich verharren. Daraus entstehen Schmerzen, insbesondere im unteren Teil des Rückens, und es wird oft sogar die stehende Stellung schmerzhaft. Die »Kobra« läßt die Wirbelsäule arbeiten und stellt ein sehr gutes Gegenmittel dar. Es sind Fälle bekannt, wo dank der Ausübungen der »Kobra« kleine Gallensteine ausgetrieben wurden. Gewisse Formen des Ischias wurden durch die Ausübung der »Kobra« gebessert oder gar eliminiert, obschon dies anfänglich die Schmerzen steigern kann, weil der Ischiasnerv im Falle einer Verschiebung der Wirbel gequetscht wird. Schmerzen sind immer ein Zeichen dafür, daß übertrieben wird. Bei korrekter Ausführung der Technik dürfte dies nie vorkommen. Sollten sich Schmerzen einstellen, genügt es, die Bewegung etwas zu vermindern oder gar auszulassen, um danach alles wieder in das Ausgangsstadium zu versetzen.

Ästhetische Wirkungen

Ein runder Rücken ist ebenso unschön wie ein magerer. Sie werden sich nicht schämen müssen, meine Damen, daß Ihre Rückenwirbel hervorspringen, wenn Sie ein Dekolleté oder einen ausgeschnittenen Badeanzug tragen. Bhudschangâsana wird Ihre Rückenmuskulatur entwickeln und damit die Wirbel decken, dies sogar, ohne Ihnen das Aussehen eines Ringers auf dem Jahrmarkt zu geben. Eine gut pro portionierte Muskulatur gibt dem weiblichen wie auch dem männlichen Rücken ein unvergleichlich schönes Modell.

Psychologische Wirkungen

Ein krummer Rücken und hochgezogene Schultern schaffen ein Gefühl der Unsicherheit und Minderwertigkeit. Dagegen geben Ihnen die gerade Haltung, wie sie eines Menschen würdig ist, eine bewegliche Wirbelsäule, die gut durch Muskeln proportioniert ist, Sicherheit, nicht nur im Badeanzug, sondern auch im Anzug.

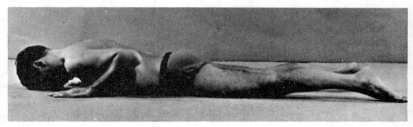

Fehler:
Die Hände sind zu weit vorne und die Beine gespreizt.

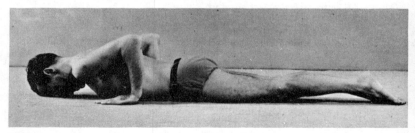

Fehler:
Umgekehrter Fehler: Die Hände sind zu weit hinten aufgelegt.

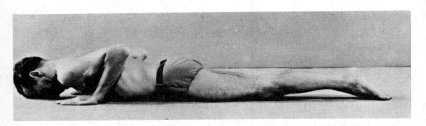

Korrekte Ausgangsstellung. Beachten Sie besonders die Stellung der Hände im Verhältnis zu den Schultern. Ellenbogen nahe am Körper. Die Füße sind vereinigt, ebenso die Knie. Sich einen Moment entspannen und dann die Bewegung einleiten.

Bilder S. 195 von oben nach unten:
Erster Teil der dynamischen Phase. Das Kinn ist so weit wie möglich nach vorn geschoben und berührt den Boden. Eine Spannung im Hals besagt, daß die Bewegung richtig ist.

Zweiter Teil der dynamischen Phase. Der Körper hebt sich *sehr* langsam durch einen Zug der Muskulatur über Nacken und Rücken. Die Arme helfen nicht nach, sie sind völlig entspannt, und die Beine bleiben zusammen.

Ende der dynamischen Phase. Die Muskulatur des Rückens ist maximal kontrahiert, um den Rumpf so hoch wie möglich anzuheben. Die Arme bleiben passiv und entspannt. Der Druck im Bereich des Bauches nimmt in starkem Maße zu. Der Rücken rötet sich. Die Beine bleiben zusammen und gestreckt. Jetzt zum Boden zurückkommen und die Bewegung dreimal wiederholen.

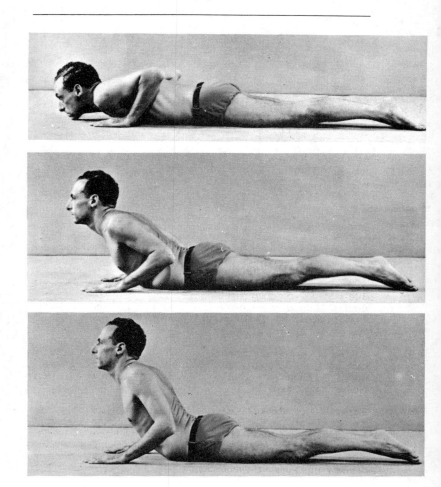

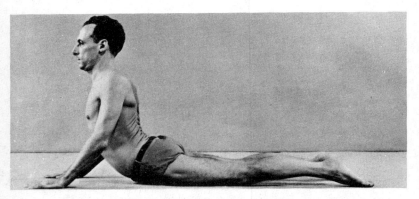

Statische Phase. Am Ende dieser dritten Bewegung geht man zur statischen Phase über. Die Arme treten in Aktion und richten den Rumpf so hoch wie möglich auf. Der Rücken ist jetzt passiv, ebenso die Beine. Die Beine spreizen sich leicht. Beachten Sie die Stellung des Kopfes. Diese Stellung ist unbeweglich zu halten, und es sind 3 bis 10 Atemzüge auszuführen.

Bild rechts:
Fehler:
Die Schultern sind angehoben, anstatt niedergehalten; der Bauch berührt den Boden nicht, während er so nahe wie möglich auf dem Boden bleiben sollte.
Ergebnis einer falsch ausgeführten Âsana: Die Stellung verliert einen großen Teil ihrer Wirksamkeit, weil die Biegung des Rückens gering ist und kein Druck auf das Becken erzeugt wird.

Gewisse Yogis ziehen diese Stellung vor. Sie unterscheidet sich nur durch die Haltung des Kopfes.
Diese Variante ist vollständiger. Wer an einer Überfunktion der Schilddrüse leidet, wird diese Stellung des Kopfes nicht bevorzugen.

Fehler

Schalabhâsana (Heuschrecke)

Wörtlich übersetzt heißt Schalabhâsana »Stellung der Heuschrecke«. Schalabha bedeutet auf Sanskrit »Heuschrecke«. Man könnte auch den wissenschaftlichen lateinischen Namen dieses Insektes verwenden, der so angenehm klingt: »Stellung der Lokusta«.

Schalabhâsana umfaßt verschiedene, steigende Schwierigkeitsgrade: Ardha-Schalabhâsana oder »halbe Heuschrecke«, die vollständige »Heuschrecke« und dann die eine oder andere Variante mit höheren Anforderungen. Zum Unterschied zu den anderen Stellungen ist Schalabhâsana dynamisch, die statische Phase ist ganz kurz.

Ardha-Schalabhâsana (Halbe Heuschrecke)

Diese Âsana folgt und vervollständigt »Kobra«. Die Ausgangsstellung ist fast dieselbe. Der Schüler liegt flach auf dem Bauch, die Beine ausgestreckt und zusammen. Die Fußsohle schaut nach oben wie bei der »Kobra«, jedoch sind die Stellungen der Hände und des Kopfes anders. Die Arme liegen am Körper, die Handflächen auf dem Boden. Es ist wichtig, während der Übung die Arme von der Schulter bis zu den Fingerspitzen am Boden zu behalten.

Das Kinn wird auf den Boden gelegt und so weit wie möglich nach vorn geschoben, was den Hals dehnt und den Nacken komprimiert. Diese Arbeit im Nacken stellt eine bedeutende Partie dieser Übung dar (s. S. 202 f. über die Wirkungen).

Ausführung

Diese Âsana ist sehr einfach und jedermann zugänglich. Man mache sich folgendes klar: Es geht darum, abwechslungsweise ein Bein nach dem anderen so hoch wie möglich zu heben, allerdings nicht irgendwie!

Zu Beginn muß man sich von der Idee durchdringen lassen, daß nur die linke Seite des Körpers arbeitet und die andere soweit wie möglich entspannt bleibt. Dann wird abgewechselt. Wenn sich also das linke Bein hebt, muß man sich auf den linken Arm stützen und nur die Muskulatur der linken Körperhälfte anspannen. Dann kommt die Gegenseite, das rechte Bein wird gehoben. Während der Ausführung von Ardha-Schalabhâsana darf das Becken sich weder seitlich bewegen noch heben (s. Abb. S. 206/207).

Ablauf. Heben Sie langsam das linke Bein, indem Sie allmählich die Muskeln des unteren Teiles des Rückens kontrahieren. Dazu bedienen Sie sich des Armes als Stütze, jedoch muß sich ein guter Teil des Gewichtes auf den Unterkörper übertragen, wo der Druck zunimmt.

Vermeiden Sie, daß die Beine sich biegen, die Waden gespannt werden, die Zehen sich strecken. Der Fuß muß sich am selben Ort, wo er in Ruhelage war, senkrecht heben. Wenn Sie einen unerlaubten Trick anwenden, nämlich sich auf das entgegengesetzte Knie stützen, werden Sie das Bein viel höher heben können. Merken Sie sich jedoch, daß die Höhe des Beines keine Bedeutung hat. Wichtig ist die langsame Kontraktion der Muskeln des Unterleibes, damit nachfolgend ein bedeutender Zufluß von frischem Blut in die Lendengegend stattfinden kann, wodurch die »Kobra«-Stellung ergänzt wird. Es folgt eine Pause und die Rückkehr des Beines zum Boden. Um sich darüber Rechenschaft zu geben, wie sehr die Übung an Wirkung verliert, wenn sie falsch ausgeführt wird, genügt es, die Âsana auf zwei verschiedene Arten zu praktizieren.

In der Regel wird diese Âsana zweimal ausgeführt, wobei abwechselnd erst das linke Bein und dann das rechte gehoben wird usw. Dann kommt die vollständige »Heuschrecken«-Stellung.

Schalabhâsana (Vollständige Heuschrecke)

Die Ausgangsstellung ist annähernd dieselbe wie bei Ardha-Schalabhâsana. Die kleine Ausnahme besteht darin, daß man jetzt Fäuste machen muß, um über mehr Kraft zu verfügen. In der »vollständigen Heuschrecke« muß man, Sie werden es erraten haben, beide Beine durch eine kräftige Kontraktion der Muskeln des unteren Teiles des Rückens gleichzeitig heben.

Ausführung

Vermeiden Sie es unbedingt, die Beine zu beugen, die Wadenmuskeln anzuspannen oder die Füße zu strecken wie eine Spitzentänzerin. Mehr noch als in der »halben Heuschrecke« ist es erforderlich, Schultern und Kinn während der ganzen Bewegung am Boden zu lassen. Wenn sich beim Anfänger die Schultern heben, dann ist dies nicht so besonders bedeutungsvoll. Tun Sie Ihr möglichstes, um sie am Boden zu halten. Nach etwas Übung und Geduld werden Sie auch diese Âsana richtig ausführen. Halten Sie die Beine einige Sekunden in der Luft, und bringen Sie sie dann wieder, ohne zu forcieren, zum Boden. Gewisse Yogis wenden die Handflächen nach oben, was eine Einzelheit von sekundärer Bedeutung darstellt. Probieren Sie beides!

Variante I

Warum haben die Yogis diese Übung »Heuschrecke« genannt? Sie hat doch keinerlei Ähnlichkeit mit diesem Insekt. Die Variante gibt uns Antwort. Die gebogenen Arme rufen das Bild der Heuschrecke wach. Wenn Sie die Âsana beherrschen, werden Sie ohne große Mühe zu dieser Variante übergehen können. Beachten Sie, daß
– die Hand nicht unbedingt flach auf dem Boden liegen muß,

– die Handballen eine Höhle bilden und der Stoß zum großen Teil von den Fingerspitzen ausgeführt wird,
– die Schultern den Boden nicht verlassen (Abb. S. 209 Mitte).

Variante II

Für fortgeschrittene Schüler: Die Schlußphase von Schalabhâsana ist, obschon der Anfang der Übung jedem zugänglich ist, eine der »härtesten« Yoga-Übungen. Sie fordert einen sehr kräftigen Rücken und eine enorme Elastizität des Beckens. In dieser Schlußphase ist Schalabhâsana unseres Wissens die einzige Âsana, welche einen starken Rücken erfordert (Abb. S. 210).

Ausgangsstellung. Sie unterscheidet sich von den vorhergehenden durch zwei Details:

a) das Kinn ist nicht nach vorn geschoben, es ist eher die Nase, welche den Boden berührt;
b) die Finger sind verschränkt, die Arme dem Körper nahe, etwas unter den Brustkorb geschoben. Auf dem Foto ist diese Stellung der Hände und Arme gut ersichtlich.

Einnahme der Âsana. Das ganze Körpergewicht ruht auf Brust und Armen. Tief einatmen, den Atem anhalten und mit einem kräftigen Ruck die Beine bis zur Vertikalen heben.

Besondere Hinweise

Atmung und Konzentration

Wir sagten eben, daß der Atem angehalten werden soll, was aber nur für die Variante II gilt.

In allen anderen Schalabhâsana-Stellungen soll normal weitergeatmet werden. Das ist schwieriger als bei anderen Yoga-Übungen. Man muß sich aber dazu zwingen, und nur fortgeschrittene Schüler sollen eine bewußte Technik des Atemanhaltens üben.

Der Schüler hat seine ganze Aufmerksamkeit der Muskulatur zuzuwenden, besonders jener, welche im unteren Teil des Rückens aktiv ist (Lendengegend und latissimus dorsi).

Dauer

Schalabhâsana benötigt sehr wenig Zeit. Ardha-Schalabhâsana umfaßt eine Pause von wenigen Sekunden, im Moment, wo die Füße auf dem höchsten Punkt sind. Das ist alles. In der vollständigen Stellung genügt in der Regel ein Halt von 2 bis 5 Sekunden in der Endstellung. Was die Variante II angeht, ist es selten möglich, mehr als 10 Sekunden auszuhalten. Nach Schalabhâsana empfiehlt sich eine Blitzentspannung. Man warte, bis der Atem wieder normal geht, bevor die nächste Âsana der Serie angefangen wird.

Die gesamte Übung kann zwei- bis fünfmal wiederholt werden.

Kombinationen

Selbst geübte Schüler müssen täglich alle Stadien der »Heuschrecke« durchgehen, wie »halbe Heuschrecke«, »vollständige Heuschrecke«, eventuell Stellungen für Fortgeschrittene. Jede bereitet auf die nächste vor und hat verschiedene Wirkungen.

Wirkungen

Es gibt bekanntlich zwei entgegengesetzte und antagonistisch wirkende Nervensysteme. Das eine davon spielt eine beschleunigende, das andere eine hemmende Rolle. Ein Gleichgewicht dieser beiden

Wirkungsweisen ist dafür verantwortlich, daß die äußerst komplexe Maschinerie, welche den Menschen darstellt, richtig funktioniert. Diese Systeme sind:

a) das ortho-sympathische, welches ein doppeltes Ganglionpaar umfaßt, unter sich verbunden durch Nervenstränge, längs der Wirbelsäule verteilt,

b) das para-sympathische als Antagonist zum ersten, das in zwei Teile zerfällt:

1. den Pneumogastrikus oder Vagusnerv, der dem Gehirnfortsatz verbunden ist, einen Auswuchs zwischen Gehirn und Rückenmark. Er entspringt der Wirbelsäule dort, wo der Schädel aufsitzt. Er innerviert in erster Linie das Herz, die Lungen, den Magen und viele andere Eingeweide, bevor er sich im Plexus solaris, diesem Gewirr von Nervenkomplexen, verliert;

2. die Partie des Parasympathikus innerhalb der Beckengegend, welcher die Wirbelsäule im Bereich der Lenden verläßt, um dort die Organe des untern Teiles des Bauches zu innervieren, unter anderem die Geschlechtsorgane.

Diese beiden Nervensysteme bilden ein Ganzes, das harmonisch funktioniert. Daher ist es unerläßlich, sie beide in einer ausgeglichenen Art zu stimulieren und zu stärken.
Die »Heuschrecke« ist wertvoll, weil sie die Beckengegend mit dem Parasympathikus stärkt und die Blutzufuhr im unteren Teil der Wirbelsäule steigert, bewirkt durch die starke Zusammenziehung der Muskulatur in dieser Gegend.

Körperliche Wirkungen

Durch diese Stellung von Kopf und Schultern, welche während der Âsana am Boden angeschmiegt sind, wirkt sie auf Hals und Nacken, wo der Vagus-Nerv die Wirbelsäule verläßt. Darum müssen die Schultern am Boden bleiben, und das Kinn ist, so gut wie es geht, nach vorn zu schieben. Ferner gilt alles, was über »Kobra« gesagt wurde, mit wenigen Ausnahmen auch für die »Heuschrecke«, deren Gegenstellung. Schließlich werden die Eingeweide durch den intraabdominalen Druck gekräftigt. Die daraus entstehenden Wirkungen werden nunmehr erläutert.

Wirbelsäule. Diese Stellung kräftigt die Wirbelsäule besonders in der unteren Partie der Lenden.

Muskulatur. Die Beckenmuskulatur wird beträchtlich verstärkt, was wertvoll ist, denn das Fehlen von Bewegung, welches uns durch die sitzende Lebensweise aufgezwungen wird, bedroht die Mehrzahl der Zivilisierten mit einer Degeneration dieser Muskulatur.

Dies kann eine Verschiebung der Wirbel zur Folge haben, was sich besonders auf die Basis des Wirbelgebäudes, den fünften Lendenwirbel, bezieht. Die Kräftigung der Muskulatur in diesem Bereich erspart uns manche Unannehmlichkeit. Mancher »Hexenschuß« und verschiedene Leiden sind auf eine Muskelschwäche oder auf ein Erlahmen der Bänder in dieser Region zurückzuführen! Die kleinste Erschütterung oder eine geringfügige falsche Bewegung können eine Verrenkung bewirken, die ebenso verschiedenartige wie unangenehme Folgen haben kann, zum Beispiel einen Ischias.

Erwähnen wir noch, daß unsere Sitzgelegenheiten eine dauernde Bedrohung für den Bereich des Rückens darstellen, weil Sitz und Rückenlehne nicht den anatomischen Bedingungen entsprechen. Ein flexibler und richtig mit Muskeln versehener Rücken geht kein Risiko ein. Dies ist aber heute nicht der Normalfall. Die Situation ist sogar in einem Maße alarmierend, daß in den USA Rückenleiden bei einem von sieben Amerikanern als Hauptgrund für Arbeitsausfälle in der Industrie registriert werden. Präsident Kennedy und Elizabeth Taylor waren gezwungen, ihren Rücken mit Hilfe von Spezialkorsetts aufrecht zu halten. Ist es nicht vorzuziehen, die Rückenmuskulatur zu stärken? Auch die Hausfrauen bleiben nicht verschont. Bei ihnen kommt die schlechte Haltung durch die Arbeit und gefährdet die Statik der Wirbelsäule, welche durch die Muskulatur ungenügend gestützt wird. Dies ist der Fall beim stundenlangen Plätten an zu niedrigen Tischen, beim Kochen an zu niedrigen Herden oder selbst beim Heben kleiner Gewichte auf ungeschickte Art. Schalabhâsana ist nicht die einzige Âsana, welche die Wirbelsäule kräftigt. Sicher ist es aber eine der wirkungsvollsten, um die Wirbelsäule gegen solche Gefahren zu schützen.

Nerven. Die »Heuschrecke« lädt die Zentren des Nervensystems auf, besonders jene, welche den unteren Teil des Bauches und den Plexus solaris innervieren.

Verdauungstrakt. Diese Âsana wirkt durch innere Massage kräftig auf die Nieren, so daß die Harnausscheidung begünstigt wird. Das ganze Verdauungssystem und seine Drüsen werden »massiert«, gekräftigt und stimuliert.
Die »Heuschrecke« bringt eine bedeutende Verbesserung der Arbeit der Leber, der Milz, des Pankreas sowie eine Regulierung der Eingeweidefunktionen, besonders durch Aktivierung der Darmperistaltik.

Blutzirkulation. Das Heben der Beine bewirkt bedeutende Effekte auf die Blutzirkulation. Schalabhâsana vervollständigt die Wirkungen der umgekehrten Stellungen. Vorerst wird überschüssiges venöses Blut aus den Venen der Beine abgeführt, was Krampfadern vorbeugt. Ferner muß das arterielle Blut, um die Füße zu erreichen, gegen die Schwerkraft ankämpfen, so daß es den unteren Bauch und die Regionen des Sakrums begünstigt. Die Blutzufuhr wird vermehrt, indem die Muskulatur sich kontrahiert.

Lungen. Bei fortgeschrittenen Schülern, denen es erlaubt ist, während der Übung den Atem anzuhalten, wächst der Druck der Luft in den Lungen bei der Ausführung der Âsana. Dadurch wird die Lunge gestärkt, und der Druck wirkt auf die ganze Oberfläche der Lungenmembrane. Er hilft den Alveolen zur Entfaltung und bewirkt eine bessere Fixation des Sauerstoffes.

Ästhetische und okkulte Wirkungen

Indem Fehler in der Krümmung der Wirbelsäule im unteren Teil korrigiert werden, verbessert sich die Statik derselben auf der ganzen Länge.

Die Resultate, die im Bereich des Okkulten erreicht werden, können in diesem Buch nicht erörtert werden, weil sie seinen Rahmen überschreiten würden. Diese Âsana erweckt »Kundalini«. Es ist nicht nötig zu wissen, was »Kundalini« ist, um die entsprechenden Effekte im Organismus zu erzielen.

Bilder S. 207 von oben nach unten:
Die Beine sind zusammen, die Schultern berühren den Boden. Beachten Sie besonders die Stellung des Kopfes, die sehr wichtig ist.

Fehler:
Falsche Ausgangsstellung: Das Kinn ist nicht nach vorn geschoben, die Schultern berühren den Boden nicht.

Ardha-Schalabhâsana (halbe Heuschrecke) Langsam und abwechslungsweise ein Bein nach dem anderen hochheben. Die ganze Arbeit wird von der Muskulatur des unteren Teiles des Rückens geleistet. Das Becken bewegt sich nicht. Das Knie ist nicht gebeugt. Mindestens zweimal wiederholen.

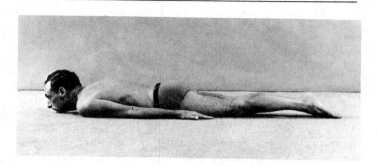

Fehler ▲

Schalabhâsana (vollständige Heuschrecke). Durch eine Kontraktion der Muskulatur des unteren Rückens heben sich beide Beine. Eine Pause von 1 bis 5 Sekunden einschalten, bevor man zum Boden zurückkommt. Die Fäuste sind geschlossen. Normal atmen. Das Kinn hebt sich nicht, und die Schultern bleiben am Boden. Knie zusammen.

Bilder S. 209 von oben nach unten:
Vollständige Heuschrecke (Variante I). Unterscheidet sich von der vorangegangenen Übung durch die Stellung der Arme. Es stoßen insbesondere die Fingerspitzen, die Handfläche ist gewölbt.
Kinn und Schulter bleiben wie vorher während der ganzen Übung am Boden.

Fehler:
Die Kopfstellung ist korrekt, die Schultern berühren den Boden, aber das Bein ist falsch gebogen und geht nicht vom Ausgangspunkt aus. Das Becken wird bewegt, was ein weiterer Fehler ist.

Fehler:
Hier sind fast alle möglichen Fehler zu sehen! Der Kopf liegt falsch. Die Schultern liegen richtig auf dem Boden auf. Das Bein hebt sich unter Abstützung auf das andere Knie. Das Becken verläßt den Boden und bewegt sich seitlich. Versuchen Sie diese Stellung, und Sie werden feststellen, daß sie keine Wirkung hat.

Fehler ▲

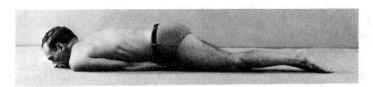

Schwierige Variante für fortgeschrittene Schüler. Ausgang: Beachten Sie die Stellung des Kinns. Die Hände sind verschränkt, ihre genaue Stellung ist auf dem Bild nicht sichtbar, wogegen dies auf dem folgenden Bild sehr gut der Fall ist.

Ausführung der Âsana. Einatmen und den Atem anhalten. Durch eine kräftige Kontraktion die Beine und das Becken hochheben, um die Beine zur Vertikalen zu führen. Die Schultern müssen, so gut es möglich ist, auf dem Boden bleiben. Eine schwierige Übung, die nur nach langem Üben der normalen »Heuschrecke« versucht werden soll.

Dhanurâsana (Bogen)

So heißt eine Âsana, die dem Körper den Aspekt eines gespannten Bogens gibt. Als klassische Stellung des Yoga verbindet diese Âsana eine unvergleichliche Wirkung mit einer Einfachheit, die jedoch nicht Leichtigkeit bedeutet. Für den Anfänger ist es sogar eine der Übungen, die sehr viel Überwindung kosten. Mancher betrachtet sie als schwierig, weil sie Kraft und Anstrengung verlangt. Diese Auffassung ist falsch, denn es ist nicht nur erwünscht, sondern sogar nötig, sie ohne Kraftaufwand auszuführen.

Ablauf der Übung

Dhanurâsana ist eine Kombination von »Kobra« und »Heuschrecke«. Man könnte sich fragen, ob sie sich nicht überschneiden. Dies ist nicht der Fall, denn Dhanurâsana ergänzt die zwei anderen Stellungen und weicht von ihnen vollständig ab. Bei der Ausübung der »Kobra« und »Heuschrecke« sind die Rückenmuskeln aktiv, während sie beim Bogen passiv sind. Dhanurâsana umfaßt eine zweite Phase, die im Westen wenig bekannt und praktiziert ist. Und doch verdient sie erlernt zu werden.

Ausgangsstellung

Dhanurâsana wird nach der »Heuschrecke« ausgeführt. Der Schüler liegt flach auf dem Boden, die Arme längs des Körpers ausgestreckt. Die Stellung des Kopfes und jene der Handballen ist nicht so wichtig. Entspannen Sie vor allem den Rücken, dessen völlige Lockerung Voraussetzung zum Gelingen der Âsana darstellt (S. 218).

Erste Phase. Heben Sie das Kinn, während die Hände gleichzeitig die Knöchel erfassen, vorerst den rechten und dann den linken. Die Abbildung A (S. 219 oben) zeigt die richtige Haltung von Händen und Fingern. Beachten Sie jene des Daumens, der sich den anderen Fingern nicht entgegenstellt.

Das Einnehmen der Âsana

Bemerken wir vorerst, daß zu Ausführung von Dhanurâsana die Beine allein arbeiten. Selbst die Arme bleiben passiv. Sie sollen ähnlich einem Kabel Schultern und Knöchel verbinden, welche durch die Finger so stark wie gerade nötig umschlossen werden. Um die Übung auszuführen, müssen die Füße so weit wie möglich nach hinten und oben gestoßen werden. Dies geschieht durch eine sehr kräftige Kontraktion der Schenkel- und Wadenmuskulatur, wodurch die Schultern gehoben und der Rücken gebogen werden. Man soll während der ganzen Übung bis auf die Arbeit der Beine und der Finger entspannt bleiben. Zieht man den Rücken zusammen, so wird die Âsana unmöglich. Anfänglich bleiben die Knie oft hoffnungslos am Boden kleben, und wenn sie sich doch ein wenig heben, dann auf Kosten von Schmerzen in Muskeln und Schenkeln! Geduld!
In der Endstellung müssen die Knie höher steigen als auf die Ebene des Kinns. Eigentlich müßten die Knie die Höhe der Schädeldecke erreichen (Stellung A, S. 219 oben) und nicht wie in der Stellung B (S. 220 oben), wo die Knie nur in der Höhe des Kinns sind. Im letzteren Fall liegt das Körpergewicht nämlich auf dem Hüftbein, was die Wirkung dieser Âsana stark einschränkt. In der Stellung A, wo die Knie die Höhe des Kinns übersteigen, berührt das Schambein den Boden nicht mehr. Das Gewicht ruht auf der Magengegend, was den Druck im Innern des Bauches verstärkt und eine maximale Wirkung erzeugt, weil er sich in ausgeglichener Art auf die Eingeweide des Bauches überträgt.

Dynamische Phase: Schaukel

Die dynamische Phase beginnt dann, wenn die Âsana eingenommen ist. Sie umfaßt die wiegenden Bewegungen so, wie sie ein Schaukelpferd oder ein Schaukelstuhl ausführen. Zu Beginn leicht, wird sich das Schaukeln auf den Bauch beschränken, dann, allmählich stärker werdend, sich auf die Brust übertragen und vollständig sein, wenn die Schenkel den Boden berühren. Dabei ergibt sich eine sehr wirkungsvolle Massage des Unterleibes. Der Rücken muß während dieser Schaukelbewegung völlig locker bleiben.

Dauer der dynamischen Phase. Die Dauer hängt natürlich von den individuellen Möglichkeiten ab. Man soll nie bis zur Atemlosigkeit üben. 4 bis 12 Schaukelbewegungen genügen in der Regel. Um die Phase weniger anstrengend zu gestalten, können die Bewegungen des Schaukelns in 2 oder 3 Malen mit Pausen dazwischen ausgeführt werden. In der Ausgangsstellung Atem schöpfen.

Atmung während der dynamischen Phase. Es gibt drei Möglichkeiten, in der dynamischen Phase zu atmen: a) einatmen, wenn der Kopf sich hebt, ausatmen beim Senken desselben; b) ständig normal atmen; c) den Atem mit voller Lunge anhalten, eine Variante, welche Fortgeschrittenen vorbehalten bleibt.

Konzentration. Während des Schaukelns konzentriert man sich nach Bedarf auf die Muskulatur des Rückens oder Unterleibs.

Statische Phase

Sie besteht darin, in der vollkommenen Haltung ruhig zu bleiben, ohne zu forcieren, und zwar ist dies vor oder nach der dynamischen Phase möglich. Versuchen Sie beide Möglichkeiten und verwenden Sie die passendere.

Atmung und Dauer. Während der statischen Phase atmet man normal. Fortgeschrittene Schüler werden tief atmen und dann den Atem anhalten, immer aber im Rahmen dessen, was angenehm ist. Dies verstärkt die Wirkung der Âsana durch intraabdominalen Druck. 5 bis 10 Atmungen sind ein Durchschnitt für die Dauer der Âsana.

Konzentration. Hat der Schüler sich während des Schaukelns auf die Massage des Unterleibs konzentriert, wird er seine Aufmerksamkeit jetzt auf die Entspannung des Rückens richten.

Rückkehr zum Boden. Bei der Rückkehr zum Boden die Spannung der Beine vermindern und *langsam* zur Ausgangsstellung zurückkehren. Anschließend sollte man sich entspannen und warten, bis der Atem wieder normal geht.

Besondere Hinweise

Stellung der Knie. Während der Ausführung von Dhanurâsana können die Knie gespreizt werden, was die Übung erleichtert, ohne ihre Wirksamkeit zu beeinträchtigen. Die großen Zehen müssen sich jedoch von Beginn bis zum Schluß berühren, sonst sind die Beine fast immer auf unterschiedlicher Höhe, weil die Wirbelsäule nie ganz symmetrisch ist. Die Vereinigung der beiden großen Zehen verpflichtet dazu, genau in der idealen Achse der Wirbelsäule zu arbeiten, was ihre statischen Fehler korrigiert.

Stellung des Kinns. Wir haben bereits die gegenseitige Stellung von Kinn und Knien beschrieben. Es hat auch der Abstand vom Kinn zum Boden seine Bedeutung. Das Kinn soll so wenig wie möglich vom Boden abgehoben werden, so daß das Gewicht vom Bauch getragen wird.

Wirkungen

Der »Bogen«, welcher »Kobra« und »Heuschrecke« in einer Übung vereinigt, vereint auch deren Wirkungen (s. S. 189 und S. 202). Hinzu kommen die spezifischen Wirkungen dieser Âsana, welche in der Erhöhung des Druckes auf den Unterleib besteht und die Eingeweide kräftigt. Dies ganz besonders, wenn die Übung durch starke Atmung begleitet wird, so daß das Zwerchfell die großen Eingeweide massiert.

Körperliche Wirkungen

Wirbelsäule. Wie in »Kobra« und »Heuschrecke« wird durch die Kompression der hinteren Partien des Rückgrates auch die innere Seite desselben gedehnt, was auf Bänder und Muskeln sowie auf die Nervenzentren der Wirbelsäule wirkt. Der »Bogen« verhindert eine frühzeitige Verkalkung der Wirbel und richtet die »runden Rücken«, welche sich durch jahrelanges Vornüberbeugen über Schulbänke, Schreib- und Arbeitstische gebildet haben, wieder auf.

Muskulatur. Am Anfang bewirkt diese Übung Schmerzen in den Oberschenkeln. Schmerzen beim Yoga sind jedoch unschädlich. Die Übung würde sie bald beseitigen. Die Dehnung des Bauchgürtels wird Uddiyana Bandha, das Einziehen des Bauches, erleichtern.
Frohe Stimmung und ein Gefühl der Befreiung nach der Ausführung dieser Âsana kommen daher, daß das Nervenzentrum der Wirbelsäule stimuliert wurde, besonders das sympathische Nervensystem, dessen Ganglionkette das Rückgrat säumt.
Nennen wir auch die kraftvollen Einwirkungen auf den Plexus solaris, dieses Nervengeflecht im Bereich der Magengrube, jener Gegend, welche für »Tiefschläge« der Boxer so gefürchtet ist. Das Schaukeln massiert und regt ihn mit milder Wirksamkeit an.

Wir wissen, daß Angst von einem unangenehmen Gefühl in der Magengegend begleitet wird, was einem Blutandrang in der Gegend des Sonnengeflechtes zuzuschreiben ist. Dies beeinflußt die vegetativen Funktionen negativ und wirkt verschiedenen geläufigen therapeutischen Bemühungen entgegen. Das Schaukeln und die Dehnung der Bauchmuskulatur gesellen sich zur Massage hinzu, einem Ergebnis tiefer Zwerchfellatmung, wodurch die genannten negativen Erscheinungen verschwinden.

Innersekretorische Drüsen. Der »Bogen« wirkt auf die Nebenniere. Die verstärkte Sekretion von Adrenalin aktiviert jene Personen, welche zuwenig Initiative haben. Es ist keine Überaktivierung zu befürchten. Die Sekretion von Cortison wird normalisiert, was verschiedene Formen des Rheumatismus bekämpft. Das körpereigene Cortison hat nicht die Nachteile eines fremden Cortisons, das dem Patienten durch Injektion bei gewissen Krankheiten zugeführt wird.
Die Bauchspeicheldrüse wird in ihrer Funktion normalisiert und produziert Insulin, welches für den Metabolismus im Zuckerhaushalt unentbehrlich ist.
Fälle von scheinbarer Zuckerkrankheit, welche durch Angstzustände entstanden (man hat zum Beispiel temporär gesteigerte Zuckerausscheidung bei Soldaten an der Front oder bei Studenten vor den Examen festgestellt), werden innerhalb kurzer Zeit radikal beseitigt, wenn die Funktion des Pankreas sich durch die Ausführung des »Bogens« normalisierte.
Swami Sivânanda weist auch eine Wirkung dieser Âsana auf die Schilddrüse nach.

Verdauungstrakt und angegliederte Drüsen. Das Ansteigen des intra-abdominalen Druckes wirkt allgemein auf das Verdauungssystem und seine Drüsen. Dhanurâsana wirkt auf die Leber blutabführend, weil sie während der Tiefatmung besonders intensiv massiert wird. Ferner wird die Blutzirkulation im ganzen Verdauungsapparat aktiviert, so daß man unbedingt vermeiden muß, bei vollem Magen diese Âsana auszuführen. Der »Bogen« bekämpft Verstopfung, indem er die Darmperistaltik anregt.

Die Nieren, welche gut durchblutet werden, profitieren enorm von Dhanurâsana und scheiden Giftstoffe viel leichter aus.

Ästhetische Wirkungen

Dhanurâsana bekämpft Fettansätze, welche in der Regel herstammen von: ungenügender Atmung, allgemeiner nervöser Spannung, schlechter Assimilation der Nahrung, reduzierter Zirkulation in den Fettgeweben.

Der »Bogen« wirkt, indem er:

a) die Atmung verstärkt,
b) den Plexus solaris (Sonnengeflecht) lockert,
c) auf das Verdauungssystem einwirkt,
d) die Zirkulation in Fettpolstern durch sanfte und weiche Massage verbessert.

Ausgangsstellung: Die Hände fassen gleichzeitig die Knöchel. Beachten Sie die Finger. Der Daumen schließt sich der ganzen Hand an. Das Kinn hebt sich leicht vom Boden ab, die Knie sind gespreizt, dagegen die Zehen zusammen. Normal atmen.

Bild S. 219 oben **(A):**
Die Beine nach hinten und oben strecken. Die Knie heben sich höher als das Kinn, ja sogar höher als der Kopf, so daß das Schambein den Boden verläßt. Das Gewicht des Körpers ruht auf der Magengegend. Die Arme sind leicht gestreckt (Muskeln locker) und stellen die Verbindung zwischen Knöcheln und Schultern dar. Sie werden nicht gebogen.
Rücken locker, Gesicht nicht in Falten legen! Beine immer getrennt, jedoch die Füße zusammen. Tief atmen, um die Massage des Unterleibes zu verstärken.

Bild S. 219 unten:
Fehler:
a) Die Füße sind zu hoch gefaßt,
b) die Zehen berühren sich nicht,
c) die Arme arbeiten, anstatt entspannt zu sein,
d) der Rücken ist zusammengezogen.
Folgen: ungenügende Krümmung des Rückens. Heftige Kraftaufwendung mit ungenügenden Ergebnissen.

A

Fehler ▼

Die Stellung **B** kann man nicht als falsch bezeichnen. Sie unterscheidet sich aber von der Abb. S. 219 oben durch einen anderen Auflagepunkt des Körpers. Das Kinn ist höher gehoben als die Knie, das Schambein hebt sich nicht, und die Knochen des Beckens tragen einen Teil des Körpergewichtes. Der intra-abdominale Druck ist somit weniger stark als in der Stellung **A**, was in gewissen Fällen erwünscht ist.

Bild rechts:
Endphase:
Durch einen Zug der Rückenmuskulatur und einen Druck der Bauchmuskulatur verlassen Knie und Schambein den Boden. Füße immer mit dem Gesäß in Kontakt. Normale Atmung. Beine locker und entspannt. Jetzt sind die Arme Träger der Bewegung. In dieser Übung sind die Muskeln, welche im »Bogen« gespannt sind, locker. Es ist die umgekehrte Stellung des »Bogens«.

Zusätzliche Übungen, nach dem »Bogen« auszuführen:

Ausgangsstellung:
Die Hände fassen die Füße so hoch wie möglich. Daumen nach innen. Fersen am Gesäß, wo sie während der ganzen Übung bleiben. Kinn berührt den Boden während der ganzen Übung. Die Arme bereiten sich zum Einsatz vor, die Beine sind locker.

Ardha-Matsyendrâsana (Drehsitz)

Diese zweifellos schöne und sich plastisch darstellende Âsana ist die
einzige, welche den Namen des Yogis trägt, welcher sie erfunden hat,
des großen Rishi Matsyendra. Die Originalstellung ist sehr schwierig
und wird nur von vollendeten Yogis beherrscht. Es wird daher die
halbe (ardha) Stellung gelehrt. Wir werden den Sanskrit-Namen verwenden, obwohl man Namen wie »Drehsitz«, »Drehstellung« oder
»Spiralstellung« antrifft.
Während andere Âsanas die Wirbelsäule zusammenlegen, bringt
Ardha-Matsyendrâsana auf der ganzen Länge eine gewundene Spiralstellung derselben. Diese Übung muß unbedingt in jeder Serie von
Âsanas vorkommen. Sie beschließt die Folge von Biegungen nach
vorn und nach hinten.

Ablauf der Übung

Ardha-Matsyendrâsana geht von sitzender Stellung aus und nicht
von einer liegenden. Eine dynamische Phase gibt es hier nicht. Glücklicherweise ist diese Âsana leichter auszuführen als zu beschreiben
(vgl. Bildteil S. 228–234).

Vorbereitende Variante

Wir empfehlen Anfängern, vorerst die einfachere Variante als Vorbereitung zu üben. Sie vermittelt dieselben Vorteile wie die vollständige Âsana (Abb. S. 228–230).

Beginn. Sich auf den Boden setzen, die Beine gerade ausgestreckt,
die Füße zusammen. Das *rechte* Bein (wichtig) zurücknehmen und

den rechten Fuß gegen die äußere Seite des linken Knies setzen, wobei der Knöchel das Knie berührt. Der Fuß liegt flach auf dem Boden, parallel zum linken Bein. Dann den linken Arm gegen das Knie des rechten zurückgelegten Beines setzen. Normalerweise legt sich die Achselhöhle auf das Knie, was aber anfänglich nicht jedermann möglich ist.

Einnahme der Âsana. Indem der Arm als Hebel wirkt, wird die linke Hand gegen das linke ausgestreckte Bein geführt und versucht, das Schienbein zu berühren, wenn möglich, den rechten Fuß zu fassen. Die Drehbewegung der Wirbelsäule wird um so stärker, je mehr der rechte Arm stößt, welcher sich hinter dem Rücken auf dem Boden aufstützt. Die Drehung geht vom Kreuzbein aus, um allmählich das ganze Rückgrat zu erfassen, den Nacken – durch Drehung des Kopfes – eingeschlossen.

Dann kommt man langsam zur Ausgangsstellung zurück, und zwar im entgegengesetzten Sinne. Die Âsana wird anschließend umgekehrt praktiziert, also das linke Bein zurücknehmen.

Während der Drehung bleibt die Linie der Schultern so parallel wie möglich zum Boden (s. Abb. S. 230).

Klassische Stellung

Nach kurzer Zeit wird der Schüler ohne Schwierigkeiten zur klassischen Stellung übergehen können, welche von der vorbereitenden in folgenden Einzelheiten abweicht (Abb. S. 231–234).

a) das Bein, welches gestreckt war, biegt sich nun und wird gegen das Gesäß gesetzt;

b) der Arm, welcher sich hinter dem Rücken auf den Boden stützt, umfaßt die Hüfte und sucht den Oberschenkel zu fassen.

In der Endstellung ist der Körper aufzurichten, um die Biegung des Rückgrates wirksam zu gestalten (Abb. S. 234).

Besondere Hinweise

Während der ganzen Âsana bleibt der Rücken passiv, die Arme drehen die Schultern seitlich aus, und das Rückgrat soll sich ohne Mühe drehen. Das Gesäß darf sich nicht vom Boden abheben. Man muß während der ganzen Übung auf beiden Sitzknochen sitzen bleiben. Diese langsame und progressive Rotation des Körpers wird auf Ausatmung vorgenommen. Der Kopf macht die Drehung als letzter und bleibt gerade, das Kinn geradeaus. Beachten Sie, daß

a) die Ferse des zurückgebogenen Beines den Damm berührt und das Knie am Boden bleibt;
b) die beiden Sitzknochen am Boden bleiben;
c) die Linie der Schultern eine Horizontale bildet;
d) die Finger den Fuß fassen, ohne daß sich dieser biegt;
e) das Knie sich unter der Achselhöhle befindet;
f) der Arm, welcher die Taille umfaßt, sich der Leiste nähert und den Oberschenkel berührt;
g) der Kopf gerade ist und der Blick so stark wie möglich nach hinten geht.

Wir haben darauf bestanden, daß zuerst das rechte Bein zurückgebogen wird und somit der rechte Schenkel gegen den Unterleib gedrückt wird, um den Dickdarm zu komprimieren. In der Beschreibung der wohltuenden Wirkungen dieser Âsana werden Sie lesen, daß sie die Darmtätigkeit anregt und Verstopfung, dieses Übel des Jahrhunderts, bekämpft.

Konzentration, Dauer und Atmung

Man konzentriert sich auf Entspannung der Muskulatur der Wirbelsäule und folgt mit dem Geiste der fortschreitenden Drehung des Rückgrates vom Sakrum bis zum Schädel.

In einer Serie von Âsanas wird diese Stellung in der Regel nicht wiederholt. Die Ruhigstellung dauert 5 bis 10 Atmungen auf jeder Seite. Die Atmung muß tief sein, damit die innere Massage der Eingeweide, die durch den Oberschenkel komprimiert werden, gründlich wirksam wird. Nur die fortgeschrittenen Schüler sollen während der Stellung mit vollen Lungen den Atem anhalten.

Wie jede Stellung kann Ardha-Matsyendrâsana auch für sich allein praktiziert werden, um daraus ein Maximum an positiven Effekten zu ziehen. Sie soll so lange wie möglich strikt unbeweglich ausgehalten werden, allerdings nicht länger als 3 Minuten pro Seite.

Wirkungen

Körperliche Wirkungen

Die Wirkungen dieser Âsana stammen:

1. von der Drehung der Wirbelsäule,
2. von wechselseitiger Komprimierung eines Teiles des Unterleibs.

Muskulatur und Bänder. Die Drehung dehnt sämtliche Muskeln und Bänder des Rückgrates, wo überdies ein reichlicher Blutzufluß stattfindet. Der Rücken rötet sich. Ardha-Matsyendrâsana bringt die Muskulatur der Wirbelsäule in Ordnung, verhütet oder merzt Krümmungen derselben aus und bringt unverzüglich ein Gefühl des Wohlbefindens.

Nerven. Wenn wir die Bedeutung der Wirbelsäule betrachten, die vom Rückenmark durchzogen und von der Kette der Ganglien gesäumt ist, verstehen wir, daß diese Âsana den ganzen Organismus stärkt und warum die Yogis sie als kräftigendes Verjüngungsmittel betrachten.

Rückgrat. Hierzu sagt Kernéiz: »Das wichtigste Ziel dieser Âsana ist die Verhinderung einer Sakralisation (Verschmelzung, Verwachsung) des fünften Lendenwirbels mit dem Sakrum, oder, wenn dies schon teilweise stattgefunden hat, dagegen anzugehen. Dieser Zustand, welcher eine teilweise Unbeweglichkeit nach sich zieht, ist so häufig, daß jene, die davon betroffen sind, sie in der Regel als Normalzustand betrachten und ihn sich entwickeln lassen, ohne darauf zu achten, bis er zu einem krankhaften Zustand wird, wie er für das Alter charakteristisch ist. Es ist heutzutage schwierig, die Fähigkeit eines elastischen, normalen Schreitens beizubehalten, wenn man die Fünfzigerjahre überschritten hat. Dies ist darauf zurückzuführen, daß man es nicht verstanden hat, die Beweglichkeit der Wirbelsäule zu erhalten. Die verkrampfte Kontraktion, welche aus dieser Gelenksteifheit entsteht, breitet sich unweigerlich auf den seelischen Zustand aus und bewirkt diese mißmutige und mürrische Stimmung, welche ein Merkmal der Alten ist.«

Innersekretorische Drüsen. Ardha-Matsyendrâsana übt eine wohltuende Wirkung auf die Nebennieren aus.

Bauchgegend. Arda-Matsyendrâsana stärkt sämtliche Eingeweide, indem sie abwechselnd jede Bauchseite komprimiert. Der Dickdarm wird in erster Linie betroffen, indem seine Peristaltik verstärkt wird. Daher muß man immer mit der Kompression der rechten Bauchhälfte beginnen, um im Sinne der Peristaltik zu arbeiten. Diese Âsana bekämpft Verstopfungen. Außer dem Dickdarm werden angeregt die Leber, die rechte Niere während der Drehung nach rechts, die Milz, die linke Niere in der zweiten Phase der Übung, der Pankreas.

Hygienische Wirkungen

Sie können vom Vorhergehenden abgeleitet werden:

a) Stärkung des sympathischen Nervensystems, wodurch der Organismus belebt wird;

b) Korrektur von Abweichungen der Wirbelsäule;

c) Verhütung von Hexenschuß und selbst Formen des Ischias;

d) Begünstigung der Harnausscheidung, indem die Nieren und die Nebennieren stimuliert werden;

e) Kampf gegen Verstopfung, Anregen der Ausscheidung der Leber und des Verdauungstraktes;

f) Kampf gegen Fettleibigkeit und Fettansatz am Bauch.

Sitzend das rechte Bein zurücklegen und den rechten Fuß an die äußere Seite des linken Knies setzen.

Bild rechts oben:
Den linken Arm so hoch wie möglich gegen die Schulter und das rechte Knie stützen und dann eine Hebelwirkung ausüben, um das Rückgrat zu drehen. Das Schienbein fassen oder, noch besser, den rechten Fuß wie auf der Abbildung. Mit dem rechten Arm hinter dem Rücken stoßen. Den Kopf nach hinten drehen.
Ein Detail ist falsch: Der äußere Knöchel ist nicht genau am Kniegelenk angelehnt, so daß der Fuß zu weit vorn steht. Die Schulterlinie verläuft nicht parallel zum Boden.

Bild rechts unten:
Gleiche Ausgangsstellung, jedoch das linke Bein zurückgenommen.

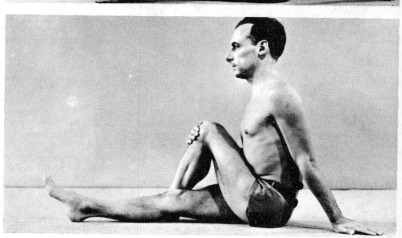

Schlußstellung für Anfänger.

Bild rechts oben:
Ausgangsstellung für Ardha-Matsyendrâsana, von der Seite gesehen.
Man erkennt, wie das Bein zurückgenommen wird, Ferse gegen
Damm. Das Knie muß am Boden liegen.

Bild rechts unten:
Ausgangsstellung für die klassische Ardha-Matsyendrâsana: Das
linke Bein ist zurückgebogen, und die Ferse legt sich an den Damm.

Dieselbe Stellung von vorn.

Bild rechts oben:
Endstellung von hinten gesehen. Sie zeigt die Haltung des Armes und der Hand, welche den Schenkel berührt. Ferner erkennt man, wie der Fuß gefaßt werden soll.

Bild rechts unten:
Ansicht im Profil. Sie zeigt, daß der Fuß flach aufliegt und parallel zu dem Bein verläuft, das dem Körper anliegt. Das Knie berührt den Boden. Körper möglichst aufgerichtet, um eine maximale »Schraubbewegung« zu erzeugen.

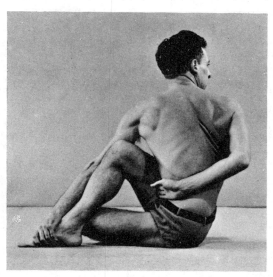

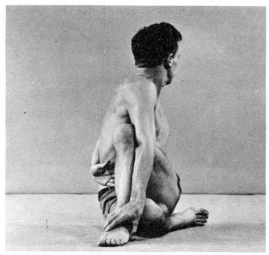

Endstellung von Ardha-Matsyendrâsana: klassisch und schön!

Schirschâsana und Kapâlâsana
(Kopfstand klassisch und Dreifuß)

In der Yoga-Literatur trägt der Kopfstand verchiedene Namen, unter anderem Schirschâsana (die geläufigste Bezeichnung) und Kapâlâsana. Wir nennen die klassische Stellung, wie sie auf Seite 236 gezeigt ist, Schirschâsana (rechts) und Kapâlâsana (Sanskrit kapâla = Schädel, links), eine Stellung ähnlich einem »Dreifuß«. Letztere ist vom Anfänger leichter auszuführen.

Kapâlâsana (Dreifuß)

Wenn Sie Kapâlâsana lernen, dann machen Sie sich vorher klar, daß es sich dabei weder um Akrobatik noch um eine Kraftübung handelt. Am schwierigsten sind Ausgangsstellung und Endstellung, wenn es gilt, sich einige Sekunden lang gerade und unbeweglich zu halten. Allmählich verlängert man diese Zeit, um Hals und Nacken zu festigen und das Gehirn daran zu gewöhnen, vermehrten Blutzustrom zu erhalten. Schon die Vorbereitungsstellung, obwohl von schwächerer Wirkung, bringt die Vorteile der vollständigen Âsana.
Achten Sie darauf, die Hände korrekt am Boden aufzustellen. Wenn Sie auf einem harten Boden arbeiten, nehmen Sie eine zusammengelegte Decke unter den Kopf, kein Kissen, denn dieses wäre zu weich, daher zuwenig fest und nicht zu empfehlen (Abb. S. 248–259).

Schirschâsana (Kopfstand)

Schirschâsana, der »Kopfstand«, ist von allen Yoga-Stellungen zweifellos die berühmteste! Wenigstens vom Standpunkt des Publikums

Kapâlâsana Schirschâsana

 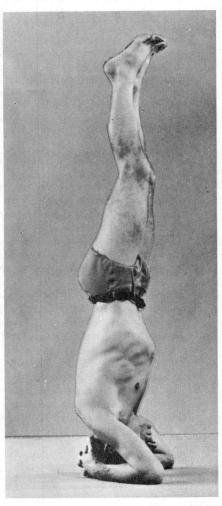

aus betrachtet ist Yoga gleichbedeutend mit »auf dem Kopfe stehen«.
Soll sich der Kopfstand seiner ungewöhnlichen Erscheinung wegen
rühmen, oder weil ihn die Yogis als die Königin der Âsanas betrachten?

Für Nichteingeweihte mag es unsinnig erscheinen, sich auf den Kopf
zu stellen: »Denken Sie doch an das Risiko, sich den Nacken zu brechen, wie schlecht ist es doch, das ganze Blut im Kopf zu haben!«
Was die westlichen Anfänger angeht, so fühlen sie sich gleichermaßen
durch den spektakulären Charakter und die wunderbaren Wirkungen von Schirschâsana beeindruckt. Ferner bewundert man die
anscheinend nicht ungefährliche akrobatische Seite.

Wenn man nur eine Âsana ausführen wollte, dann müßte es sicher
Schirschâsana sein (Abb. S. 260–263).

Warum soll man sich nun auf den Kopf stellen?

Die aufrechte Haltung hat den Menschen geschaffen, sie ist sein
Kennzeichen. Die vorderen Extremitäten wurden zu Händen, als sie
den Boden verließen. Dadurch, daß die Hand fähig wurde, Dinge
zu fassen, ist sie ein schöpferisches Instrument geworden, eigentlich
das einzige, das den Menschen in die Lage versetzt, seinen Gedanken
Form zu geben. Diese schöpferische Arbeit hat den Menschen gezwungen, sich seines Gehirnes zu bedienen, um die Probleme zu lösen. So haben sich Hand und Gehirn während der Evolution des
Menschen parallel und gegenseitig entwickelt.

In der Perspektive der Evolution ist die aufrechte Haltung eine
neuere Erwerbung des Menschen, eine noch unfertige Anpassung,
zumindest was die Wirbelsäule und die Blutzirkulation anbelangt.
Bei den Vierfüßern (Hund und Pferd beispielsweise), wo die Kör-
permasse dem Boden parallel bleibt, wirkt die Anziehungskraft der
Erde gleichmäßig auf den Rumpf ein. Weil die Blutzirkulation ho-
rizontal verläuft ist der Einfluß der Gravitationskraft darauf unwe-
sentlich. Beim Menschen dagegen, wo die Blutzirkulation vertikal
disponiert ist, spielt die Gravitation eine sehr wesentliche Rolle.
Unterhalb des Herzens wird besonders die venöse Zirkulation davon

stark betroffen. Um zum Herzen und zur Lunge aufzusteigen, muß das venöse Blut die Schwerkraft überwinden. Die entsprechende Arbeit geschieht durch Muskelkontraktionen, welche die Venen komprimieren und das Blut zum Herzen zurücktreiben, wobei Klappen als Ventile in einer Richtung dienen und so dafür sorgen, daß kein Blut zurückfließt. Beim normalen und natürlich lebenden Menschen ist diese Lösung genügend, denn er leistet Muskelarbeit durch Bewegung. Beim sitzenden, zivilisierten Menschen sind die Muskelkontraktionen ungenügend, um eine ausreichende venöse Blutzirkulation zu gewährleisten. Daher ergibt sich eine Anhäufung von venösem Blut in den Beinen, insbesondere auch im Unterleib, wo in den Eingeweiden das Blut stagniert, was ihre Funktion verändert. Beim natürlich lebenden Menschen rufen die umfassenden Atembewegungen, dank den Kolbenstößen des Zwerchfelles, ein kräftiges Umwälzen des Blutes sowie ein Ansaugen des venösen Blutes zur Lunge hervor, welche sich gleich einem Schwamm bei jeder Einatmung reichlich mit Luft und Blut anfüllt. Je tiefer die Einatmung, desto mehr Blut strömt zur Lunge. Atmung und Blutzirkulation stehen auf diese Art in enger Verbindung. Beim sitzenden Menschen, der oberflächlich atmet, spielt diese Saugpumpe für die venöse Blutzirkulation eine sehr bedeutende Rolle.

In den Körperpartien oberhalb des Herzens ist die Rückkehr des venösen Blutes zum Herzen durch die Schwerkraft erleichtert, wogegen die arterielle Zirkulation besonders zum Gehirn gebremst wird. Dies ist für den Zivilisierten um so unheilvoller, als er fast völlig zerebral geworden ist, das Gehirn einen sehr großen Bedarf an Sauerstoff entwickelt und damit erhöhten Zufluß an Blut benötigt. Die »Unzulänglichkeiten« der stehenden Stellung sind nicht auf die Zirkulation beschränkt. Beim Tier bleiben die Bauchorgane an ihrem Platz und verdrängen sich nicht gegenseitig. Beim Menschen ist die stehende Stellung Ursache von Wandernieren, Magensenkungen, nach unten verlagerten Eingeweiden, kurzum eine Quelle schwerwiegender funktioneller Störungen.

Aus allen diesen Gründen geben die Yogis der Stellung auf dem Kopf eine so große Bedeutung. Sie bringt augenblicklich die Nachteile der aufrechten Stellung zum Verschwinden.

Wirkungen

Die Wirkungen des Kopfstandes sind so zahlreich, daß wir nicht den Ehrgeiz haben, sie alle zu beschreiben. Wir werden die wichtigsten erwähnen, ohne uns in Einzelheiten zu verlieren. Wesentlich ist, die Herkunft und das Zustandekommen derselben zu kennen.

Körperliche Wirkungen

Knochengerüst. In Ländern, wo die Frauen das Wasser in schweren Krügen auf dem Kopfe tragen, stellt man fest, daß ihre Wirbelsäule perfekt, ihr Gang elastisch und elegant ist. Eine Last im Gleichgewicht auf dem Kopf zu tragen, erfordert eine bestimmte Haltung von Kopf und Nacken, die sich auf die gesamte Wirbelsäule auswirkt. In Mannequin-Schulen, wo die jungen Damen sich einen graziösen Gang aneignen müssen, üben sie zuerst mit einem Buch und später mit mehreren auf dem Kopf zu gehen.

Schirschâsana erzeugt automatisch diese Wirkungen, und zwar in starkem Maße, weil das ganze Körpergewicht auf dem Schädel ruht. Die Wirkung überträgt sich auf den unteren Teil des Rückgrates, besonders auf das Gelenk des fünften Lendenwirbels und des Kreuzbeins, auf welchen das ganze Gebäude des Skelettes ruht und worauf die Wirbel sich aufbauen. Der fünfte Lendenwirbel trägt das ganze Gewicht des Körpers, wenn wir von den Beinen absehen. Er unterliegt maximalem Druck, und seine knorpelige Zwischenwirbelscheibe ist besonders verletzbar. Stellen Sie sich vor, welcher Belastung er beispielsweise beim Laufen oder beim Reiten ausgesetzt ist! Bei den Vierbeinern dient das Kreuzbein in erster Linie als Verbindung vom Becken zur Wirbelsäule, wobei es keinerlei Gewicht zu tragen hat.

In der Stellung Schirschâsana tragen die Lendenwirbel nur noch das Gewicht der Beine und des Beckens. Während des Kopfstandes in perfektem Gleichgewicht gehalten, kommen die Lendenwirbel automatisch in die normale Lage, das heißt: die vorteilhafteste. Deshalb bringt Schirschâsana in wenigen Augenblicken Kreuzschmerzen zum Verschwinden.

Die Halswirbel haben dann wohl das ganze Körpergewicht zu tragen, was jedoch einem normalen Nacken keinerlei Risiko bringt, dies ganz besonders dann nicht, wenn er in Abwehrstellung, das heißt zwischen den Schultern gehalten wird. Wenn Sie jemand von hinten überraschend und brüsk mit einer Hand im Nacken faßt, dann versetzen Sie automatisch Ihren Kopf in diese Abwehrstellung, in welcher er am wenigsten Schaden nehmen kann.

Blutzirkulation. Die stärkste Wirkung übt diese Âsana auf die Blutzirkulation aus. Wir wissen, daß die aufrechte Haltung venöse Blutstauungen begünstigt, insbesondere in den Körperpartien unterhalb des Herzens, weil die Schwerkraft bremsend auf die Rückkehr des Blutes einwirkt. Oberhalb des Niveaus des Herzens dagegen ist die Zufuhr des arteriellen Blutes gebremst.

Schirschâsana kehrt die Situation um. Jetzt hilft die eigene Schwerkraft des venösen Blutes augenblicklich mit, die Venen der Beine zu evakuieren, und Stauungen in den Organen des Bauches werden beseitigt. Sehr viel venöses Blut wird so wieder mobil gemacht und beschleunigt zum Herzen zurückgeführt. Das Volumen des zirkulierenden arteriellen Blutes hängt von der Zirkulation des zurückkehrenden venösen Blutes ab, weil das Herz eine Druckpumpe ist, die durch das zirkulierende arterielle Blut gespeist wird. Es wird in der Lunge gereinigt und mit Sauerstoff versehen. Ist die Rückkehr des venösen Blutes beschleunigt, erhält die Lunge mehr mit Toxinen angereichertes Blut zur Reinigung. Der Kopfstand, verbunden mit

Tiefatmung, entschlackt daher den Organismus, ohne das Herz zu ermüden, das ruhig und kräftig arbeitet.

Arterielles Blut fließt reichlich und mit leichtem Druck zum Gehirn, während es in stehender Stellung die Schwerkraft überwinden muß, um es zu erreichen (s. S. 238).

Venen und Beine ruhen noch viel besser aus als in liegender Stellung. Schirschâsana verhütet Hämorrhoiden und Krampfadern. Wenn Sie dazu neigen, dann wird diese Âsana Ihnen helfen, die Folgen zu lindern und Verschlimmerungen zu verhüten. Es mag sogar sein, daß sie verschwinden. In solchen Fällen ist es gut, die Wirkung durch Anwendung von kalten Güssen auf die betroffenen Stellen zu verstärken, immer als Ergänzung ärztlicher Behandlungen.

Unterleib. Der Unterleib ist die Fabrik, die Konstruktionswerkstatt des Organismus. Die Zone zwischen Zwerchfell und Becken ist von vitaler Bedeutung.

Schirschâsana setzt stagnierendes Blut in den Bauchorganen wieder in Zirkulation, lockert und entstopft die Eingeweide des Bauches, wo die lange andauernde, sitzende Haltung eine fast permanente Stauung erzeugt. Prostataleiden werden durch diese Stauungen im Unterleib verstärkt, wenn nicht gar erzeugt. Beim »Kopfstand« wird die Prostata entlastet und befreit, was sofortige Erleichterung verschafft.

Auch die Geschlechtsorgane profitieren in gleicher Weise. Senkungen von Organen wie der Nieren, des Magens und der Eingeweide normalisieren sich, und sie nehmen ihre natürliche Lage wieder ein, wenn Schirschâsana systematisch und regelmäßig steigernd geübt wird. Die optimale Dauer dieser Stellung beträgt 3 bis 5 Minuten, also durchschnittlich am Tage insgesamt eine Viertelstunde.

Besonders profitiert von Schirschâsana das Verdauungssystem mit seinen angegliederten Drüsen, besonders der Leber, die bei Menschen mit sitzender Lebensweise sehr oft ungenügend arbeitet. Erinnern wir uns, daß sämtliches venöses Blut, welches vom Verdauungssystem herkommt, die Leber passiert. Dann begreifen wir, wie wichtig es ist, daß es keine Verstopfungen und Stauungen in der Leber gibt. Hier hat die venöse Zirkulation Einfluß auf die arterielle und nicht umgekehrt! Wird das venöse Blut aus dem Verdauungssystem abgezogen, entsteht ein vermehrter Zufluß von arteriellem Blut, und dadurch wird die Verdauung verbessert. Während des »Kopfstandes« wird die Leber sozusagen massiert. Da sie leicht komprimierbar ist, flacht sie sich unter dem Druck des Zwerchfelles, dieser Scheidewand, teils aus Knorpel, teils aus Muskeln gebildet, im wörtlichen Sinne ab. Das Zwerchfell trennt die Bauchorgane von jenen, welche in der Brusthöhle liegen. In stehender Stellung oder beim Sitzen massiert die Hin- und Herbewegung des Zwerchfelles beim Tiefatmen die Leber. Diese Massage wird bedeutend wirkungsvoller, wenn wir Schirschâsana üben, denn beim Einatmen flacht sich das Zwerchfell ab und stößt dadurch die Leber und die ganze Masse der Eingeweide, welche auf ihr liegt, zurück. Obwohl in einer weniger ausgeprägten Weise, profitiert auch die Milz, die ebenfalls oft Stauungen unterliegt, von der gleichen Massage.

Lunge. Der Kopfstand ändert die Atmungsart radikal. In sitzender oder stehender Stellung liegen die Lungenflügel im oberen Stockwerk, bei Schirschâsana, im »Kopfstand«, gewissermaßen im unteren. Wir haben eben gesagt, daß in diesem Moment die Bauchorgane auf das Zwerchfell drücken. Die Luft in der Lunge befindet sich im Falle eines Anhaltens des Atems unter leichtem Druck. Dieser Umstand bewirkt eine harmonische Entfaltung der Lungenbläschen und begünstigt den Durchtritt des Sauerstoffes durch die Lungenmembrane, ohne den Abtransport von Kohlensäure zu stören, welche dank seinen physikalischen Eigenschaften sehr leicht entweicht. Schirschâsana wirkt besonders während der Ausatmung, der Hauptphase des Atmungsvorgangs. Ungenügende Ausatmung bedeutet eine dauernde Stagnation schlechter und giftiger Restluft in den Lungenflügeln und beschränkt dadurch das für die Einatmung benötigte Volumen an frischer Luft. Man kann ein Gefäß nur in dem Maße füllen, wie es vorher geleert wurde. Wie viele arme Lungen zivilisierter Menschen sind ebenso schlecht ventiliert wie die Räume, in welchen ihre Besitzer wohnen!

Schirschâsana erleichtert eine tiefe Ausatmung, indem die inneren Organe auf das Zwerchfell drücken. Aus diesem Grund sagen die Yogis, daß diese Stellung unweigerlich zu einem richtigen Pranayama führt, vorausgesetzt, daß man immer durch die Nase atmet.

Schließlich ist noch ein sehr wichtiger Punkt bei dieser Stellung zu erwähnen: Der oberste Teil der Lunge wird gründlich durchlüftet, was den Menschen gegen Tuberkulose immun macht. Der Tuberkelbazillus stirbt beim Kontakt mit Sauerstoff der Luft.

Würde jedermann so tief und gründlich atmen wie bei dieser Gelegenheit, könnte man die Lungensanatorien schließen und in Yoga-Zentren umwandeln!

Gehirn. Das Gehirn ist das Organ mit den meisten Gefäßen im ganzen Organismus. Sein Bedarf an Blut ist, verglichen mit anderen Organen oder Geweben, enorm. Das Gehirn wird im Durchschnitt von 2000 Litern Blut am Tag durchflossen. Die Kapillaren, die Endgefäße der Blutbahnen, haben aneinandergereiht eine Gesamtlänge von 100000 Kilometern. Die Kapillaren reagieren normalerweise auf Blutdruckänderungen sehr elastisch. Sind sie gedehnt, schlapp, so lassen sie die roten Blutkörper zu leicht durch. Verkrampft und zusammengezogen verstopfen sie die Durchgänge, während bei Schirschâsana das Blut reichlich und unter leichtem Druck in das Gefäßsystem des Gehirnes fließt. Es steht dann unter Einwirkung der Schwerkraft und bewirkt eine Spülung im besten Sinne des Wortes (außer bei bestimmten Gegenindikationen, wie sie auf S. 246 f. erwähnt sind, ist dieser Effekt unschädlich).

Sirschâsana bewahrt den Kapillaren ihre Elastizität oder stellt diese wieder her. Die reichliche Blutversorgung und das Weiten verkrampfter Kapillaren des Gehirns läßt Migräne und Kopfschmerzen wie durch ein Wunder verschwinden, ohne daß man zu Drogen Zuflucht nehmen muß.

Schirschâsana begünstigt jede geistige und intellektuelle Tätigkeit. Das Gedächtnis verbessert sich, die Konzentrationsfähigkeit nimmt zu, die Widerstandskraft gegen nervöse Ermüdung steigt, und verschiedene Angstzustände sowie Nervosität lassen durch tägliches Ausüben des »Kopfstandes« nach.

Natürlich kann auch diese Âsana einen Idioten nicht zum Genie machen, jedoch verhilft diese Übung jedem dazu, seine intellektuellen Anlagen besser zu nutzen.

Der Schädel schützt die Hypophyse, eine kleine Drüse von 1 Zentimeter Durchmesser und 6 Gramm Gewicht. Sie ist in der warmen Tiefe des Hypothalamus eingebettet und dirigiert die Tätigkeit aller innersekretorischen Drüsen des Organismus. Schirschâsana normalisiert ihre Funktion, wie auch jene der Schilddrüse, welche den Stoffwechsel reguliert und ganz wesentlich dazu beiträgt, den Organismus jung zu erhalten.

Schirschâsana wirkt überraschend auf die Sinnesorgane. Das Sehvermögen verbessert sich sichtlich. Da das Sehorgan im allgemeinen und die Netzhaut im besonderen große Abnehmer von Sauerstoff sind, erhalten sie einen bedeutenden zusätzlichen Zustrom an arteriellem Blut und ziehen daraus großen Nutzen.

Wenn Sie sich selber vom Effekt dieser Âsana überzeugen wollen, halten Sie eine Tafel zur Prüfung der Sehschärfe oder auch eine Zeitung, die Sie ruhig mit dem Blick überfliegen, 2 Meter weit entfernt. Dann machen Sie den »Kopfstand«, schließen die Augen ungefähr 1 Minute. Schauen Sie erneut auf Ihre Sehprobe wie vorher. Das Bild wird klarer sein.

Gegenindikationen: Personen, welche von einer Ablösung der Netzhaut bedroht sind, sollten diese Übung meiden, ebenso solche, die Krankheiten der Sehorgane aufweisen, wie Bindehautentzündungen, Star usw. In diese Kategorie von Gegenindikationen fallen nicht: Kurzsichtigkeit, Weitsichtigkeit und Astigmatismus. Seien sie temporär oder nicht, Schirschâsana kann ihnen nur zuträglich sein.

Gehör. Auch das Gehör kann sich unter dem Einfluß des Kopfstandes verbessern. *Gegenindikationen:* Mittelohrentzündung oder andere entzündliche Prozesse des Ohres. Selbst nach Heilung muß man einige Zeit davon Abstand nehmen, den »Kopfstand« auszuführen.

Kleinhirn. Das Kleinhirn, an der Basis des Großhirns gelegen, ist allen motorischen Zentren, die unter willentlicher Kontrolle stehen, verbunden. Seine Rolle besteht darin, Bewegungen zu koordinieren. Das Kleinhirn wirkt besonders zur Beibehaltung des Gleichgewichtes, was auch bei Schirschâsana nötig ist.

Ästhetische Wirkungen

Da der »Kopfstand« die Statik der Wirbelsäule verbessert, fördert er eine gerade Haltung sowie einen weichen, elastischen Gang. Das Gesicht erhält einen reichen Zufluß an arteriellem Blut, die Haut wird besser ernährt als mit der besten Gesichtscreme. Runzeln entstehen zuerst am Hals und in den Augenwinkeln bei den Schläfen (Krähenfüße), weil diese Zonen wenig durchblutet sind. Dank Schirschâsana wird die Haut verjüngt, regeneriert, entstehende Falten verschwinden (ausgenommen die tiefen Furchen, welche im Gesicht eingegraben sind). Der Teint wird erfrischt, und das Gesicht strahlt Gesundheit aus.

Das Haar, so versichert die Yoga-Tradition, kann wieder wachsen, wenn eine reichliche Durchblutung des Haarbodens stattfindet, dies ist bekanntlich Vorbedingung für jede Behandlung von Kahlköpfigkeit.

Ein ergrauender Mann könnte erleben, daß sein Haar nach einem Jahr Übung wieder Farbe annimmt. Um solche Ergebnisse zu erzielen, müßte der »Kopfstand« täglich mindestens eine halbe Stunde ausgeübt werden, eventuell mit Unterbrechung.

Schirschâsana bekämpft Schlaflosigkeit und begünstigt die Blutzirkulation in den Füßen. Nach einigen Minuten »Kopfstand« werden Sie bei der Rückkehr in Normalstellung feststellen, daß Ihre Füße rosafarben und warm geworden sind.

Gegenindikationen

Sie sind beim »Kopfstand« weniger zahlreich und einschneidend, als man es meinen könnte. Die Erfahrung hat gezeigt, daß die Fälle eines direkten Verbotes dieser Übung selten sind. Bei langsamer Steigerung ist der »Kopfstand« 90 von 100 Personen zugänglich.

Persönlich haben wir nie ungünstige Resultate festgestellt, obwohl wir Hunderte von Menschen Yoga gelehrt haben, selbst Personen über 60 Jahre. Hier ist alles eine Frage des Maßes und des gesunden Menschenverstandes. Die in diesem Buch geschilderten Techniken halten alle jene fern, welchen diese Âsana schaden könnte.

Es ist klar, daß, wenn die Arterien und die kleinen Blutgefäße des Gehirns verkalkt sind, man auf die Übung verzichten muß. Dasselbe gilt bei krankhaften Veränderungen der Halsschlagader oder bei sehr hohem Blutdruck. Selbst dann ist aber die Gefahr gering, denn eindeutige Warnzeichen informieren jeden Betroffenen, wenn er mit Yoga beginnt.

Ergibt sich beispielsweise beim »Kopfstand« augenblicklich eine starke Migräne, die bei jedem weiteren Versuch zunimmt, dann muß man mindestens vorläufig von dieser Âsana absehen. Ohrensausen, das sich bei jedem Versuch verstärkt, mahnt zur Vorsicht. Ergeben sich Pfeif- oder Brummgeräusche in den Ohren bei den ersten Versuchen, so ist dies normal. Wenn sie täglich geringer werden, sind sie in keiner Weise beunruhigend. Geringer Blutdruck wird dann zur Gegenindikation, wenn der arterielle Druck unter neun fällt. Leichter Schwindel mag sich einstellen, wenn man sich rasch erhebt. Er ist aber nicht bedenklich. In jedem Falle muß die eine oder andere Stellung eingenommen werden, wie sie auf S. 259 beschrieben sind, wenn Schirschâsana beendet ist. Man muß der Zirkulation Zeit geben, sich wieder zu normalisieren.

Besondere Hinweise

Falsch praktiziert, kann Schirschâsana ein Gefühl der Atemlosigkeit erzeugen, eine Folge heftiger Anstrengung oder eines unbewußten Anhaltens des Atems. Wenden Sie daher nie Kraft auf, und atmen Sie normal weiter durch die Nase, wenn Sie diese Âsana praktizieren.

Um jedes Risiko auszuschalten, beschränken Sie sich vorerst auf die Anfangsübungen, welche Sie daran gewöhnen, »die Welt umgekehrt zu betrachten«, und die Muskulatur des Halses stärken. Gleichzeitig wird Ihr Gehirn vorbereitet, das Blut unter leichtem Druck zu empfangen.

Während dieser vorbereitenden Übungen erheben sich die Beine noch nicht in die Vertikale. Da der Druck der Höhe der Wassersäule entspricht, bleibt er auf diese Weise innerhalb der Sicherheitsgrenzen.

Gegen eine Wand. Im Anfangsstadium kann die Wand ein trügerischer Verbündeter sein, weil das Abstützen es erlaubt, die eigenen Grenzen zu überschreiten. Erst wenn die Anfangsübungen beherrscht werden, und zwar inmitten des Raumes, kann eine Wand zu Hilfe genommen werden, um sich völlig zu erheben. Gefährliche Stürze sind auch im freien Raum nicht zu befürchten, höchstens ein harmloser Purzelbaum.

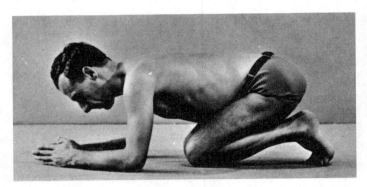

Um eine korrekte Ausgangslage zu bestimmen, bildet man mit den Unterarmen ein gleichseitiges Dreieck. Die Spitze des Dreiecks ist der richtige Platz für das Aufsetzen des Kopfes; die Hände werden dort aufgelegt, wo bei der Platzabmessung die Ellenbogen waren. Siehe hierzu auch die beiden Zeichnungen S. 248 und 249 unten.

Bestimmung
des Winkels

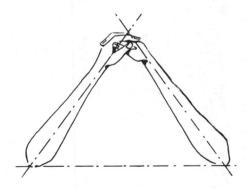

Wenn die Hände und der Kopf korrekt plaziert sind, handelt es sich darum, den Schädel richtig auf den Boden zu setzen. Der Auflagepunkt des Körpergewichtes liegt auf dem Vorderteil des Schädels. Dies ist *sehr wichtig*, denn die Art, wie der Kopf auf dem Boden aufliegt, bildet die Voraussetzungen dafür, wie sich die Statik der Wirbelsäule während der Übung verhält. Liegt der Auflagepunkt zu weit hinten, so muß sich der Rücken runden, wenn Sie den Kopfstand machen, und sie werden hintenüberrollen ... was übrigens kein Risiko bedeutet, jedoch den Erfolg der Âsana verhindert.

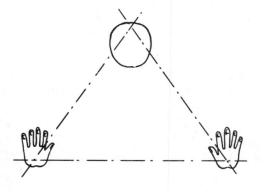

Korrekte Stellung
von Händen und Kopf

Wenn Hände und Kopf richtig auf dem Boden sind, werden die Beine gestreckt, was einen Teil des Körpergewichtes auf den Schädel überträgt. Die Stellung des Kopfes verändert sich dabei nicht. Während der ganzen Übung, die Endphase eingeschlossen, bleibt der Schädel wie am Boden festgeschraubt. Ältere Menschen oder solche, die einen steifen Hals haben, werden diese Stellung nur einige Sekunden beibehalten können. Allmählich werden sie die Zeit steigern, sowie sich die Muskulatur des Halses verstärkt hat. Fühlen Sie sich sicher genug, daß Ihr Hals das Gewicht tragen kann, dann . . .

. . . halten Sie die Beine gestreckt, nähern die Zehen dem Kopf. Jetzt ist fast das ganze Gewicht des Rumpfes auf dem Kopf (Bild rechts oben).

Bild rechts unten: **Fehler:**
Die Hände liegen nicht richtig am Boden. Sie sind zu nahe am Kopf, und das Basisdreieck ist zu klein, was ein unstabiles Gleichgewicht ergibt und es unmöglich macht, eine korrekte Stellung einzunehmen.

Fehler ▼

Manche Personen werden die Hände lieber so stellen, wie es auf diesem Bild gezeigt wird. Dies ist erlaubt, nur müssen sie dann während
der ganzen Übung diese Haltung beibehalten.

Bild rechts oben:
Fehler:
Die Hände sind zu weit vom Kopf weg, was ebenfalls ungünstig ist.
Der Winkel ist zu groß, und es ist nicht möglich, die Hände flach auf
den Boden aufzulegen, was für eine stabile Ausgangslage erforderlich
ist.

Bild rechts unten:
Sind die Zehen so nahe wie möglich am Kopf, wird ein Bein angezogen
und auf den Oberarm gesetzt, das Knie einige Zentimeter hinter dem
Ellbogen, der Fuß zeigt gegen den Körper.

Fehler ▲

Das andere Bein wird auf dieselbe Weise auf den Arm gesetzt. Diese verschiedenen Phasen können auf mehrere Tage verteilt werden oder auch in einigen Minuten eingenommen werden. Man soll aber immer etwas *unter* seinen effektiven Möglichkeiten bleiben. Wer in der Lage ist, in dieser Stellung angenehm zu verweilen, kann die Endstellung leicht einnehmen, denn so ist sie bereits zu 80 Prozent erreicht.

Bild S. 255 links:
Sind die Knie in richtiger Ausgangslage, werden die Beine gestreckt, und Sie kommen automatisch in die richtige Stellung. Indem man ständig übt, handelt es sich jetzt darum, den Nullpunkt zu finden, das heißt *den* Punkt des perfekten Gleichgewichts, wo der Kopfstand keinerlei Muskelarbeit erfordert und man sich vollkommen konzentrieren kann.

Bild S. 255 rechts:
Fehler:
Ein häufiger Fehler besteht darin, daß das Gewicht während der Übung nicht senkrecht über dem Kopf gehalten wird. Dadurch verliert man das Gleichgewicht nach hinten.

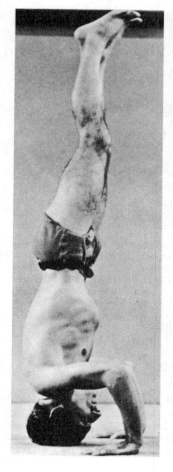

Fehler ▲

Wenn Sie einen Sturz befürchten, dann üben Sie an einer Wand. Befinden Sie sich in Ausgangsstellung, so muß der Rücken 5 Zentimeter von der Wand entfernt sein. Sind Sie näher, können Sie sich nicht erheben. Weiter davon entfernt ist die Wand keine Sicherheit mehr, sondern eine Gefahr, indem Sie gegen die Wand fallen könnten und den Nacken einziehen müßten. Die Gefahr ist zwar nicht sehr groß. Sie riskieren immerhin eine Quetschung, was nicht angenehm ist.

Sobald Sie sich in der Lage fühlen, diese Ausgangsstellung ruhig zu halten, bildet Kapalâsana keine große Schwierigkeit mehr.

Bilder Seite 257:

Führen Sie die Füße so nahe wie möglich ans Gesäß. Dann kontrahieren Sie die Muskulatur des unteren Teiles des Rückens (Lendengegend), heben die Knie leicht von ihrer Unterlage auf den Ellenbogen ab. Begnügen Sie sich anfänglich mit einigen Zentimetern. Sowie Sie sicher werden, wie die Bewegung aus den Hüften heraus kommen muß, heben Sie die Beine höher. Das Körpergewicht bleibt auf demselben Punkt des Kopfes. Vermehrtes Gewicht gleichen Sie nach hin-

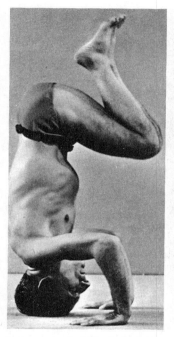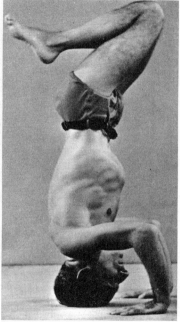

ten aus, so, daß Sie aber nicht nach hinten fallen, was zwar auch nicht gefährlich wäre. Spüren Sie eine Unsicherheit im Gleichgewicht, dann nehmen Sie die Beine an die Brust, ziehen den Bauch ein und kommen zum Boden. Üben Sie dieses Herunterkommen, und achten Sie darauf, daß keine Möbel im Wege stehen.

Haben Sie die Knie bis zur Horizontalen gehoben, dann heben Sie diese noch weiter, bis sie nach oben zeigen. Die Füße bleiben so nahe wie möglich am Gesäß. Machen Sie nicht den Fehler, die Beine zu früh zu heben, ohne die Füße gut ans Gesäß zu führen, sonst ist die Endstellung nicht korrekt.

Fehler:
Diese Abbildung zeigt einen sehr häufigen Fehler. Die Knie liegen
nicht auf den Oberarmen auf, sondern daneben. Von dieser Stellung
aus ist es sehr schwierig, die Beine in die Endstellung zu bringen.

Bilder Seite 259:
Nach dem »Kopfstand« und den Vorübungen dazu ist es unumgänglich, eine der beiden gezeigten Haltungen einzunehmen. Sie sind
beide gleichwertig. Dadurch normalisiert sich die Blutzirkulation.
Diese Empfehlung richtet sich nicht nur an Anfänger, sondern an alle,
die den »Kopfstand« ausführen. Der Daumen wird in den Raum zwischen Augenbrauen und Nasenwurzel gelegt, damit der Hals sich entspannen kann. Diese Stellung ist unbedingt für 15 bis 30 Sekunden
einzunehmen.

Jetzt, da Sie Kapâlâsana beherrschen, werden Sie auch bald in der Lage sein, die klassische Stellung Schirschâsana einzunehmen.
Der Anfang ist in der Regel schwieriger als für Kapâlâsana, dagegen ist die Schlußstellung bequemer. Daher wird sie von den Yogis bevorzugt.

Bilder Seite 261:
Verschränken Sie die Finger, ohne zu drücken. Setzen Sie die Ellenbogen wie angezeigt auf den Boden. Die Finger werden nicht unter den Kopf gelegt, sondern bilden eine Schale für denselben. Die Hände müssen so liegen, daß der Kopf sich nicht bewegen kann und während der ganzen Übung in Ausgangsstellung verharrt.
Strecken Sie die Beine und nähern Sie die Zehen so weit wie möglich dem Gesicht. Das Körpergewicht bleibt ständig auf derselben Stelle des Schädels. Nehmen Sie ein Maximum an Gewicht mit dem Kopf auf, damit die Arbeit der Arme entlastet wird.

Bilder S. 262/263 von links nach rechts:
Ist es unmöglich geworden, die Füße noch näher an das Gesicht zu
bringen, dann biegen Sie die Beine und führen sie an das Gesäß.
Um sich voll zu strecken, verfahren Sie wie bei Kapâlâsana Die Knie
nach oben führen, bevor die Beine gehoben werden.
Jetzt suchen Sie sorgfältig den Punkt Null und konzentrieren sich ganz
auf die Lockerung der ganzen Muskulatur von den Zehen bis zum Nak-
ken. Achten Sie darauf, den Nacken gut hinzusetzen, die Schultern tief
zu halten, sonst ermüden Sie schnell.

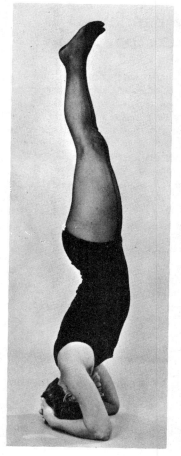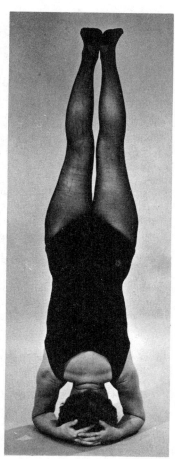

Uddiyana Bandha
(Kontraktion des Bauches)

Wie soll man Uddiyana Bandha übersetzen? »Bandha« heißt hier »Blockierung, Kontraktion«, und »Uddiyana« hat als Sanskritwurzeln »ut« und »di«, was bedeutet: »nach oben fliegen«. Dies gibt dem Ausdruck noch keinen Sinn, auch dann nicht, wenn die Yogis erklären, daß diese Übung »Prana durch die Sushumna Nadi nach oben führt«. (Prana = Energie. Sushumna Nadi = Leitung subtiler Energie, entsprechend dem Rückenmark in unserem materiellen Körper.)

Die sich auf den Bauch beziehenden Übungen sind für Yoga charakteristisch. Der Nichteingeweihte, welcher einen Yoga-Schüler den Bauch völlig einziehen sieht, ist davon sehr beeindruckt. Uddiyana Bandha bereitet keine Schwierigkeiten. Sie ist im Hatha-Yoga so selbstverständlich wie das »Brett« für einen Schwimmer. Wenn man die Technik begriffen hat, gelingt die Übung oft sofort. Ein Beduine, der nie einen Schwimmer gesehen hätte, würde das »schwimmende Brett« sensationell finden und seinen Augen nicht trauen.

Hören wir, was Swami Sivânanda, der Yogi-Arzt, dazu sagt: »Uddiyana Bandha ist ein wahrer Segen für die Menschheit. Sie verleiht Gesundheit, Kraft, Langlebigkeit jenem, der sie praktiziert. Uddiyana und Nauli finden in keinem System orientalischer oder westlicher Körpererziehung ihresgleichen.«

Ablauf der Übung

Was geschieht bei Uddiyana?
Es ist an sich sehr einfach, die Bilder S. 271 und S. 272 zeigen es Ihnen. Nach einer tiefen Ausatmung, wobei die Lunge kraftvoll geleert

wird, hebt sich das Zwerchfell unter dem Einfluß einer »falschen«
Einatmung, wodurch im Thorax ein Unterdruck entsteht. Die Eingeweide werden im Brustkorb mit hochgezogen. Durch den atmo-
sphärischen Außendruck wird der Bauch zur Höhle und flacht sich
ab. Von der Seite gesehen (Abb. S. 271 rechts), scheint der Bauch ver-
schwunden zu sein.

Technik

Hier die Voraussetzungen für das Gelingen.

a) Man muß nüchtern sein.
b) Um es dem Zwerchfell zu erlauben, sich hochzuwölben, müssen
   die Lungenflügel während der ganzen Übung unbedingt leer sein.
c) Die Muskulatur des Bauchgürtels *muß* entspannt und passiv sein.
   Angespannt würde sie sich dem Druck engegensetzen, der von außen das Einwölben des Bauches bewirkt. Die Muskulatur des Unterleibes arbeitet also bei dieser Übung *nicht*.
d) Eine »falsche« Einatmung bewirkt das Hochwölben des Zwerchfelles in seine höchstmögliche Lage.

Stellung

Um die richtige Stellung zu finden, muß man vorerst leicht kauern,
und zwar so, daß der Rücken etwas gebogen wird. Dann richtet man
sich langsam auf, ohne die Stellung zu ändern, weder die Stellung
des Rumpfes noch die Biegung des Rückens. Sind die Beine fast gerade, die Füße parallel, dann genügt es, die Hände auf die Oberschenkel zu legen, und man hat die korrekte Ausgangsstellung. Um
den Bauchmuskelgürtel locker zu lassen, müssen die gestreckten
Arme die Schultern stützen und den Körper fest in dieser Stellung
fixieren. Dies während der ganzen Übung. Die Ellenbogen werden
nach vorn gedrückt, was die Übung erleichtert.

Fußstellung. Wenn Sie so verfahren, sind die Füße automatisch etwa 30 bis 40 Zentimeter voneinander entfernt und fast parallel. Ist Ihnen Uddiyana einmal geläufig, dann können Sie darauf verzichten, die kauernde Stellung einzunehmen. Sie kann auch im Lotossitz praktiziert werden (Abb. S. 272).

Die Übung beginnt

Erste Phase. Atmen Sie unter Krafteinsatz aus, und kontrahieren Sie auch die Muskulatur des Unterleibs, um die Lunge völlig zu leeren. Je weniger Restluft zurückbleibt, desto stärker wird der Bauch eingezogen werden können.

Zweite Phase. Unter Luftabschluß, also ohne Luft eintreten zu lassen, wird rasch und vollständig die Muskulatur des Bauchgürtels, die vorher kontrahiert war, entspannt, um die forcierte Ausatmung zu vollziehen. Dann weiten Sie die Rippen und tun so, als wenn Sie eine tiefe Einatmung vollziehen wollten. Sowie sich die Rippen heben, steigt auch das Zwerchfell, und der Bauch zieht sich ein. Uddiyana ist für einige Augenblicke zu halten, anfänglich 5 Sekunden, und dann wird progressiv gesteigert.

Ende

Zum Ende von Uddiyana Bandha lassen Sie den Thorax wieder seine normale Haltung einnehmen und den Bauch in seine ursprüngliche Lage zurückkehren. Erst dann atmen Sie ein. So tritt die Luft sanft wieder in die Lunge ein. Würden Sie Luft während Uddiyana Bandha einströmen lassen, dann würde dies einen heftigen Zustrom zur Lunge bewirken. Weil die Membranen der Alveolen äußerst fein sind, ist dies nicht erwünscht.

Besondere Hinweise

Gründe für das Mißlingen

Uddiyana gelingt nicht, wenn:

a) die Lunge nicht leer bleibt und wenn Sie während des Atemverhaltens Luft einströmen lassen.
Gegenmittel: Zu Beginn können Sie mit Daumen und Zeigefinger die Nase zuhalten, damit Sie sicher sind, daß während des Luftanhaltens keine Luft einströmt.

b) die Bauchgürtelmuskulatur gespannt bleibt. Mit entleerter Lunge im Anfangsstadium können Sie die Bauchmuskulatur betasten, um festzustellen, ob sie auch wirklich entspannt ist.

c) der Brustkasten sich nicht genügend dehnt.
Gegenmittel: Auf dem Rücken ausgestreckt, versuchen Sie, den Bauch so stark wie möglich einzuziehen und die Rippen zu spreizen. In liegender Stellung ist es leicht, den Bauch locker zu lassen, und obwohl er sich weniger einziehen läßt, erlaubt es diese Stellung, die Bewegung zu erlernen.

Agnisara Dhauti (Schlagen der Bauchdecke)

Uddiyana Bandha führt natürlicherweise zu Agnisara Dhauti. »Dhauti« bedeutet »Reinigungsprozeß«, und »Agnisara« heißt »durch das Feuer«, also Reinigung durch das Feuer. Das Feuer ist in diesem Falle das Feuer der Verdauung. Dhauti besteht aus einer Folge von Uddiyana, ohne daß dabei Atem geschöpft wird. Ist der Bauch eingezogen, dann lassen Sie ihn unverzüglich wieder in Normallage schnellen, um ihn sofort wieder einzuziehen usw., bis Sie Luft schöpfen müssen und dadurch die Übung beendet wird. Ruhen Sie einen Moment aus und fahren Sie fort. Gehen Sie anfänglich langsam vor, um dann den Rhythmus zu steigern, so daß Sie zu einer Serie von Kontraktionen von 50 bis 60 Uddiyana während eines Atemanhaltens kommen. Es können auch mehr sein.

Auch hier muß der Magen unbedingt leer sein.

Die Schwierigkeiten bestehen darin, daß der Bauch unbedingt entspannt bleiben muß. Agnisara Dhauti stellt eine unvergleichliche Massage des Unterleibs dar, der auf diese Weise geknetet und massiert wird, was die Assimilation der Nahrung fördert und die Verdauung beschleunigt. So ist die Bezeichnung Reinigung durch das (Verdauungs-)Feuer durchaus gerechtfertigt. Die Yogis führen auf diese Weise mindestens 500 Kontraktionen am Tage durch, was nicht mehr als 5 Minuten in Anspruch nimmt, die Ruhezeit eingeschlossen. Einzelne können bis zu 1 000, ja 5 000 Kontraktionen vollziehen. Der Europäer wird sich mit 100 bis 500 am Tag begnügen.

Uddiyana Bandha, klassisch und vollständig

Uddiyana Bandha wird vervollständigt, indem die schrägen Bauchmuskeln während der Kontraktion des Unterleibs zum Hervortreten gebracht werden. Konzentrieren Sie sich, und ziehen Sie die Flanken an. Dies hilft die schrägen Bauchmuskeln kontrahieren (siehe Abb. S. 271 rechts). Lassen Sie sich nicht entmutigen, wenn Sie nicht sofort Erfolg haben. Sie werden schon so viele Vorteile aus der einfachen Übung ziehen, daß Sie davon überzeugt sein werden.

Gegenindikationen

Sämtliche akuten Affektionen der Bauchorgane sind als Gegenindikation zu bewerten, Kolitis, Blinddarmentzündung usw. Ist von der Krankheit nichts bekannt, so ruft Uddiyana Bandha einen Schmerz hervor. In diesem Fall müssen Sie sofort aufhören und einen Arzt konsultieren. Senkungen sind keine Gegenindikationen. Die Übung bringt in solchen Fällen Erleichterung.

Wirkungen

Uddiyana Bandha ist eine fundamental wichtige Übung, deren esoterische Wirkungen besonders den Unterleib, den Brustkorb und die Lungen erfassen. Die esoterischen Wirkungen betreffen die Erwekkung der »Kundalini«.

Unterleib. Die Bauchorgane des sitzenden Menschen sind benachteiligt, weil sie durch die oberflächliche Atmung die rhythmische Massage, welche durch das sonst kräftige Ein- und Ausatmen, das durch das Zwerchfell erzeugt wird, entbehren müssen. Zusätzlich bringt die sitzende Lebensweise Blutstauungen in den Eingeweiden zum Nachteil der Organe mit sich. Dadurch wird eine beträchtliche Menge an Blut der Zirkulation entzogen, was die Vitalität untergräbt. Die Verdauung wird schlecht, die Arbeit der Eingeweide verlangsamt, Verstopfung ist die Folge. Dies um so mehr, als die konventionelle Ernährung schädliche Fäulnisprozesse in den Eingeweiden mit sich bringt.

Uddiyana Bandha und Agnisara Dhauti korrigieren diesen Zustand durch Tiefenmassage der Eingeweide und durch Beschleunigung der Zirkulation in der Bauchhöhle. Kein Organ der Bauchhöhle entzieht sich ihrer Wirkung. Der ganze Verdauungstrakt wird angeregt. Die Verdauung wird erleichtert, Verdauungsstörungen verschwinden. Diese Feststellungen scheinen der Anweisung zu widersprechen, daß Uddiyana mit leerem Magen geübt werden soll. Der Magen ist wohl leer, nicht aber die Eingeweide. Ist die Verdauung im Magen beendet, geht die Verdauung in den Eingeweiden noch einige Stunden weiter.

Der Magen profitiert von Uddiyana, denn es leert die Taschen von restlichen Verdauungssäften, dies ganz besonders bei Magensenkungen. In unserer Zivilisation mit großen Essern ist sozusagen jeder Magen erweitert.

Uddiyana und Agnisara Dhauti beeinflussen die Drüsen des Verdauungstrakts. Die unter dem Zwerchfell liegende Leber erfährt Anregung, und die Bauchspeicheldrüse, deren Inselchen das Insulin sekretieren, ebenfalls. Die Nieren werden belebt, und die Harnausscheidung wird beschleunigt, weil die Nebenniere gekräftigt und der Uro-Genital-Traktus entstopft wird. Nierensenkungen erfahren Besserung.

Uddiyana bekämpft das Luftschlucken, führt Gase ab, und die Milz wird in ihrer Tätigkeit aktiviert.

Plexus solaris. Das Sonnengeflecht (Plexus solaris) ist eine Bildung des Nervensystems, ein wahres »Bauchgehirn«, welches an der Regulierung aller im Bauch lokalisierten Funktionen teilnimmt. Durch das Anhalten des Atems wirkt Uddiyana auf den Pneumogastrikus und stellt das neuro-vegetative Gleichgewicht wieder her.

Uddiyana Bandha stimuliert den Plexus solaris durch Dehnung der ganzen Region und umfaßt auch den Plexus coeliacus.

Brusthöhle. Bei sehr vielen Zivilisierten ist das Zwerchfell blockiert und unbeweglich.

Uddiyana wirkt auf die Lunge, welche angeregt und elastischer wird. Das Anhalten der Luft (es ist ungefährlich) stärkt sie. Das Herz, welches auf dem Zwerchfell aufliegt, sorgfältig in die Lunge eingebettet, profitiert von der Massage, die durch das Heben des Zwerchfelles bewirkt wird.

Ausgesprochen Herzkranke müssen auf diese Übung verzichten und ihren Arzt befragen.

Zu den Bildern auf S. 271:
Uddiyana Bandha. Von der Seite gesehen, wird besonders deutlich, wie die Eingeweide vom Yogi im Brustkorb mit hochgezogen werden.

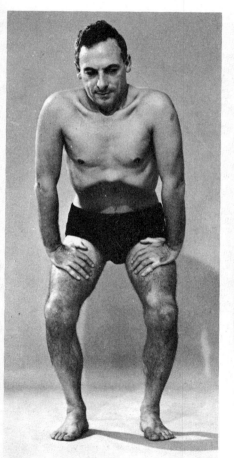

Uddiyana Bandha im Lotossitz. Diese Variante für Fortgeschrittene ist ästhetischer als die im Stehen vollführte, aber auch etwas schwerer.

Suryanamaskar (Gruß an die Sonne)

Im folgenden wird eine Variante dieser Übung beschrieben, von denen es mehrere gibt. Ausgewählt wurde diejenige, welche in Rishikesh im Aschram von Swami Sivânanda gelehrt wird. Sie ist allen zugänglich und leicht zu erlernen.

»Gruß an die Sonne« – »surya« bedeutet im Sanskrit »Sonne«, »namaskar« = »Gruß« – zerfällt in 12 Bewegungen, die mehrere Male zu wiederholen sind, so daß die ganze Muskulatur in Bewegung kommt, sich anwärmt und für die Âsanas in Form bringt. Es handelt sich um eine ideale Konditionsübung, die rascher in Form bringt als die üblichen Âsanas.

»Gruß an die Sonne« ist eine geschlossene Übung, welche außerhalb der täglichen Yoga-Stunde praktiziert werden kann. Traditionsgemäß führen sie die Yogis bei Sonnenaufgang vor den Âsanas aus. Die europäischen Christen brauchen sich nicht gehemmt zu fühlen: Es handelt sich nicht um ein Gebet für Heiden, und ich habe auch nicht die Absicht, die Christen ohne ihr Wissen einen hinduistischen oder einen anderen Ritus ausüben zu lassen. »Gruß an die Sonne« ist nichts als eine hervorragende Übung, ohne welche keine Yoga-Stunde konzipiert werden sollte. Sie bereitet auf die Âsanas vor, welche sie vervollständigt, stärkt die Muskulatur, beschleunigt die Atmung und macht sie voller, ebenso wie den Rhythmus des Herzens. Dabei führt sie weder zur Ermüdung noch kommt man außer Atem.

Ablauf der Übung

Betrachtet man die Abbildungen auf S. 281 bis S. 290, so mag es erscheinen, daß Suryanamaskar kompliziert wäre, was sie aber nicht ist. Sie sollten sich also nicht abschrecken lassen. Tatsächlich ist sie nur aus 6 Bewegungen zusammengesetzt, welche im umgekehrten Sinne zu wiederholen sind.

Um die Übung zu erlernen, beginnen Sie mit Nr. 1, 2, 3, 4 (s. Tabelle S. 279) und dann rückwärts, indem die Stellungen 10, 11, 12 eingenommen werden. Es ist nicht schwierig. Dann erlernen Sie noch die Bewegungen 5 bis 9.

Wenn Sie sie gut können, müssen die einzelnen Bewegungen nur noch am richtigen Platz eingereiht werden, und Ihr »Gruß an die Sonne« ist vollständig.

Wirkungen

Lesen Sie, was der Rajah von Aundh dazu sagt. Er hat die Wirkungen an sich selber, seiner Familie, seiner Umgebung und selbst in den Schulen und Unternehmungen seines Fürstentums beobachtet. Was er sagt, ist fast zu schön. Aber je mehr Zeit vergeht, um so größer erscheint auch mir die Bedeutung von Suryanamaskar.

Der Rajah von Aundh sagt: »Suryanamaskar kann von jedermann zu jeder Jahreszeit allein oder in Gruppen ausgeführt werden, weil sie ebensogut im Zimmer als auch im Freien praktiziert werden kann.

Suryanamaskar nimmt nur einige Minuten am Tage in Anspruch, also drei bis zehn Minuten.

Suryanamaskar wirkt nicht nur auf einen Teil des Körpers, sondern auf den ganzen Organismus.

Suryanamaskar kostet nichts, verlangt weder Ausrüstung noch kostbares Material, ein Platz von zwei Quadratmetern genügt.

Suryanamaskar stärkt das Verdauungssystem, indem es den Unterleib abwechselnd dehnt und zusammenpreßt. Sie massiert die Eingeweide (Leber, Magen, Milz, Nieren), aktiviert die Verdauung, beseitigt Verstopfung und verhindert Verdauungsstörungen.

Suryanamaskar stärkt den Bauchgürtel, und daher hält sie die Organe an ihrem Platz. Blutstauungen in den Organen des Unterleibs verschwinden.

Suryanamaskar synchronisiert die Bewegung der Atmung, lüftet die Lunge gründlich, versieht das Blut mit Sauerstoff, entgiftet es durch massives Ausstoßen von Kohlensäure und anderen schädlichen Gasen durch die Atmungswege.

Suryanamaskar erhöht die Herztätigkeit und die Blutzirkulation im ganzen Organismus, was für die Gesundheit bedeutend ist. Sie bekämpft hohen Blutdruck, Herzklopfen und erwärmt die Extremitäten.

Suryanamaskar stärkt das Nervensystem dank abwechselnder Dehnung und Biegung der Wirbelsäule. Sie reguliert die Funktion des Sympathikus und des Parasympathikus, fördert den Schlaf und das Gedächtnis.

Suryanamaskar vertreibt Sorgen und macht die Angstbeladenen heiter. Die Nervenzellen erholen sich ebenso wie die anderen Zellen des Körpers, allerdings langsamer. Suryanamaskar bringt sie durch ausdauerndes und regelmäßiges Üben wieder zu einer Normalisierung ihrer Funktionen.

Suryanamaskar regt die Funktion der innersekretorischen Drüsen an und normalisiert ihre Funktion, besonders die Schilddrüse durch die Kompression des Halses.

Suryanamaskar erfrischt die Haut und macht sie erblühen. Die Haut scheidet Gifte aus, denn die richtig ausgeführte Übung ergibt ein leichtes Schwitzen, bis zum Erscheinen einer leichten Feuchtigkeit der Haut. (Der Rajah von Aundh empfiehlt sogar, bis zu stärkerem Schwitzen zu gehen, wobei in Indien bei der herrschenden Temperatur einige Minuten genügen. Bei uns ist dies nicht erforderlich.) Die Haut spiegelt Gesundheit wider, der Teint hellt sich auf, die gut durchblutete Haut verjüngt sich.

Suryanamaskar verbessert die Tätigkeit der Muskulatur des ganzen Körpers, des Halses, der Schultern, der Arme, der Hände, der Finger, des Rückens, des Beckens, des Bauchgürtels, der Oberschenkel, der Waden, ohne sie schwer zu machen oder zur Hypertrophie zu bringen. Den Rücken zu stärken, ist ein gutes Mittel im Kampf gegen Nierenleiden.

Suryanamaskar ändert Form und Haltung der Brust junger Mädchen und Frauen. Die Büste entwickelt sich normal, wird (oder wird wieder) durch die Anregung der Drüse und die Festigung der Muskulatur des Brustkorbes fest und elastisch.

Suryanamaskar regeneriert die Aktivität der Gebärmutter und der Eierstöcke, verhindert Unregelmäßigkeiten in der Menstruation und deren Schmerzerscheinungen, erleichtert die Geburt.

Suryanamaskar verhindert den Haarausfall und die Tendenz zum Grauwerden.

Suryanamaskar gleicht die schädlichen Erscheinungen hoher Absätze, enger Schuhe, Gürtel, Kragen und anderer beengenden Kleidungsstücke aus, verhindert Plattfüße und stärkt die Fesseln.

Suryanamaskar entfernt Fettpolster, besonders das ›Luxusfett‹ am Gesäß, auf Hüften und Oberschenkeln, Hals und Kinn.

Suryanamaskar reduziert das übermäßige Vorspringen des Adamsapfels dank der Beugung des Halses nach vorn und der rhythmischen Kompression der Schilddrüse.

Suryanamaskar eliminiert üble Körpergerüche, weil es die Gifte durch natürliche Ausscheidung über Haut, Lunge, Darm und Nieren entfernt.

Suryanamaskar erhöht die Immunität gegen Krankheiten und verstärkt die Abwehrkräfte.

Suryanamaskar verleiht dem Körper Ebenmaß, ohne die Muskulatur übermäßig zu entwickeln.

Suryanamaskar verleiht den Bewegungen Grazie und Leichtigkeit und bereitet zur Ausübung allgemeiner Sportarten vor.

Suryanamaskar weckt und erhält einen jugendlichen Geist, was einen Trumpf ohnegleichen darstellt. Es ist herrlich zu wissen, daß man dem Leben entgegenschauen kann, bereit und fähig, daraus ein Maximum an wahren Freuden zu ziehen. Kurz, Suryanamaskar verleiht

Gesundheit, Kraft, Leistungsfähigkeit und Langlebigkeit, worauf jeder Mensch Anrecht hat.«

Der Rajah von Aundh verkündet als Schlußfolgerung: »Suryanamaskar beglückt seine Schüler mit einer ausgezeichneten Gesundheit, einer großartigen Energie und schenkt älteren Menschen neue Jugend, wenn sie es weiterzig und ausdauernd betreiben, ohne zu glauben, daß es ein Allheilmittel sei. Mein eigenes Leben und jenes der Meinen ist dank Suryanamaskar ein Lied des Glückes.«

Besondere Hinweise

Wenn Sie mit Suryanamaskar anfangen wollen, nehmen Sie vorerst Ihre Körpermaße: Umfang der Oberschenkel, der Taille, der Brust, des Bizeps und des Halses. Nach 6 Monaten vergleichen Sie, und Sie werden überzeugt sein, daß die zitierten Äußerungen des Rajah von Aundh nicht übertrieben waren.

Üben Sie jede Stellung vorerst separat einige Tage. Beginnen Sie mit einfachen Übungen, und versuchen Sie nicht, von Anfang an Perfektion zu erlangen. Ein Reiz von Suryanamaskar besteht darin, sie ständig zu verbessern und zur Perfektion zu führen.

Tempo und Rhythmus

In den meisten Fällen, wo Suryanamaskar gelehrt wird, fehlt eine sehr wichtige Angabe, der Rhythmus, in welchem sie abläuft. Viele üben Suryanamaskar im guten Glauben im Tempo, oder besser gesagt in der Bedachtsamkeit der übrigen Âsanas, was bedauerlich ist.

Wenn Sie den »Gruß an die Sonne« beherrschen, werden Sie die 12 Bewegungen in 20 Sekunden ausführen.

Ihr erstes Ziel sei 15 Suryanamaskar in 5 Minuten, dann nach 6 Monaten 40 in 10 Minuten. Dies ist eine tägliche Dosis, welche in zwei Malen erreicht werden kann, zum Beispiel 5 Minuten morgens und

5 Minuten abends. Während der Menstruation werden Frauen darauf verzichten.

Werdende Mütter können bis zum Beginn des fünften Monats diese Übung praktizieren. Nach der Geburt soll ein Rat über den stufenweisen Wiederbeginn vom Arzt eingeholt werden.

Konzentration

Die Konzentration ist wesentlich. Jede Bewegung erfordert eine aktive Beteiligung des Bewußtseins. An nichts anderes denken, jede Zerstreuung meiden, ebenso jede Unterbrechung. Während des »Grußes an die Sonne« ist eine gleichmäßige Bewegung erforderlich und bei jeder Wiederholung beizubehalten. Morgens können die ersten Ausführungen dagegen langsamer und weniger exakt sein, weil die Muskulatur noch träge ist. Es ist zu empfehlen, sich der Sonne zuzuwenden, mindestens gegen Osten zu üben. Denken Sie an die strahlende Sonne, konzentrieren Sie sich auf diesen Anreger des Lebens auf dieser Welt. Alle Energie, selbst jene, die Sie zur Ausübung dieser Âsana brauchen, kommt von ihrer Strahlung. Denken Sie an die kosmische Kraft, welche sich in der Sonne manifestiert. Diese Einstellung gibt Ihrer Haltung und Übung einen höheren Sinn und wird Sie beflügeln.

Varianten von Suryanamaskar

Sollten Sie eine andere Variante des »Grußes an die Sonne« praktizieren, so tun Sie es, wenn Sie davon befriedigt sind. Alle Varianten sind gut, mischen Sie diese aber nicht untereinander.

Es existiert eine andere Variante, die viel schwieriger ist, worin die zentrale Partie zwischen zwei umgekehrten V-Stellungen durch eine graziöse Tauchbewegung ersetzt wird. Sie ist sehr anregend, erfordert aber sehr starke Fäuste und Arme sowie einen sehr beweglichen Rücken und ein solides Zwerchfell.

»Gruß an die Sonne«

1 Ausatmen

4 Einatmen

9 Anhalten

5 Anhalten

10 Ausatmen

2 Einatmen

6 Ausatmen

7 Einatmen

3 Ausatmen

8 Anhalten

11 Einatmen

12 Ausatmen

Atmung

Wichtig ist, daß der Atem koordiniert wird, er muß leicht gehen, sonst wäre es schwierig, die Übung fortlaufend zu praktizieren, ohne außer Atem zu geraten. Werden Atem und Bewegungen koordiniert, ist es dem Schüler leicht möglich, Suryanamaskar ohne Ermüdung und ohne außer Atem zu kommen auszuführen.

Um sich den Verlauf besser zu merken, können Sie die Übersicht auf S. 279 konsultieren, welche die Koordinierung des Atems zeigt. Solange Ihnen die Bewegungen nicht geläufig sind, achten Sie nicht auf den Atem und atmen einfach natürlich.

1 Ausatmen

2 Einatmen

3 Ausatmen

4 Einatmen

5 Anhalten

6 Ausatmen

7 Einatmen

8 Anhalten

9 Anhalten

10 Ausatmen

11 Einatmen
12 Ausatmen

Fehler

Fehler

Fehler:
Der Kopf ist nicht gehoben.

Bild Seite 290 rechts:
Fehler:
Der Kopf schaut nicht gegen die Knie, und die Biegung ist daher viel zuwenig intensiv, was die Wirkung herabmindert. Hier muß die Schilddrüse durch den Druck des Kinns gegen die Brust komprimiert werden. Besteht ein gestörtes Gleichgewicht in der Funktion der Schilddrüse, so kann die Übung die Situation nur verbessern, außer bei Kropf oder Gegenindikation des Arztes.

Bild Seite 290 links:
Fehler:
Die Daumen sind nicht eingehängt. Der Rücken ist nicht gestreckt.

Drei weitere Fehler:
Bild oben:
Die Fersen berühren den Boden nicht, man steht auf den Zehen. Der Körper bildet kein umgekehrtes V, weil der Blick nicht auf den Nabel geht. Der Rücken ist nicht gedehnt. Der Bauch ist nicht kontrahiert.
Bild Seite 293 oben:
Sich nicht flach auf den Bauch legen. Die Füße sollen nicht auf dem Boden liegen, die Zehen bleiben aufgelegt. Die Hände müssen während der ganzen Übung fest am selben Ort am Boden bleiben. Die einmal nach hinten gelegten Füße bleiben am selben Ort, um erst zum Ende der Übung wieder ihren Ausgangspunkt zu erreichen.
Ein anderer Fehler wird rechts dargestellt. Er rührt von den vorhergehenden her. Die Füße sind anstatt mit den Zehen mit ihrem Oberteil auf dem Boden. Das Bein ist falsch zurückgebogen. Der linke Fuß ist den Händen nicht nahe genug. Anfänglich ist es sehr schwierig, den Fuß bis zu seinem Ausgangspunkt zurückzuführen. Um die Sache zu erleichtern, soll das Körpergewicht auf den entgegengesetzten Händen und Füßen ruhen, was erlaubt, das Becken leicht zu neigen.

▼ Fehler ▲

Der vollkommene Yoga

Einen wirklichen Hatha-Yogi arbeiten zu sehen, ist ein eindrucksvolles Schauspiel. Neben einer absoluten Flexibilität des Körpers bewundern wir die Harmonie der Bewegungen in den dynamischen Phasen der Âsanas. Weder Unterbrechungen noch Beschleunigungen stören den fortschreitenden langsamen Bewegungsablauf, welcher einem ruhig dahinfließenden Strom gleicht. Nimmt er zum Beispiel die Stellung des »Pfluges« ein, so hebt er die Beine aus der liegenden Stellung absolut gleichförmig und führt die Füße hinter dem Kopf zum Boden, wobei er sie einen sauberen Kreis beschreiben läßt. Er verliert keinen Moment die Kontrolle über die Bewegung und zeigt eine absolute Selbstbeherrschung. Die folgende Stellung wird auf dieselbe spielerische Art ausgeführt. Aus- und Einatmung folgen mit ebensolcher Harmonie, als wenn er sich auf dem Rücken liegend entspannen würde. Der Atem kommt und zieht sich zurück wie eine Welle auf dem Sand eines Strandes. Er bleibt ruhig und heiter. Hinter den Bewegungen und Gesten erkennt man die Konzentration des Geistigen, das ohne Zwang diese wunderbare Mechanik steuert. Ein Körper in perfekter Gesundheit, ausgeglichen, stark und gehorsam dem Geist. Ahmen wir ihn nach und versuchen wir durch all unsere Bewegungen hindurch konstant zu bleiben, wenn wir Yoga üben! Dann kommen wir zwangsläufig zu einer richtigen Konzentration und vermeiden jegliche Zerstreutheit. Es ist tatsächlich unmöglich, zerstreut zu sein, wenn man auf einen konstanten Ablauf der Bewegungen achtet. Es sind so viele Muskelgruppen zu überwachen, welche abwechselnd die Bewegung zu übernehmen haben, daß ein geistiges Abschweifen geradezu schwierig wird. Meistern Sie die Bewegung, kontrollieren Sie sich in jedem Moment, halten Sie Ihren Geist konzentriert, ruhig und heiter, um auf diese Weise ein wahrer Yogi zu werden, um jeden Tag während Ihrer Âsanas diese Freude zu erneuern. Während der Phase der Ruhigstellung des zentralen und wesentlichen Teiles der Âsanas beachtet der Yogi die Definition: Eine Âsana sei jede Stellung, welche a) unbeweglich, b) längere Zeit, c) ohne Mühe ausgehalten wird.

Absolut unbeweglich, ohne daß ein Muskel beben würde, hält der Yogi seine Stellungen ohne die kleinste Unbequemlichkeit. Nur der Atem geht und kommt mit Leichtigkeit, was ihn allein von einer Statue unterscheidet. Beobachten Sie sein Gesicht. Es ist friedlich wie ein See am Morgen ohne Brise. Diese Perfektion ist dem Anfänger nicht sofort zugänglich. Doch muß jeder dieses Ziel anstreben, es von Anbeginn an verfolgen. Jeder Tag wird einen neuen Fortschritt, vermehrte Leichtigkeit und gesteigertes Wohlbefinden, ein Maximum an positiven Ergebnissen bringen. Bald werden Sie empfinden, daß auch Sie Ihren Yoga auf diese Weise üben. Sie werden Meister über sich selber sein und Auftrieb verspüren.

Junge und weniger Junge können diese Perfektion in den Bewegungen erlangen. Jeder wird seine Stellung entsprechend seinen Ambitionen wählen und sich daran erinnern, daß Yoga keine Akrobatik ist. Verbessern Sie Ihre Technik, erstreben Sie Leichtigkeit, und Yoga wird nie langweilig oder monoton werden. Es wird Sie im Gegenteil immer mehr faszinieren. Die absolute Herrschaft des Geistigen über den Körper wird Ihnen Ziel und Entgelt sein, Ergebnis Ihrer ausdauernden Arbeit. Achten Sie darauf, in jedem Augenblick die Muskulatur locker zu halten, wenden Sie ein Minimum an Kräften auf, während Sie die Âsanas in der dynamischen Phase praktizieren. Bleiben Sie in der statischen Phase absolut unbeweglich, ohne irgendeine nachteilige Kontraktion. Schirschâsana ist davon nicht ausgenommen, und es wird Ihr Bestreben sein, den Punkt Null zu finden, den Punkt des perfekten Gleichgewichtes, wobei das Skelett in dieser Stellung statisch bleibt, die Muskulatur gelockert, der Körper unbeweglich wie eine Säule. Sie werden erleben, daß Ihr Körper leicht und luftgleich geworden ist.

Ernährung

Man ist, was man ißt! Die Rishis des alten Indien haben genaue Regeln einer Diätetik des Yoga aufgestellt und festgelegt, welche Nahrungsmittel der Yogi wählen muß, um gesund und jung zu bleiben. Klimaunterschiede, Lebensgewohnheiten und die verfügbaren Lebensmittel sind aber derart bedeutend, daß es im Westen unmöglich ist, diese Anweisungen wörtlich zu befolgen. Ohne Diätetik bringt Yoga nicht die Ergebnisse, welche ein Schüler erwarten kann. Die Nahrung bringt dem Körper Aufbaustoffe. So werden wir die im Westen anwendbaren Grundsätze der Diätetik zusammentragen. Dies wird nicht leicht sein, denn die verschiedenen Ernährungssysteme bekämpfen sich heftig und sind widersprechend. Die folgenden Seiten umfassen die Grundsätze, in welchen alle oder fast alle Ernährungsspezialisten übereinstimmen.

Ernährungssünden

Betrachten wir vorerst unsere wesentlichen Ernährungsfehler. In diesem Zusammenhang hören wir, was der deutsche Spezialist Werner Kollath versichert: »Wenn man die Krankheiten ausschließt, welche von Unfällen, Vergiftungen (Blei, Arsen usw.), von Mikro-Organismen, die sehr virulent sind, von angeborenen Mißbildungen absieht, so rührt die Mehrzahl direkt oder indirekt von einer falschen Ernährung her.«

Wenn man die konventionelle Ernährung des Durchschnittsbürgers betrachtet, ist es sogar erstaunlich, daß die entsprechenden Krankheiten nicht häufiger sind. Immer mehr Menschen geben sich darüber Rechenschaft, aber sie bleiben dennoch in der Minderzahl. Es ist ein Irrtum, daß eine Ernährungsreform sich auf die Nahrungsmittel allein bezieht.

Es ist das Insgesamt der Ernährungsgewohnheiten, das man revidieren muß. Hier unsere wesentlichen Ernährungssünden:
Wir verschlingen:

1. zu rasch,
2. zu heiß oder zu kalt,
3. zu viel,
4. denaturierte Nahrungsmittel,
5. eine zu reiche und zu arme Nahrung zugleich.

Zu rasch, zu heiß, zu viel

Zuerst muß man die Fehler 1, 2 und 3 vermeiden, sonst sind auch die Vorteile einer richtigen Nahrung in Frage gestellt. Wenn Sie in den Punkten 1–3 vernünftig sind, schränken Sie sämtliche anderen Ernährungsfehler bedeutend ein.

Richtiges Kauen

Wesentlich ist das, was Sie assimilieren, und nicht, was Sie verschlingen. Natürlich wissen wir, daß man die Nahrung gründlich kauen muß. Man hat es uns schon in der Volksschule eingehämmert . . . was aber meinen Lehrer nicht daran hinderte, große Butterbrote zu verschlingen und sie mit großen Schlucken von Kaffee hinunterzuspülen, während er uns Schüler im Speiseraum beobachtete . . . Speisen, welche ungenügend gekaut wurden und somit die Vorverdauung im Munde nicht mitmachten, werden im Magen und im Darm zu einer Last.
Yogis kauen die Nahrung mit der Geduld eines Wiederkäuers, um ihr den gesamten Geschmack zu entziehen, bis sie sich im Munde verflüssigt. Sie behandeln sie wohlgefällig mit der Zunge, um Prana zu absorbieren.

Horace Fletcher, der berühmte amerikanische Diätetiker, hat also nichts erfunden, und sein Werk verdient gelesen zu werden. Er hat das Problem weiter behandelt als alle seine Vorgänger. Es verlangt unsere Achtung, denn er wendet seine Methode selber an, was bei den Erfindern von »Systemen« nicht immer der Fall ist.

Außer den Yogis und Fletcher hat niemand die Notwendigkeit und Wichtigkeit eines unbedingten und notwendigen Kauens so überzeugend nachgewiesen und niemand so genaue und praktische Anweisungen gegeben. Gut gekaute Nahrung ist halb verdaut; nach Fletcher gekaut, ist sie sogar dreiviertel verdaut.

Man soll jeden Bissen kauen, mahlen und kneten, ihn im Munde behalten, solange wie möglich, bis er von selber den Schlund passiert. Zählen Sie nicht die Kaubewegungen! Lassen Sie den Speichel auf die Nahrung einwirken, konzentrieren Sie Ihre ganze Aufmerksamkeit auf das Essen, auf die sich ergebenden Veränderungen des Geschmackes der Speisen, und Sie werden erst dann entdecken, wie sie eigentlich schmecken.

Die Verdauung beansprucht ungefähr 60 Prozent der Nervenenergie, die verfügbar ist. Wenn wir die komplexe Arbeit des Verdauungstraktes auf die genannte Art erleichtern, machen wir Energie für andere Aufgaben frei. Kauen wir schlecht, werden wir schlecht verdauen und erzeugen Verdauungsstörungen. Wir werden Opfer eines anomalen Stoffwechsels, schlechter Verdauung, von Dickleibigkeit oder Magerkeit. Werden Speisen lange gekaut und »konditioniert«, so gelangen sie in einer idealen Temperatur in den Magen, und Sie vermeiden auf jeden Fall die Fehler 1 und 2. Wer zu rasch ißt, ißt zuviel.

Mäßigkeit

Fletcher verlangt von uns, daß wir nur dann essen, wenn wir wirklich Hunger haben! Der Zivilisierte dagegen ißt, weil es Zeit dazu ist. Stellt sich wirklich Hunger ein (Hunger darf nicht mit Appetit verwechselt werden), so werden auch die einfachen Speisen schmack-haft. Der Geschmack wird feiner, während die kompliziertesten Ge-richte ihre Anziehung verlieren. Sie werden ein Epikureer im wahrsten Sinne des Wortes, während ein Vielfraß selbst an raffiniertesten Gerichten keinen größeren Gefallen findet.

Fletcher sagt: »Bei den ersten Zeichen der Sattheit sollen Sie nicht weitergehen bis zur Völle.« Er empfiehlt uns, Sorgen und Diskus-sionen im Moment der Mahlzeiten zu meiden. Wiedererlernen, wie man essen soll, ist eine undankbare Aufgabe, die Geduld und Aus-dauer erfordert. Machen Sie sich keine Illusionen!

Es ist sehr schwierig, eine eingefleischte Gewohnheit, wie sie das Schnellessen ist, auszumerzen. Wie viele Eltern sind dafür verant-wortlich, daß sie die Kinder dazu anhalten, schnell zu essen, jenen Belohnungen dafür in Aussicht stellend, die zuerst, jenen mit dem Entzug des Nachtisches drohend, welche zuletzt mit dem Essen fer-tig sind!

Es ist schwierig, aber unumgänglich, seinen Kaurhythmus zu ändern. Wenden Sie folgende List an: Legen Sie Löffel, Gabel und Messer oder das Brot weg, Ihre Hände in den Schoß und kauen Sie wenn möglich mit geschlossenen Augen, um sich besser konzentrieren zu können.

Die erste Woche ist die schwierigste. Sie werden aber in kurzer Zeit nicht mehr anders essen können.

Selbst flüssige Speisen müssen gekaut werden (Suppen, Milch), sogar Wasser. Swami Satchidananda sagt: »Man soll feste Speisen trinken und flüssige kauen.«

Fleisch soll nicht so lange gekaut werden, bis es einen schlechten Ge-schmack bekommt. Es wäre auch nicht sinnvoll, denn Fleisch verdaut sich im Magensaft und nicht im Mund durch Ptyalin, wie dies für Getreidearten der Fall ist. Behalten Sie das Ptyalin den Zerealien vor.

Fleischesser oder Vegetarier?

Die Diätetik ist eine undankbare Wissenschaft, denn welches Speisesystem man auch immer anpreisen möge, es ist nicht möglich, Einstimmigkeit über eine Wahl herbeizuführen. Kein System ist perfekt oder allgemeingültig. In diesen Fragen ist alles individuell und hängt vom einzelnen Fall ab. Fragen Sie einen Bauern über die Ernährung eines Pferdes, dann wird er vor der Antwort zurückfragen, ob es im Stall steht oder arbeitet. Im ersten Fall wird er Heu empfehlen, im zweiten Hafer. Fragen Sie einen Rennstallbesitzer; das »Menu« wird verschieden sein, je nachdem ob es sich um ein Pferd im Training für den Grand Prix oder in der Ruhe handelt. Was für Pferde gilt, ist auch für den Menschen zutreffend. Um die Dinge zu vereinfachen, wenden wir uns mit unseren Ratschlägen an »Zivilisierte mit sitzender Lebensweise«, die wir leider fast alle geworden sind!
Soll man also Vegetarier werden oder Fleischesser bleiben?
Ich möchte sofort versichern, daß es nicht nötig ist, das Fleisch wegzulassen, wenn man Yoga betreiben will. In Indien sind die Yogis Vegetarier, Milchtrinker und Getreideesser. Das bedeutet aber nicht, daß wir im Westen auf Fleisch verzichten müssen.
Dennoch muß man ohne jedes Vorurteil die Fragen prüfen.

1. Ist es »unumgänglich«, Fleisch zu essen?
2. Wenn ja, welches Quantum soll man essen?
3. Wenn nein, warum nicht?
4. Und wodurch ersetzen wir das Fleisch?

Gefahren des Fleischessens

Es steht fest, daß die Aminosäuren für den Organismus unentbehrlich sind. Sie existieren aber nicht nur in dem Fleisch von geschlachteten Tieren. Scheuen wir uns nicht, die Dinge beim Namen zu nennen: Der Fleischesser verzehrt gut und gerne Kadaver von Tieren, die oft schon geraume Zeit tot sind. Welche Nachteile entstehen daraus?

1. Das Fleisch, der Muskel also, ist ein einseitiges Nahrungsmittel, das wenig Vitamine und wenig Mineralsalze enthält. Um es zu verdauen, müssen wir unsere eigenen Reserven an diesen vital wichtigen Substanzen angreifen. Aber gerade an diesen Substanzen ist unsere Nahrung oft sehr arm, weil die industrielle Verarbeitung der Nahrungsmittel sich darauf spezialisiert zu haben scheint, durch Raffinieren, übermäßig langes Kochen bei hohen Temperaturen oder andere »industrielle« Verfahren die Kost zu devitalisieren und ihr Mineralstoffe zu entziehen.

2. Fleisch enthält einen Überschuß an tierischen Proteinen, was den Stoffwechsel stört und die Produktion von Toxinen begünstigt (Purine oder zum Harnstoff gehörige Abbaustoffe, Ursachen des Rheumatismus).

3. Die Muskulatur von Schlachttieren enthält alle organischen Abbaustoffe des toten Tieres, insbesondere Xanthin, ein starkes Gift.

4. Fleisch ist ein Reizmittel, ein Grund, warum es geschätzt wird. Nach dem Einnehmen von Reizmitteln folgt der euphorischen Phase die Depression. Um dem entgegenzuwirken und ein täuschendes Wohlbefinden wiederherzustellen, nimmt man Zuflucht zu weiteren Reizmitteln wie Tee, Kaffee, Tabak oder zum klassischen euphorischen Mittel, dem Alkohol. Verbrauch von Fleisch, Alkohol, Tabak, Kaffee usw. gehen Hand in Hand, denn der Gebrauch des einen zieht jenen des anderen nach sich.

5. In seiner natürlichen Form ist Fleisch fad, ohne Geschmack und wird daher nur in gekochter, gegrillter oder gebratener Form und immer gewürzt genossen. Roh ist es nur stark gewürzt und begleitet von mancherlei Zutaten, Saucen sowie anderen dem Organismus »feindlichen« Substanzen genießbar. Kein fleischfressendes Tier würde gesalzenes oder gepfeffertes Fleisch verzehren.

6. Es ist unmöglich, sich nur von Fleisch unter Ausschluß von Pflanzennahrung zu ernähren. Das Beispiel der Eskimos und der Kirgisen kann nicht als Norm gelten, weil diese Völker durch Notwendigkeit Fleischesser sind. Überdies verzehren sie nicht nur die Muskeln, sondern trinken auch das Blut und essen Eingeweide und Organe mit. Die Eskimos essen Magen und Eingeweide samt Inhalt. Ihr mittleres Alter liegt zwischen 20 und 25 Jahren. Sie sterben oft als Opfer von Arteriosklerose, einer Folge der fleischlichen Nahrung.
Fleischfressende Tiere verzehren ihre Beute ganz und finden somit Proteine, Kohlehydrate, Fette, Vitamine und Mineralsalze weniger in den Muskeln als im Blut, in Leber, Milz, Nieren und Rückenmark. Oft zermalmen sie sogar die Knochen.

7. Fleisch, Eier und Fisch haben ein gemeinsames Merkmal: Sie gehen sehr schnell in Fäulnis über. Milch »fault« nicht, sie wird sauer, was etwas ganz anderes ist. Zerealien schimmeln oder gären genau wie Früchte und Gemüse. Der große Nachteil des Faulens ist nicht die Veränderung im Geschmack, sondern die Bildung von Toxinen, welche durch Fäulnisbakterien erzeugt werden. Diese Fäulnisbakterien sind unsere schlimmsten Feinde. Sie bevölkern den Darm zu Milliarden und vermehren sich, indem sie die ursprüngliche Darmflora verändern.

8. Ergänzen wir noch für jene, die annehmen, daß mit der Einnahme von Fleisch tierische Vibrationen aufgenommen werden, welche die geistige Entwicklung hemmen.

Wenn Sie trotzdem Fleisch essen möchten ...

Wenn Sie trotzdem Fleisch, Eier und Fisch essen wollen, dann beachten Sie folgende Regeln:

a) Fleisch soll dosiert am Tag genossen werden, nicht mehr als 60 bis 100 Gramm (Maximum) am Tag,

b) meiden Sie Wurstwaren, und ziehen Sie ein Beefsteak vor,

c) wenn Sie gut gekochtes Fleisch essen, dann reduzieren Sie die Anzahl der in den Darm gelangenden Fäulnisbakterien. »Siedfleisch« ist in dieser Hinsicht steril.

d) Eier und Fisch müssen *sehr* frisch sein. Für Fisch ist dies dank der Kühlketten kein Problem mehr. Was Eier anbelangt, ist es schwieriger. Die beim Händler gekauften sind sehr selten weniger als eine Woche alt. Selbst bei gekochten Eiern (6 Minuten) sind die Bakterien nicht getötet.

Denken Sie daran, daß unsere Großeltern viel weniger Fleisch konsumiert haben als wir. Es sind nur wenige Jahrzehnte her, daß auf dem Lande nur einmal pro Woche Fleisch auf den Tisch kam, und zwar in Form von Speck, begleitet von Kartoffeln. Eine Scheibe Rindfleisch am Sonntag war ein »Extra«.

Noch einen Rat: Bleiben Sie so lange Fleischesser, bis Sie denken, daß es Ihnen entbehrlich ist. Man muß zuerst im Geiste Vegetarier sein, bevor man es auf dem Teller wird.

Vorschläge für eine gesündere Ernährung

Es stellt sich die Frage, wodurch soll das Fleisch »ersetzt« werden? Antwort: durch nichts! Sie müssen Ihre ganzen Ernährungsgewohnheiten revidieren und ändern, stufenweise durch allmähliche Anpassung. Aber ich möchte wiederholen: Es ist nicht unbedingt erforderlich, Vegetarier zu werden, um Yoga zu praktizieren.

Allmähliche Angleichung an neue Eßgewohnheiten

Wenn Sie Ihren Speisezettel verbessern wollen, ohne Ihre Ernährungsgewohnheiten zu revolutionieren, gehen Sie durch schrittweises Ersetzen vor. Ohne perfekt zu sein, wird Ihr Speisezettel dadurch schon besser als der konventionelle. Im folgenden werden einige Ersatzspeisen erläutert.

Vollkornbrot anstatt Weißbrot

Weißbrot bietet unter einer goldenen Kruste eine appetitliche, weiche Masse, die aber leider nur Stärke ist. Ersetzen Sie es durch ein Brot auf der Basis von vollständigen Zerealien. Das weniger einladende Aussehen mag Entbehrungen während des Krieges wachrufen. In Wirklichkeit stellt dieses Brot ein Nahrungsmittel von hoher diätetischer Qualität dar, das allein den Namen »Brot« verdient. Sie werden ausgezeichnetes Brot dieser Art finden. Versuchen Sie verschiedene Qualitäten, um das herauszufinden, welches Ihnen am besten zusagt. Bevorzugen Sie Vollkornbrot mit Hefe gebacken. Sie werden bald daran Geschmack finden, und das Weißbrot wird Ihnen fade vorkommen wie Watte. Sie werden Vollkornbrot gern essen, ohne das Bedürfnis zu verspüren, Marmelade darauf zu streichen. Ein solches Brot genügt sich selber. Es verlangt ein gutes Kauen, welches das Brot selbst für einen empfindlichen Magen verdaulich macht. Sein eigentlicher Geschmack kommt nach verlängertem Kauen zum Vorschein.

Vorsicht bei Zucker und Salz!

Zucker. Der weiße industrielle Zucker ist ein rein chemisches Produkt. Je weniger Sie davon nehmen, desto besser! Da unser Körper aus Zerealien seinen eigenen Zucker herstellt, brauchen wir keinen Zusatz von außen. Die Menschheit wäre ausgestorben, wenn der Zucker lebenswichtig wäre, denn sein Gebrauch ist nicht alt. Weißer Zucker, ein Extrakt aus Zuckerrüben, ist während der Kontinental-sperre Englands gegen Europa unter Napoleon geschaffen worden. Seit seiner Herstellung und daher seinem Genuß ist dessen Konsum schlagartig gestiegen. Um Ihre Gewohnheiten nicht über den Haufen zu werfen, ersetzen Sie den weißen Zucker durch Rohrzucker, der aber nicht raffiniert sein darf; man kann ihn überall als sogenannten braunen Zucker kaufen.

Salz. Auch das weiße Salz ist leider eine chemisch reine Substanz: Natriumchlorid. Das Raffinieren hat es von seinen lebenswichtigen Substanzen befreit. Natürlich bleibt es so trocken, oft auch je nach Wetter feucht, und es rieselt angenehm aus dem Salzfaß, ohne die Löcher zu verstopfen. Sein fleckenloses Weiß macht uns sicher. Lassen Sie sich nicht blenden, ersetzen Sie es durch Meersalz. Weder in den Suppen noch in den anderen Speisen wird jemand den Un-terschied merken. Ihr Organismus wird sich aber nicht täuschen. Das Blutplasma ist verdünntes Meerwasser, vergessen Sie das nicht!

Weniger Fette!

Der Zivilisierte ißt zu viel und zu fett. Was die Fette angeht, ist die Qualität entscheidend. Reduzieren Sie den Konsum an Fetten allge-mein, seien Sie aber streng zurückhaltend vor wasserstoffhaltigen Fetten, die reich sind an gesättigten Fettsäuren. Es sind dies im all-gemeinen alle festen Fette (gewöhnliche Margarine, Kokosfett usw.) sowie tierische Fette. Verwenden Sie kaltgepreßte, natürliche Fette wie Sonnenblumenöl, Sojaöl, Weizenkeim- oder Maisöl. Diese las-sen den Cholesterolgehalt im Blut absinken und verhindern Arterio-sklerose. Jedes industriell behandelte Öl hat seine ungesättigten Fett-säuren verloren, welche Erzeuger der Vitamine sind.

Die einzige annehmbare Margarine ist jene, die aus kohlensäure-freiem Sonnenblumenöl hergestellt wird. Mit Butter verglichen ist allerdings ihr bleiches Aussehen wenig appetitanregend. Reduzieren Sie den Genuß von Fetten, und verwenden Sie nur Anti-Cholesterol-Öle. Sie tun damit Ihrem Herzen und den Arterien einen unschätz-baren Dienst.

Weniger Kartoffeln und mehr Reis

Die bescheidene Kartoffel hat ihre Tugenden, die wir hier nicht auf-zählen wollen. Reich an Mineralsalzen und Vitamin C, hat sie basi-sche Eigenschaften, die sehr vorteilhaft sind, indem man in der Regel säureproduzierende Nahrung genießt. Dies rechtfertigt es aber nicht, daß man ihr im Menu einen Ehrenplatz einräumt. Es ist besser, nur gelegentlich Kartoffeln zu genießen (ein- oder zweimal in der Wo-che), um sie durch Naturreis (nicht durch gewöhnlichen Reis, wohl-verstanden!) zu ersetzen. Die Feinschmecker in Ihren Kreisen wer-den sich darüber nicht beklagen. Reis kann auf tausend Arten zubereitet werden, eine schmackhafter als die andere. Dieses Nahrungsmittel von hohem diätetischen Wert verdient einen großen Platz in Ihrem Speisezettel. Es möge die Basis Ihrer Hauptmahl-zeiten werden.
Wenn Sie Kartoffeln essen wollen, kochen Sie sie in der Schale, pellen Sie die Schale nachher, sonst schütten Sie die löslichen Mineralsalze in den Ausguß.

Frisches Gemüse anstatt Konserven

Ziehen Sie die Früchte der Gegend und der Jahreszeit vor. Die Früchte unserer Gegend sind in biologischem Gleichgewicht mit uns selber. Essen wir sie während der Saison, wenn sie auf natürliche Art gereift sind! Wir wollen nicht von vornherein alle exotischen Früchte verdammen, jedoch wollen wir deren Genuß einschränken. Ziehen wir in solchen Fällen Orangen vor, welche an der Sonne und nicht im Bauch eines Schiffes gereift sind. Letzteres ist praktisch bei Bananen immer der Fall. Essen Sie viele Nüsse, Mandeln und Haselnüsse und in der entsprechenden Jahreszeit auch heiße knusprige Kastanien.

Meiden Sie Konserven in Dosen. Frische, wenn möglich ohne künstliche Düngemittel im eigenen Lande gezogene Gemüse sind allen Konserven in Büchsen vorzuziehen. Industrielle Konserven garantieren eine praktisch unbegrenzte Haltbarkeit, welche manchmal durch sieben aufeinanderfolgende Kochprozesse erreicht wird. Sicherlich ist es fast unmöglich, ganz darauf zu verzichten. Beschränken Sie aber deren Gebrauch auf ein Minimum.

Das Kollath-Frühstück

Unser Planet beherbergt 700 000 verschiedene Lebewesen, wovon der Mensch und die Haustiere, welche seinem Einfluß unterstehen, die einzigen sind, die sich von gekochten Speisen ernähren. Natürliche Nahrung müßte also roh sein. Unsere zivilisierten Mägen und Därme vertragen aber leider rohes Essen und besonders Zerealien schlecht.

Es fehlt uns ein Kropf, wie ihn die Vögel haben, um die Körner vorzuverdauen. Der Mensch verdaut rohe Zerealien schlecht. Professor Werner Kollath, Diätetiker und Arzt gleichzeitig, hat ein Mittel herausgefunden, um rohes Getreide ohne Kochen verdaulich zu machen. Es handelt sich um das Kollath-Frühstück, das nicht mit dem »Bircher-Müsli« verwechselt werden darf, das aus geraffelten Früchten, Milch und Zitronensaft, etwas Haferflocken als Gericht hergestellt wird. Die Zerealien sind hierbei nur sekundär. Das Kollath-Frühstück geht darauf aus, ungekochten Weizen zu genießen. Früchte sollen dabei den Geschmack verbessern und den Nährwert der Speise vervollständigen.

Wie ist das Kollath-Frühstück zubereitet?

Hier ist das Grundrezept!

Zutaten pro Person: 30 bis 40 Gramm (2 bis 3 Eßlöffel) frisches Vollkorn-Weizenschrot; 3 bis 5 Löffel Wasser; 1 bis 2 Löffel Zitronensaft; 15 Gramm Trockenfrüchte, geschnitten; 100 Gramm im Moment des Verbrauches geraffelte Äpfel, auch andere Früchte nach Jahreszeit; 1 Löffel Mandeln, Haselnüsse, um das Ganze schmackhaft zu machen.

Abends: 30 bis 40 Gramm Weizenmehl in eine Tasse geben (Weizenschrot läßt sich in einer Kaffeemühle leicht herstellen), dazu 3 bis 5 Löffel Wasser (nie Milch). Rühren und bei Zimmertemperatur stehen lassen (20 Grad Celsius) bis zum Morgen. Während der Nacht gehen die Zerealien auf und werden zu einem festen Teig, wobei Fermentationsprozesse stattfinden, welchen die leichte Verdaulichkeit und der diätetische Wert des Kollath-Frühstücks zuzuschreiben sind. In einem anderen Gefäß weicht man 15 Gramm geschnittene Trockenfrüchte auf (Feigen, Rosinen Datteln).

Am nächsten Morgen: den Inhalt der beiden Gefäße mischen, indem man das Einweichwasser der Früchte verwendet. 1 bis 2 Löffel frischen Zitronensaft beigeben, ferner 100 Gramm geraffelte Äpfel oder Birnen oder auch zerdrückte Früchte, nach Jahreszeit, wie Erdbeeren, Kirschen, Pflaumen, Pfirsiche usw. Das Gemisch mit geraffelten Haselnüssen oder Mandeln überstreuen.

Um Abwechslung zu bringen, kann man nach Geschmack frische Sahne, Mandel- oder Haselnußcreme oder einen Löffel Bienenhonig beimischen. So erhält jede Person 4 bis 6 Löffel von diesem Gericht. Äpfel werden im Augenblick des Gebrauches geraffelt, um eine Oxydation zu vermeiden. Man benutze immer eine nichtrostende Raffel, ihre Fläche muß blank bleiben. Dieses Frühstück wird saftig, aber nicht flüssig sein. Wer guten Appetit hat, kann *nachher* Vollkornbrot mit Weißkäse essen.

Wirkungen des Kollath-Frühstücks

Ein regelmäßiges Kollath-Frühstück bringt folgende Wirkungen:

a) Gefühl des Sattseins während mindestens 4 Stunden. Kein falscher Hunger am Vormittag. Keine Überlastung des Magens.

b) Ausgleich des Körpergewichtes. Wer abnehmen will, der wird vor dem Mittagessen keinen Hunger verspüren und mit einem kleinen Essen zufrieden sein. Wer dagegen zunehmen möchte, wird feststellen, daß die Verdauungsfunktionen sich verbessern und das Gewicht zunimmt. Dies scheint paradox, ist jedoch Tatsache und logisch.

c) Eine Verstopfung ist ausgeschaltet.

d) Zeichen der Müdigkeit und der Erschöpfung, welche Folgen einer Anhäufung von Toxinen im Körper sind, verschwinden, weil das Kollath-Frühstück entgiftet.

e) Steigerung körperlicher, geistiger und intellektueller Kräfte.

f) Gefühl des Wohlbefindens, das einem besseren biologischen Gleichgewicht zuzuschreiben ist.

g) Innere Freude und Genugtuung, welche das Bedürfnis nach Reizmitteln wie Kaffee, Tee, Tabak und Alkohol beseitigt.

h) Die Konzentrationsfähigkeit verbessert sich, denn der Verdauungsapparat ist nicht mit einem schweren Frühstück belastet. Erinnern Sie sich daran, daß die Verdauung 60 Prozent der verfügbaren Nervenenergie beansprucht.

i) Bessere Widerstandskraft jedem Stress gegenüber.

j) Die Blutzusammensetzung verbessert sich. Durch Vermehrung der Zellen der Oberhaut, die einer vermehrten Durchblutung der Unterhautgewebe zuzuschreiben ist, wird der Teint rosafarben ohne Unreinheiten. Ausschläge, Furunkulose und Flechten verschwinden.

k) Das Haar wird weich und lebendig. Kollath weist darauf hin, daß in bestimmten Fällen sogar das Ergrauen aufgehört und das Haar die normale Farbe angenommen hat, nachdem das Kollath-Frühstück regelmäßig eingenommen wurde.

l) Die Nägel werden strahlend und hören auf zu brechen.

m) Die Zähne werden besser. Kollath bezeichnet Fälle, wo Paradentose, eine unheilbare Erscheinung, nicht nur aufgehalten, sondern rückgängig gemacht werden konnte. Lockere Zähne werden wieder fest.

n) Das Knochengerüst festigt sich und ist Brüchen weniger ausgesetzt, oder es läßt rascher Heilung zu, wenn solche Unglücksfälle eintreten.

Schmackhafter durch Früchte

Zerealien und Früchte runden das Kollath-Frühstück ab. Das Aroma von frisch gemahlenem Weizen verbündet sich dem ätherischen Parfüm der Früchte. Mit Liebe zubereitet, wird dieses Frühstück zu einem Leckerbissen, der je nach Saison und Phantasie variiert werden kann. Früchte ergänzen die Zerealien mit ihrem saftigen Geschmack und regen die Speicheldrüsen an. So wird der jeweilige Bissen schon im Munde vorbereitet und einer besseren Assimilation zugeführt, die ein Minimum an Verdauungsenergie beansprucht. Der Vitamin-B-Komplex des frischen Schrots ergänzt jenen der Früchte. Die organischen Säuren der Früchte werden durch Kohlehydrate der Zerealien neutralisiert. Die Zubereitung dieses Frühstückes ist einfach und leicht ohne Komplikationen und Kochen, was gerade morgens, wo die Minuten oft gezählt sind, wichtig ist.

Machen sie einen Versuch für einige Wochen und beachten Sie die Ergebnisse!

Porridge

Jede Menschenrasse lebte ursprünglich von Getreide. Für den Asiaten war es der Reis, für den Westen waren es Weizen und Hafer.

Natürliche Vollkornprodukte sind ein lebenswichtiges Element der Ernährung ersten Ranges. Das Kollath-Frühstück garantiert Ihnen davon eine gute Ration. Hier ist eine andere Zubereitungsart des Hafers, eine der ältesten, älter noch als die Herstellung von Brot: der Porridge.

Porridge setzt sich zusammen aus Hafer, der in Wasser gekocht wird, und Milch. Der Hafer muß aber unbedingt frisch gemahlen sein. Dies ist mit unseren elektrischen Kaffeemühlen kein Problem mehr; auch eine alte Handmühle kann diese Dienste leisten. Das Mehl muß sofort verwendet werden, denn sonst oxydieren die wertvollen Substanzen und bauen sich ab.

Man geht so vor: ein kleines Quantum Hafer mahlen und es in eine Tasse mit heißem Wasser geben. 1 Löffel Rohrzucker (nicht raffiniert) beigeben, ferner etwas Sonnenblumenöl, Maisöl oder Sojaöl, das von erster Qualität sein und aus kalter Pressung stammen muß. Kein Salz. Mit einer Gabel gut rühren und schlagen. Das Ganze in eine Pfanne geben. Es muß eher flüssig sein, weil es etwas einkochen wird. Langsam zum Kochen bringen, wodurch der Brei fester wird. Ständig, ungefähr 10 Minuten, rühren. Wasser zusetzen (oder Milch), wenn der Brei zu dick wird und anzubrennen droht. Der gekochte Brei wird glatt und ölig sein. Nach dem Kochen fügen Sie wahlweise trockene Trauben, Mandeln oder geriebene Haselnüsse bei. Auch Kokosnuß oder geriebene Äpfel kommen in Frage.

Wenn Sie es wünschen, können Sie mit Rohrzucker süßen.

Diese vorzügliche Speise wird Ihnen das Gefühl geben, eine gute Mahlzeit eingenommen zu haben, obwohl das Quantum an Hafer gering war. Kinder lieben diesen Porridge über alles und ziehen ihn dem im Handel erhältlichen, mit Kakao, Weißmehl und Zucker zubereiteten vor.

Es ist eine ausgezeichnete Form, seinem Speisezettel Vollkorn beizufügen, was sich auch auf die Regulierung des Körpergewichtes auswirkt. Die Dicken macht dieses Essen schlank, und die Mageren nehmen zu. Versuchen Sie!

Stichwortverzeichnis

Kursive (schräge) Ziffern verweisen auf Abbildungen.

Bemerkungen zur Rechtschreibung

Die Âsanas (Yoga-Stellungen) werden weitgehend mit ihren Sanskritbezeichnungen angeführt. Es handelt sich dabei um klanglich und in der Rechtschreibung angepaßte Wortbildungen, die bei einer Übersetzung in irgendeine Sprache zu gewissen Schwierigkeiten führen. Inder, Franzosen, Engländer, Deutsche beispielsweise bedienen sich anderer Rechtschreibungen und verschiedener Phonetik, um dasselbe auszudrücken und beispielsweise das Wort Bhudschangâsana = »Kobrastellung« zu schreiben oder auszusprechen. Wir begegnen in der sehr umfangreichen Yoga-Literatur aller Sprachen aus diesem Grunde auch einer verschiedenen Schreibweise. Ich habe versucht, eine angepaßte »deutsche« Schreibweise zu wählen, bin mir aber bewußt, daß auch durch eine andere Schreibweise dieselbe oder eine ähnliche Klang- und Wortbildung erreicht werden kann. Die Klangbildung der Worte entspricht meinen indischen Erfahrungen in der Aussprache der Ausdrücke. Daß dabei auch kleine Nuancen in der Aussprache der Sanskritbegriffe durch die Einheimischen mitspielen, sei nur am Rande erwähnt. Ungern, aber gezwungenermaßen habe ich auch Mehrzahlbildungen von Worten wie Âsana, Mudra, Bandha, Yogi durch Anhängen eines »s« vorgenommen, wie dies in der deutschen Sprache geläufig ist. Die Mehrzahlbildung im Sanskrit folgt völlig anderen Regeln, würde aber das Verständnis unnötig erschweren und uns Sprachfremdheiten gegenüberstellen.

Dr. G. Plattner

Anschrift des Autors: André Lysebeth, 118, Rue G. Moreau, B 1070 Bruxelles, Belgien
Anschrift des Übersetzers: Dr. Gabriel Plattner, Rotenwies 1421, CH 9056 Gais, Schweiz